The best preparation for
IELTS

The best preparation for IELTS `Speaking`

지은이 김영균
펴낸이 임상진
펴낸곳 (주)넥서스

초판 1쇄 발행 2007년 10월 25일
초판 17쇄 발행 2018년 5월 10일

출판신고 1992년 4월 3일 제311-2002-2호
10880 경기도 파주시 지목로 5
Tel (02)330-5500 Fax (02)330-5555

ISBN 978-89-6000-318-7 98740

www.nexusbook.com

The best preparation for IELTS

김영균 지음

Speaking

넥서스

영어 교육 시장의 급성장과 함께 많은 영어 교재와 학습 도구들이 시중에 나와 있습니다. 그 중에서 영연방 국가(영국, 호주, 뉴질랜드 등)들을 기반으로 만들어진 IELTS 교육은 상대적으로 열악한 시장 환경과 낙후된 교재 등으로 인해 많은 학생들이 학습을 하고, 교사들이 강의를 하는데 여러 가지 어려움을 가지고 있었던 것이 사실입니다.

IELTS 시험은 학생들의 영어 실력을 측정하기 위해 만들어져 있는 수없이 많은 시험 중에서 가장 실질적인 영어 구사 능력을 측정할 수 있다는 평가를 받고 있습니다. 이는, 오래 전부터 IELTS 시험에서는 문법을 제외하고 대신 Speaking과 Essay Writing 영역을 포함시켜 왔기 때문입니다. 최근, 다른 영어 시험들도 이와 비슷한 시험 유형을 도입하고 있는 것만 보아도 IELTS 시험의 우수성은 증명되고도 남습니다.

이러한 IELTS 시험의 우수성과 신뢰도에도 불구하고 학습시장 저변의 확대가 더딤에 따라 꼭 필요로 하는 교재들이 전문성을 가진 국내 연구진에 의해 만들어지지 못한 것도 사실이었습니다. 이에 본서는 영어 교육 전문가들로 구성된 연구원들의 다양한 IELTS 현장 강의 경험과 살아있는 영어 지식을 바탕으로 만들어진 양질의 IELTS 전문 교재라고 자신있게 말할 수 있습니다.

IELTS 시험 중에서도 특히 Speaking 분야는 전통적인 영어 공부와는 근본적으로 궤도를 달리하고 있는 것이 사실입니다. 시험관과의 일대일 인터뷰라는 가장 확실하고도 신뢰성이 있는 방법을 쓰고 있으므로 기본적으로 영어 관련 Speaking 시험이 지향할 수 있는 가장 우수한 시험 기법을 살리고 있다고도 해도 과언이 아닙니다. 이러한 시험의 방향이 기존의 것과는 확연히 다른 형태의 영어 교재에 대한 수요를 만들었습니다.

본서는 학생들이 IELTS 실전 Speaking 시험을 준비할 수 있도록 분야별로 방대한 자료들을 실었습니다. IELTS Speaking 시험 준비는 한두 가지의 Topic 준비로 이루어 질 수 없는 실질적인 영어 말하기의 능숙도를 다루고 있으므로 이를 학생들에게 잘 준비시키기 위해 많은 샘플 질문과 답안을 제시하고자 많은 노력을 기울였습니다.

IELTS 시험을 포함한 모든 영어 시험의 Speaking 연습은 단순히 눈으로만 읽고 그치는 단순한 학습이 아니고 교재에 있는 이러한 문장들을 실제로 자기 입으로 잘 말할 수 있도록 하는 과정입니다. 따라서 적극적으로 말하기 연습을 할 때 교재의 내용들을 잘 활용한다면 자료의 방대함으로 인해 IELTS 시험을 포함한 어떤 종류의 인터뷰 준비과정에도 적합하게 쓸 수 있을 것입니다.

마지막으로, 이 책이 나오기까지 영문 원고 및 감수에 지대한 노력과 정성을 아끼지 않았던 Christen Song과 Alex Hong에게 깊은 감사를 드리며, 본서가 Speaking 시험을 준비하는 많은 학생들에게 조그마한 보탬이 되기를 간절히 기원합니다.

- **김영균**(Young Kim)

Contents

이 책의 구성 및 활용법

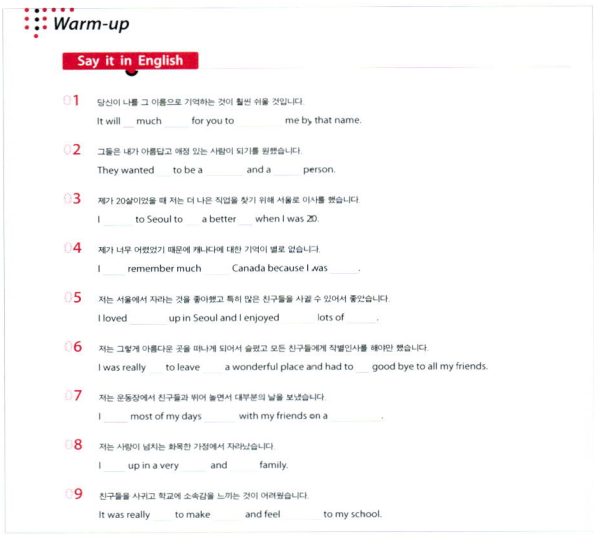

Warm-up 🔊 Say it in English

- 해당 Chapter에서 쓰이는 중요한 문장들을 말해봅니다.
- 각 문장의 빈칸을 채우며 자신의 Speaking 실력을 점검해 봅니다.
- 하단에 마련된 Answer를 통해 각 빈칸의 정답을 확인할 수 있습니다.

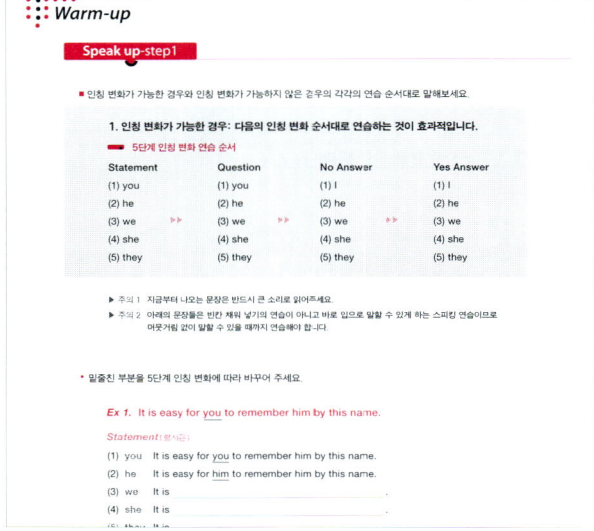

Warm-up 🔊 Speak up-step 1

- Step 1에서는 제시된 문장을 인칭을 바꿔가며, 또는 부정문, 의문문 등 문장 형태를 달리해 가면서 Speaking을 연습할 수 있습니다.

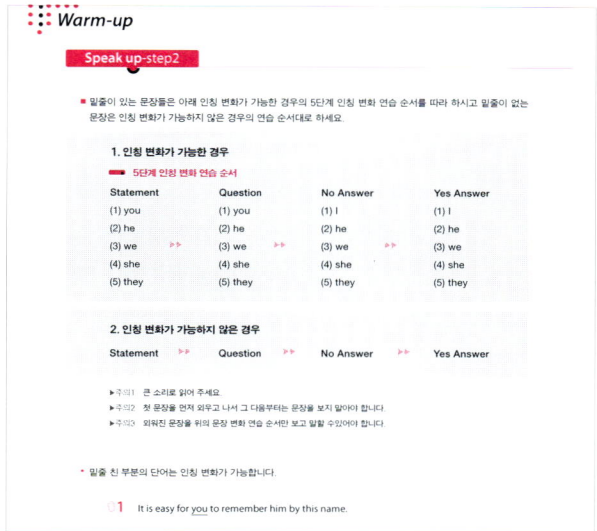

Warm-up :☞ Speak up-step 2

• Step 2에서는 20개의 문장들을 자신만의 방법으로 말해볼 수 있습니다.

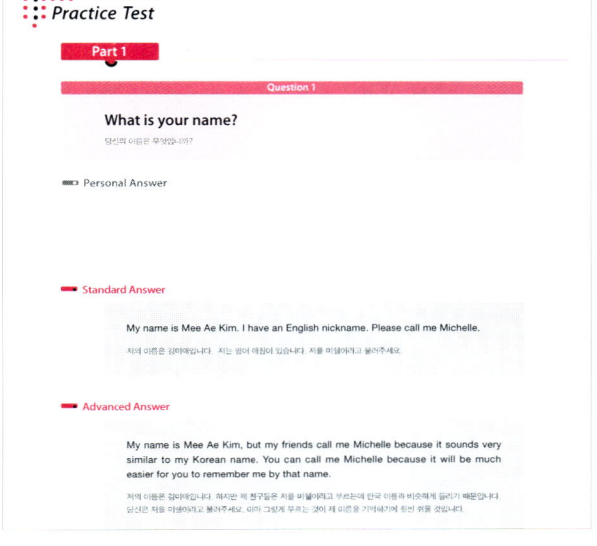

Practice Test :☞ Part 1

• Part 1에 나올만한 출제 예상문제를 보고 자신의 스타일로 Personal Answer를 말해봅니다.

• 초급 수준의 수험생들이 활용할 수 있는 Standard Answer와 중·고급 수준의 수험생들을 위한 Advanced Answer가 같이 제시됩니다.

• 하단에서 관련된 어휘를 확인할 수 있습니다.

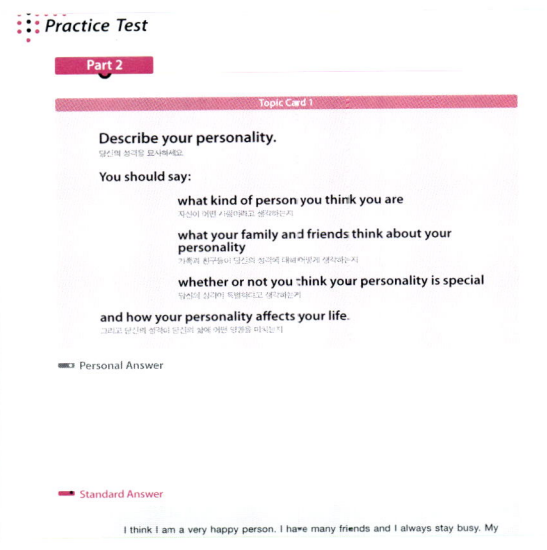

Practice Test · Part 2

- Part 2에서 출제된 Topic Card를 풀어봅니다.

- 각자의 수준에 따라 활용할 수 있도록 제시된 Standard Answer와 Advanced Answer의 두 가지 유형의 답변을 확인하고 연습할 수 있습니다.

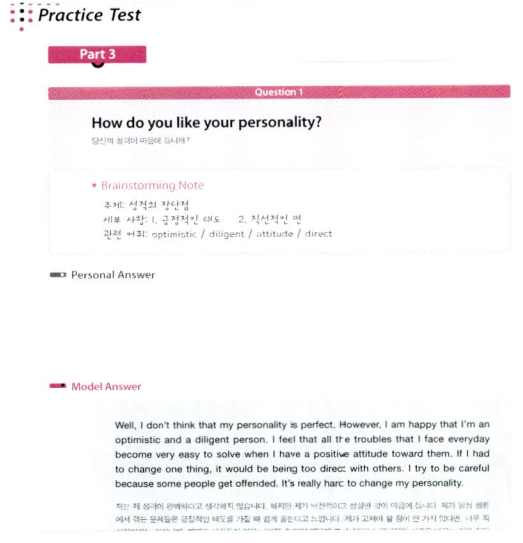

Practice Test · Part 3

- Part 3에 출제될만한 예상문제들을 보고 말해봅니다.

- Brainstorming Note를 통해 Part 3의 문제를 풀 때 미리 자신의 생각을 정리하는 연습을 할 수 있습니다.

- 다섯 문제 외에도 More Questions를 통해 Part 3에 출제될만한 문제들을 더 풀어볼 수 있습니다.

Check Vocabularies & Phrases

nickname 별명, 애칭, 약칭	dream of ~에 의한 꿈꾸다
be similar to ~와 유사하다 ex. Your opinion is similar to mine. 너의 의견은 나와 비슷하다	fairy 요정, 숙녀
	godmother 대모 (여성 대부 역할)
be composed of ~으로 구성되어 있다	pumpkin 호박
as well as ~뿐만 아니라 ~도	chariot 수레, 고대 전차
loving 애정 있는, 정다운 친애하는	coachman 마부, 마차꾼
consider A to be B A를 B으로 여기다	optimistic 낙관적인
capital 수도	diligent 성실한
be raised 자라다	attitude 태도
headquarter 본사	direct 직접의, 직선적인
convenient 편리한	offend 불쾌하게 하다
overseas 해외로 ex. go overseas 외국에 가다	influence 영향을 미치다
	impact 영향
grow up 자라나다, 성장하다	form ~을 형성하다
caring 돌보는, 상냥한 친절한	fortunate 운이 좋은
playground 운동장, 놀이터	have something in common 공통점을 가지다
castle 성	
hide-and-seek 숨바꼭질	the 비교급~, the 비교급~ ~하면 할수록 ~하다
rough 어려운, 거칠은	complement 보완(보충)하다
transfer n. (다른 학교/부서로의) 이적, 자, 전임 (전출) 시킴 ex. a transfer (student) 전학생	shape 형성하다
	dull 지루한, 재미없는, 활기 없는

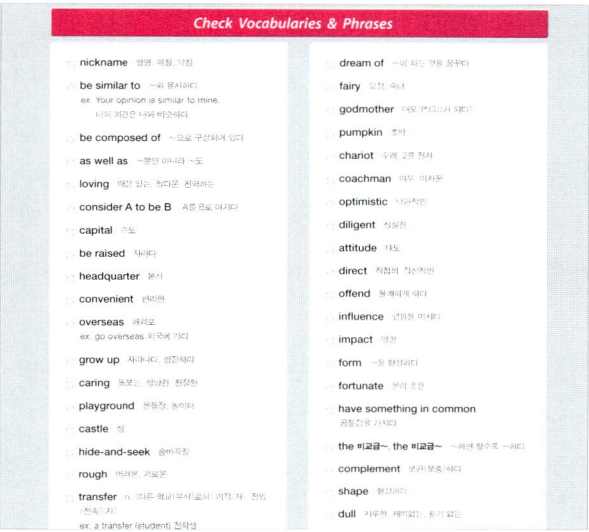

Check Vocabularies & Phrases

• Part 1, 2, 3에 나왔던 어휘 및 어구가 총정리되어 자신이 알고 있는지 모르고 있는지를 표시해볼 수 있습니다.

Chapter 1 Personal Information

Warm-up

Speak up-Step1   Model Answers p.24

Statement

(1) you   It is easy for you to remember him by this name.
(2) he   It is easy for him to remember him by this name.
(3) we   It is easy for us to remember him by this name.
(4) she   It is easy for her to remember him by this name.
(5) they   It is easy for them to remember him by this name.

Question

(1) you   Is it easy for you to remember him by this name?
(2) he   Is it easy for him to remember him by this name?
(3) we   Is it easy for us to remember him by this name?
(4) she   Is it easy for her to remember him by this name?
(5) they   Is it easy for them to remember him by this name?

No Answer

(1) I   No, it isn't easy for me to remember him by this name.
(2) he   No, it isn't easy for him to remember him by this name.
(3) we   No, it isn't easy for us to remember him by this name.
(4) she   No, it isn't easy for her to remember him by this name.
(5) they   No, it isn't easy for them to remember him by this name.

Yes Answer

(1) I   Yes, it is easy for me to remember him by this name.
(2) he   Yes, it is easy for him to remember him by this name.
(3) we   Yes, it is easy for us to remember him by this name.
(4) she   Yes, it is easy for her to remember him by this

More Questions   Model Answers p.27

Q1 What do you think you are talented in?
당신은 어떤 분야에 재능이 있다고 생각합니까?

A I am talented in only a few things. I took music lessons when I was young, so I can play the piano and the flute well. Also, I majored in design in my university, so I can draw. I have learned what kind of design is good and attractive to people. I think it is better for people to be talented in one or two things, rather than many things. Then they can focus their energies on improving just one skill.

저는 단지 몇 가지 분야에만 재능이 있습니다. 제가 어렸을 때 음악교습을 받았기 때문에 피아노와 플루트를 잘할수 있습니다. 또한 대학에서 디자인을 전공하여 그림을 그릴 수 있습니다. 저는 어떤 디자인이 사람들에게 좋고 보기 좋은지를 배웠습니다. 저는 다재다능한 사람보다 어떤 한 두 가지 분야에 재능이 있는 것이 더 낫다고 생각합니다. 그러면 그들은 한 가지의 기술에만 에너지를 집중할 수 있습니다.

Q2 How much are you influenced by your friends in terms of personality?
성격의 관점에서 당신은 친구들에게 얼마나 많이 영향을 받고 있습니까?

A My friends influence my personality a lot. I have known my friends since I was an elementary school student. Not only did we hang out in school, but we also went out on the weekends. We copy each other's habits and preferences for food and clothing. My friends also give me advice about my personality.

제 친구들은 제 성격에 큰 영향을 미칩니다. 저는 제 친구들을 초등학생 때부터 알고 지냈습니다. 우리는 학교에서 같이 어울렸을 뿐만 아니라, 주말에도 함께 나갔습니다. 우리는 음식과 옷에 대한 서로의 습관과 취향을 모방합니다. 제 친구들은 또한 저의 성격에 대해 충고를 해줍니다.

Q3 Should you change your personality if many people find some aspects of it to be disagreeable?
만약 많은 사람들이 당신 성격의 어떤 면을 마음에 들지 않아 한다면 성격을 바꾸어야 합니까?

A If someone finds an aspect of my personality to be disagreeable, I have to find out why. Sometimes I make a mistake and may be unaware of I how treat people. In that case, I can try and think more before I speak or do something. It may also be the case

---

Answers

• Speak up-step1과 Part 3 More Questions의 모범답안(Model Answers)을 확인할 수 있습니다.

1. 각 문제들이 중복도지 않도록 먼저 가능한 주제들을 카테그리 별로 묶었습니다.

2. 문제와 답변들을 동시에 주되 항상 답변은 한 가지가 아닌 두 가지를 줌으로써 답변의 다양성을 확보하였습니다.

3. 답변은 병렬형으로 나열하기보다 Standard형과 Advanced형을 같이 제시함으로써 다양한 레벨의 답변을 같이 경험하도록 하였습니다.

4. 일반적인 질문 외에도 Part 3에 간혹 등장하는 특이한 질문들을 수록하여 시험장에서 당황하지 않도록 하였습니다.

5. 답변의 내용은 한국인의 입장에서 볼 수 있는 점과 외국인이 볼 수 있는 시각이 각각 반영되어 있어서 너무 한국적이거나 너무 현실적이지 않다는 비판을 동시에 피할 수 있게 하였습니다.

6. 시험장의 실전 인터뷰에서 느낄 수 있는 문제들의 흐름을 Chapter별로 제시해서 이를 체계적으로 연습할 수 있게 하였습니다.

7. Chapter별로 질문들을 Overview 할 수 있게 하고 어려운 어휘, 숙어들을 본문에서 제시하였으며 마지막에 이들에 대한 정리를 한꺼번에 확인할 수 있도록 하였습니다.

8. Say it in English에서는 중요한 문장들은 따로 골라내어 학생들이 미리 문장형태에 대해 연구해 보고 말해보는 기회를 갖도록 하였습니다.

9. Speak up에서는 Step별로 연습해야 되는 문장들을 따로 구분해서 Pattern-drill 할 수 있게 하였습니다. 이 경우 쉽게 따라 할 수 있는 방법들도 함께 제시함으로써 단순한 내용상의 답변을 제시하는 것 이상의 연습용 교재로 쓰일 수 있도록 하였습니다.

10. More Questions를 통해 Part 3에 대한 다양한 질문들을 접하도록 하였습니다.

효과적인 학습방법

1. 말하기 연습은 눈으로만 읽어서는 절대 금물! 내용이 자기에게 다소 어렵다면 우선 내용을 정확히 파악해야 합니다. 어떤 학생들은 이 작업을 Speaking 연습이라고 생각하는 경우도 있지만 그것은 단지 읽기 연습에 지나지 않습니다.

2. 내용이 파악되었다면 이제는 소리 내서 읽기 연습을 해야 합니다. 여러 번 반복적으로 큰 소리로 연습하고, 또한 발음에도 신경을 써야 하는데, 자기의 발음이 나쁘다고 생각한다면 더욱 큰 소리로 연습해야 합니다. 교정해줄 사람이 없다고 생각할지 모르지만 대부분의 영어 전문가들도 많은 연습을 통해 스스로 정정하고 익혀 왔다는 말씀을 드립니다.

3. Say it in English에 있는 내용들은 최소한 적을 수 있도록 하고 천천히 말로도 할 수 있다면 더욱 좋습니다. 쉬운 문장도 있지만 어려운 것들은 유창한 능력의 소유자들이 쓸 수 있는 정도이므로 수험자들은 우선 문장을 정확히 이해하고 조금씩 실수가 있더라도 말로 할 수 있도록 연습하기 바랍니다.

4. Speak up-step 1, 2에 있는 내용들은 Say it in English의 쉬운 문장들은 그대로 옮겨 적었고 어려운 문장들은 쉽게 옮겨 적어 놓은 것들입니다. 따라서 학생들이 이미 알고 있을만한 내용들로 구성되어 있습니다. 하지만 이를 무시하고 넘어간다면 이 책에서 가장 중요한 부분을 놓치는 셈입니다. 이 문장들은 이해만 하고 넘어 갈 내용들이 아니라 반드시 암기해두고 자유자재로 쓸 수 있도록 해야 합니다. 한 문장에서 가령 인칭이 바뀌더라도 마음대로 말할 수 있다면 성공인데 이때 머뭇거린다든지 생각을 한다든지, 발음이 석연치 않다면 더욱 더 연습을 해야 합니다. 실제로 Speak up-step 1, 2에 있는 내용만이라도 학생들이 완전히 익힐 수 있다면 당신은 이미 훌륭한 영어 구사자임에 틀림없습니다.

이것이 IELTS(아이엘츠)다

● IELTS(아이엘츠)란?

IELTS(International English Language Testing System)는 영국 캠브리지 대학(University of Cambridge Local Examinations Syndicate), 영국 문화원(The British Council) 그리고, 호주대학 연합회인 IDP 산하 기관 IELTS Australia가 공동 개발, 주관하는 국제적인 영어 능력 평가 시험입니다.

IELTS는 미국, 영연방 국가(영국, 호주, 뉴질랜드, 캐나다) 등으로의 유학이나 이민, 취업 등을 희망하는 응시자의 영어 실전 실력을 평가하는 시험으로 미국, 영국, 호주, 뉴질랜드, 캐나다, 유럽 및 아시아 영어권 학교, 이민성과 주한 캐나다 대사관에서 인정되고 있습니다.

IELTS 는 전세계 105개국 230개의 IELTS 시험 센터(IDP 호주대학연합과 영국 문화원)에서 시행되고 있으며 각 센터마다 시험 날짜나 횟수는 다릅니다. 우리나라에서는 IDP 호주대학연합(서울, 분당, 부산)과 영국 문화원(서울)에서 주관하고 있습니다.

● 시험구성

IELTS는 Listening, Reading, Writing, Speaking으로 구성됩니다.

구 분		시 간	문제수	시간
Briefing		09:00 ~ 09:20		
Listening		09:20 ~ 10:00	40문항	30분
Academic Reading	General Reading	10:05 ~ 11:05	40문항	60분
Academic Writing	General Writing	11:15 ~ 12:15	2문항	60분
Speaking		13:00 이후(15분 정도)	1:1 인터뷰	15분

* Speaking의 경우 시험 당일 3~4시간 이상 걸리기도 하며, 다음날이나 이틀 후에 치루기도 합니다.

IELTS(아이엘츠)는 Academic Module과 General Module로 크게 구분됩니다. 주로 Academic 모듈은 학사, 석사, 박사 등 학위과정을 이수하기 위한 유학이나 미국 간호사, 미국 수의사, 호주, 뉴질랜드, 캐나다 간호사 등 전문직 취업을 목적으로 할 때 필요하고, General 모듈은 영국, 호주, 캐나다, 뉴질랜드 이민 등을 목적으로 할 때 필요하게 됩니다. Speaking과 Listening은 Module의 구분 없이 공통 출제되고, Reading과 Writing은 Module에 따라 차이가 있습니다.

a) Listening

총 40문항으로 이루어져 있으며 30분 동안 진행되고 10분 동안 답을 적을 수 있는 시간이 주어집니다. 모두 4-Section으로 이루어져 있습니다. Section 1~2는 일상생활에 관한 주제로 구성되어 교통, 여행 예약, 주택 임대, 학생 서비스, 대학 시설, 직업 등의 주제에 대한 대화 및 설명 내용입니다. Section 3~4는 좀 더 난이도가 높은 강연이나 연구 과제에 관하여 교수와 학생들 간의 대화 등이 보통 2~4명의 대화로 이루어집니다. 문항들은 표나 테이블의 완성 및 연결하기, 문장 완성, 요약, 다항식 선택 등의 유형들로 이루어집니다.

b) Reading

이 영역 역시 40문항으로 이루어져 있으며 여기서는 Academic Module과 General Module로 나누어집니다. 각 Part별로 3개의 Passage로 이루어져 있으며 Listening과 같이 답을 옮겨 적는 시간이 따로 주어지지 않고 60분간 진행됩니다.

Academic Module의 경우 잡지, 저널 등에서 발췌한 고급 지문으로 이루어져 있습니다. 또한 수험자가 후에 Postgraduate or Undergraduate Courses에서 배우게 될 주제와, 최근에 부각되는 Issue를 다루고 있는 것이 특징입니다. 논리적인 논쟁의 글과 그림, 도형, 그래프, 삽화를 통해 설명되는 본문이 출제 된다는 것이 General Module과의 또 다른 차이 입니다.

General Reading의 경우 게시문, 광고, 공식 서류, 책자, 신문, 카탈로그, 안내 전단, 시간표, 책과 잡지에서 발췌한 지문으로 이루어져 있습니다. 첫 번째 Passage 부분은 사회생활에 필요한 주제와 관련있으며, 일상생활에서 정보를 이해하고 전달하는 능력을 평가하는데 초점을 맞추고 있습니다. 두 번째 Passage에서는 예를 들면, 학습 과정이나 복지 시설 이용 시 필요한 것 등 학습 생활에 필요한 점에 초점을 둔 문제들이 출제됩니다. 세 번째 Passage 부분에서는 논쟁적인 주제보다는 묘사적, 서술적인 주제들이 출제되는 것이 특징입니다.

c) Writing

Writing 역시 Academic Module과 General Module로 유형이 나누어집니다. 각 유형별로 두 가지 문제로 구성되어 있고 총 60분 동안 진행됩니다.

첫 번째 문제는 기본 150단어 이상으로 작성하며, General Module은 요구, 불만 제안 등의 편지쓰기 문제가 출제 되며 Academic Module은 그래프, 도표, 테이블에 제시된 정보를 이용하여 데이터를 비교, 분석하고 그러한 데이터에 이르게 한 과정에 대해 설명하는 부분 입니다.

두 번째 문제는 기본 250자 이상으로 작성하여야 하며, General Module과 Academic Module 모두 제시된 특정 문제나 논의에 대한 문제 해결방법 제시, 방법과 의견에 대한 타당성 제시, 상대방 설득 등의 능력을 봅니다. 이 영역의 주제들은 특정 전공과는 관계없는 일반적인 관심사이며, Essay나 보고서의 형식으로 논술하면 되는 문제입니다.

d) Speaking

이 영역은 시험관과 일대일 인터뷰로 이루어집니다. 응시자는 간단한 질문에 답하고 시험관이 주는 주제에 따라 정확한 답변을 하는 것을 요하는 시험입니다.

Speaking 시험은 다음과 같은 단계로 이루어집니다.

- 1단계는 취미, 고향, 음식, 가족 등에 관한 친숙한 주제에 대해서 질문합니다.
- 2단계는 Topic Card를 주고 거기에 적힌 일정한 주제에 대해 1~2분간 Presentation을 한 후, 그 주제에 관한 몇 가지 질문에 대답하도록 합니다.
- 3단계는 2단계에서 주어졌던 주제에 관해서 시험관과 함께 좀 더 심층적인 토론을 하게 됩니다.

총 12분에서 15분 사이에 IELTS Speaking 시험이 이루어지게 됩니다.

● 시험 접수 및 점수 확인

1. 시험 접수는 영국 문화원과 호주 IDP 교육에서 가능하며 지역별로 서울(광화문, 강남), 분당, 부산 세 곳에서 가능하고, 응시 제한은 따로 없습니다.
2. 시험 접수는 수시로 가능하지만 시험일로부터 2주 전 금요일에 해당 시험을 마감합니다. 최근에는 응시생이 많아 추가접수를 받기도 하므로 접수 일정을 영국 문화원이나 호주 IDP 교육 웹사이트에서 수시로 확인하는 것이 좋습니다.
3. 시험일 변경이나 취소 신청은 시험 5주 전 금요일까지 할 수 있으며 1회에 한합니다. 연기 시 18,000원의 수수료가 부과되며, 취소 신청 시에는 접수비의 75%만을 환불 받을 수 있습니다.
4. 시험 장소는 시험일로부터 2~3일전에 시험 접수한 센터 홈페이지에서 확인할 수 있습니다.
5. 시험 당일에는 반드시 신분증(원서에 기입한대로 여권 또는 주민등록증, 운전면허증)을 지참하고 시작 30분 전까지 입실해야 합니다. 시험장에는 신분증 외에 가방, 필기구, 사전 등 어떠한 것도 휴대할 수 없습니다.
6. 시험 결과는 직접 받을 경우 2주 후 금요일까지, 우편으로 받을 경우 2주 이상 지난 후에 직접 받아볼 수 있습니다.
7. 성적표 재발급은 해당 센터를 통해 받을 수 있습니다.
8. 시험 성적의 유효기간은 보통 2년이지만, 각 학교나 기관에 따라서 그 이상 유효한 경우도 있습니다.

● 점수대별 능력 차이

IELTS는 네 영역 각각의 점수가 Band 1~Band 9로 0.5점 단위로 성적이 매겨지며 이 Band들의 평균은 Overall Band로 표시되고, 이것이 응시자의 성적에 나타납니다.

※ IELTS에서 점수가 가지는 의미를 쉽게 경험적으로 말해보면 아래와 같습니다.

1점에서 9점이 있는데 모국어로 영어를 쓰는 사람이 예를 들어 Speaking 9점이 나오는 것은 당연하므로 이를 제외한다면 우리나라 학생은 1점에서 8점까지를 원칙으로 보면 됩니다. 이 중에서 8점을 받는 사람들은 일반인이 볼 때 거의 원어민 수준의 실력을 가지고 있다고 느껴질 정도의 전문가이므로 이를 제외한다면 1점에서 7점 정도를 가리킵니다. 이 중에서 가장 흔한 점수는 5~7점입니다. IELTS를 준비하는 사람은 대부분 이 범주에 속합니다.

▶ **5점**   이 점수는 영어 관문을 통과하는 점수로 여기면 될 것 같습니다. 초보자는 맞을 수 없는 점수지만 그렇다고 아주 어려운 점수는 아니어서 일반 대학생이 영어를 제법했다고 한다면 이 정도는 나와야 합니다.

토익으로 치면 약 600점 정도, 토플은 PBT 487(CBT 163)점 정도입니다. 실제 현장에서 느끼는 것은 토익의 경우 실질적인 실력 향상보다는 단기간의 실전 유형분석으로부터의 점수 향상이 있을 수 있어서 약간 점수를 높이 올려 잡았습니다. 우선 초보자는 이 점수를 첫 목표로 삼아야 하며, 이민 또는 유학을 준비하고 있는 대상자 중에서 영어를 접하지 않고 있었던 사람이라면 우선 이 점수에 도달함을 기본으로 해야 합니다. 일반 수험자 중 거의 대부분의 초보 수험자들이 이 정도의 점수를 따지 못하는 경우가 많습니다.

*주의 IELTS는 네 가지 영역(Reading, Listening, Writing, Speaking)을 골고루 정확히 다루는데, 점수를 비교할 때 Speaking 영역은 토익과 토플 시험에서는 빠져 있으므로 이를 유의해야 합니다. 예를 들어 5점을 맞을 수 있는 Speaking 실력은 자기 소개 정도는 실수를 범하더라도 할 수 있으며 대답을 전혀 못한다든지 알아듣지 못한다든지 하는 경우는 없습니다. 어려운 주제를 만났을 때 단어와 문법이 틀릴 수는 있지만 최소한 자신의 생각을 전달할 수 있어야 합니다. 일반적인 회화 Level이 초급 상이나 중급 초 정도는 되어야 합니다.

▶ **6점** 유학을 준비하는 학생이라면 반드시 이 정도의 실력은 갖추어야 합니다. 여러분 주위에서 저 친구는 진짜 영어를 열심히 한다는 정도의 이야기를 들을 수 있어야 합니다 미국권 학교라면 대부분 토플 PBT 550점을 요구하고 있습니다. 마찬가지로 IELTS에서도 6.0이상의 점수를 대부분의 학교들이 채택합니다. 6.0~6.5의 점수를 요구하는 학교가 가장 많고 일류 학교들은 간혹 7.0을 요구합니다. 만약 여러분이 공부에 상당히 진지한 학생이라면 이 점수에 도전해야 합니다. 거의 대부분의 학생은 이 범주에 들지 않습니다. 5점 이하의 학생들에게는 많은 노력이 가해져야 가능하다는 것을 명심해야 합니다.
또 6점 실력의 학생이라면 이제 당신은 영어가 무엇인지를 알고 있으며 어떻게 공부해야 하는지도 알고 있습니다. 5점의 학생이 6점이 되기가 아주 힘든 것처럼 6점 학생이 7점이 되는 것도 그만큼이나 힘들다고 생각하면 됩니다. 객관적인 1점의 차이를 시간으로 따진다면 6개월~1년 반 정도의 차이로 보여집니다. 절대로 포기하지 말고 다음 단계인 7점에 도전하도록 합시다. 하지만 7점은 아무에게나 허용하지 않는다는 것을 기억해야 합니다.

*주의 6점의 실력자는 Speaking에서 웬만한 질문에는 막히지 않습니다. 물론 일상 회화 정도의 질문과 대답은 쉽게 해결합니다. Listening도 제법 좋아서 원어민과의 회화 정도는 큰 부담이 없습니다. 간혹 문법적인 실수를 하지만 큰 맥락에는 지장이 없으며, 일반적으로 회화를 잘한다는 소리를 들을 수 있습니다. 일반적인 Level이 중급 이상이 되어야 합니다. 만약 여러분의 토익이 현재 760점인데 회화 학원에서의 Level이 중중~중상 에 들지 못한다면 여러분의 Speaking실력은 다른 부분에 비해 떨어진다고 생각하면 됩니다.

▶ **7점** 이 점수는 학생들 사이에서 최고라는 호칭을 들을 수 있는 정도가 됩니다. 이 점수대의 학생들 배경을 보면 대부분 1년 이상의 국외 체류 경험을 가지고 있습니다. 경험적으로 보면 1년~2년 사이가 가장 많은 것 같습니다. 네 가지 영역에서 모두 이 점수를 가지고 있다면 당신은 각 부분에 있어 일반적으로 최고의 실력자라고 할 수 있습니다. 혹시 이 점수 이상을 받는다면 아마도 외국에서 정상적인 학위(학사, 석사)를 따낼 수 있는 언어 실력의 기초는 갖추었다고 보여집니다.

*주의 간혹 토익 900점 또는 토플 CBT 250(PBT 600) 점수대의 학생 중 회화를 거의 못하는 경우가 있습니다. 이때 그 학생은 IELTS Speaking에서 기껏해야 5점대를 넘기기 힘듭니다. 7점의 학생들은 거

의 최고의 회화를 구사합니다. 보통 논리력뿐만 아니라 원어민과도 대화를 주도할 정도가 됩니다. 어려운 주제에도 자신의 생각을 무리 없이 전달합니다.

● IELTS/토플/토익 점수 비교표

상기의 표는 시험별 유형의 차이가 크므로 절대적인 기준이 될 수는 없으며, 각 시험 기관에서 일반적으로 인정하는 점수대별 영어 능력이라고 볼 수 있습니다.

IELTS	TOEFL			TOEIC	TEPS
	PBT	CBT	IBT		
9.0	677	300	120	990	953 ~
8.0	630~	269~	112~	960~	913~952
7.5	623~630	264~268	101~111	945~959	897~912
7.0	570~622	230~263	91~100	785~944	709~896
6.5	550~569	213~229	81~90	730~784	638~708
6.0	540~549	197~212	76~80	675~729	569~637
5.5	510~539	180~196	65~75	620~674	505~568
5.0	487~509	173~179	57~64	487~619	473~504

● 시험 전 & 시험 중 이것만은 명심하자.

1. 시험 입실 시 신분증을 확인할 때는 반드시 원서에 체크했던 신분증을 가지고 가야 합니다. 예를 들면 Passport에 체크했다면 반드시 여권을, National Identity Card에 체크했다면 주민등록증 또는 운전 면허증을 지참하여야 합니다.

2. Listening 시험으로 시작해서 Reading 시험이 끝날 때까지는 쉬는 시간이 없으므로 이점을 유의해야 합니다. 간혹 화장실에 가길 원하는 학생은 자신의 시험 시간을 할애하여야 하므로 불이익이 생길수 있 습니다.

3. Speaking 시간은 시험 당일 공지되므로 반드시 시간 확인 후 그 시간보다 30분 전에는 대기해야 합니다. 간혹 앞사람이 Speaking 시험을 응시하지 않아 응시자의 시간이 앞당겨질 수도 있음을 유의해야 합니다.

4. Speaking 시험은 시험 당일 오후나 저녁 또는 다음날에 치를 수도 있으므로, 시간과 Pace를 잘 유지 해야 합니다.

5. 본인이 응시해야 하는 IELTS Module이 General인지 Academic인지 정확히 판단하고 응시해야 하 며 시험장에 도착했을 때도 이를 반드시 확인해야 합니다

● 타 어학 시험에 비해 IELTS가 가지는 장점

1. IELTS는 다른 외국어 능력 시험과는 다르게 시험이 생겼을 때부터 학생들의 고른 Speaking 능력을 측정해오고 있습니다.

   Speaking Questionnaire들을 살펴보면 세 가지 부분으로 나누어졌으며, Part 1에서는 Casual Speaking 구사 능력을 Part 2에서는 각 사회, 문화, 학문 분야별 Topic Based된 Description을 요구하며 Part 3에서는 Part 2에서 나온 Topic에서 좀 더 심화된 질문들을 다루고 있어 학생들로 하여금 이민과 학업 시에 필요한 실제적 Speaking Fluency를 준비하게끔 만들어져 있습니다. 따라서 많은 학생들이 진학을 위한 필수 점수인 Band Score 6.0을 목표로 학습했을 시 일반 영어회화 구사 능력 보다 우월한 영어 구사 능력이 생깁니다.

2. Reading 과 Listening Part의 합리성과 학문과의 연계성이라고 할 수 있습니다.

   토익은 일상생활과 business에 관한 용어들을 위주로 독해 문단과 Listening Situation이 주어지고 토플은 IELTS와 유사성을 보이는 Reading 혹은 Listening Situation을 가지고 있습니다. 하지만, IELTS의 경우 Reading 부분은 이민자들을 위한 General Module과 유학준비들을 위한 Academic Module을 따로 가지고 있어 목표가 다르고 영어의 쓰임이 다른 수험자들에게 효율적인 Target English를 제공하고 있습니다. 게다가 Academic Module의 경우 학생들이 진학 시 학습에서 필요할 기본적인 언어적인 면과 학문 전반에 대한 Background Knowledge를 배양해준다는데 가장 큰 의의가 있습니다. 토플과 비교해봤을 때, 토플은 지나치게 몇몇 실제 전공 위주의 단어들과 국소적인 배경지식들이 주를 이루고 있지만 IELTS의 경우 내용과 언어의 쓰임에 있어서 충실히 IELTS를 공부하고 간 학생들은 훗날 학업에 있어서 많은 도움을 얻게 될 소양을 얻게 됩니다. 게다가 질문의 유형 역시 단순한 사실적 이해보다는 주어진 Passage에 대한 정확한 이해와 논리력을 요구하는 문제가 많은 것이 큰 특징이라고 할 수 있습니다.

3. 토플과 토익과는 전혀 다른 IETLS Writing의 고유성입니다.

   이 역시 General Module과 Academic Module로 나눠져 있고 General Module은 이민 준비자들이 현지에서 충분히 겪을 법한 상황의 Formal 그리고 Informal Letter를 쓰는 것이 특징입니다. Formal Letter를 써봄으로써 수험자들은 이민 생활에서의 적응과 발전에 큰 도움을 줄 것입니다. Academic Module 의 특징은 Task 1의 Graph Writing입니다. 이 Writing을 통해 IELTS 시험은 수험자들에게 훗날 유학 생활에서 맞게 될 Academic한 통계치 분석 능력 등을 배양하게끔 하고 있습니다. 또한 토플과 유사한 형태를 보이는 Essay Writing은 토플 Essay의 단답적이고 틀에 박힌 형식을 지양하고 형식과 질문 역시 양론에 대해 균형적인 시각을 나타나게끔 유도하고 논제 안에서 문제 해결 과제를 주어 학생들로 하여금 스스로 현상에 관한 문제 해결 능력까지 배양시키고 있습니다. 따라서 IELTS는 General Module에서는 좀 더 실용적이고 현지 생활에 적응할 수 있는 영어를 배양시키고 있고 Academic Module에서는 학생의 실제 학업 수행을 위한 언어 준비 과정 또한 이 능력을 측정하기 위한 시험이라는 목적을 충실히 이행하고 있는 시험이라고 할 수 있습니다.

Speaking 시험의 구성

Speaking 시험은 세 개의 부분으로 구성되어 있습니다. 일대일로 시험관(Examiner)과 약 11~14분 동안 독립적인 공간에서 인터뷰를 치릅니다. 전체 인터뷰 내용은 녹음기로 녹음이 됩니다. Speaking 시험은 Academic 또는 General Module이 똑같은 형태로 출제됩니다.

● Speaking Module

Parts	시간	질문 내용
Part 1	4-5분	소개 및 응시자에 대한 일반적인 질문에 답변합니다.

Part 2	3-4분	• 시험관이 Topic Card를 응시자에게 줍니다.
		  응시자는 1분 동안 발표할 내용을 정리할 시간이 주어집니다.
		  이때 카드에 간단히 생각을 메모할 수 있습니다.
		• 1~2분 동안 준비한 내용을 카드를 보면서 발표합니다.
		• 발표가 끝난 후 시험관이 추가 질문을 1분 동안 합니다.

Part 3	4-5분	Part 2와 관련된 조금 더 난이도가 높은 질문에 대해 대답합니다.

● Speaking 시험의 유의사항

1. 답변은 녹음이 되고 있으므로 항상 크고 명확하게 하도록 합니다.
2. 시험관을 가능한 한 쳐다보면서 얘기를 하고 시선을 다른 곳에 둔다든가, 필요 없는 몸 동작을 하는 것을 삼가 합니다.
3. 질문내용을 잘 못 알아들었을 때는 곧 바로 다시 질문해서 내용을 알아차리도록 합니다.
4. 질문에 대해 'Yes' 또는 'No'로만 답하는 것은 피하도록 합니다.
5. 긴장하지 말고 보통의 대화처럼 편안함을 유지하도록 합니다.
6. 답변을 너무 길게 하면 안 되지만 이를 일부러 의식해서 일찍 끝낼 필요는 없습니다. 시험관이 자연스럽게 응시자에게 다른 질문을 유도할 것입니다.
7. 시험관의 기분을 상하게 하는 행동이나 말들은 반드시 피합니다.

● Speaking 시험 준비 방법

1. 가능하면 파트너를 만들어서 주어진 주제에 대해 편안하게 대화하는 연습을 가지는 것이 좋습니다.

2. 대화에서 이용하는 단어들은 가능하면 자신이 편안하게 발음할 수 있는 쉬운 것들이 좋습니다. 사전을 찾아 봐야만 되는 단어들은 그 다음 연구 대상들이 될 것입니다.

3. 시험관의 질문을 놓치지 않기 위해 영국식 발음에 대한 듣기 준비도 되어 있어야 합니다.

4. Part 2 준비를 위해 스스로의 답변을 녹음해서 직접 들어 보고 정정할 부분들을 찾아보고 속도나 소리의 크기 등을 확인해봅니다.

5. 많은 질문들 중 자신이 직접 경험하지 못한 내용이 있다면 스스로의 상상력을 이용해 답변해보는 습관을 기릅니다.

6. 자기 답변의 시간을 스스로 시계를 보고 확인하고 길이에 대한 감을 느껴 보도록 합니다.

● Sample Interview Questions

Sample Questions 1

Part 1
Do you live with your family or with friends?
What do your family members do for a living?
What do you and your family like to do together?
Who do you talk to most in your family?
What do you do as a family on special occasions like wedding or feasts?

Part 2
Describe a typical modern family
You should say :

> how big it is
> who is usually in charge of family affairs
> how housework is shared

and discuss how it compares to a traditional family.

What are the disadvantages of living in an extended family?
Is family an old-fashioned idea?
Do you mind living in a big family?

Part 3
What responsibilities do children have toward their parents?
Has women's role in family changed greatly?
What do you think is the best way to keep in touch with friends and family why you're a way from home?
What do you think tomorrow's family will be like?
Are you willing to live a very different family life from that of your parents?

Sample Questions 2

Part 1   Where do you live?

Do you like your neighbors?

What kind of landscape surrounds your hometown?

Do you rent your accommodation?

What kind of place do you live in, a house or a flat?

Part 2

> **Describe the neighborhood that you live in at the moment**
> **You should say :**
>
> > **Where it is**
> > **What the people are like**
> > **What some of the major landmarks are**
>
> **and why you like or dislike your hometown.**

What kind of neighbors do you wish to have?

Have you lived in other types of accommodation before?

When you buy a house, what is the most important thing to consider?

Part 3   What kind of accommodation would you like to live in?

What kind of accommodation would you like to live in?

What are advantages and disadvantages of living with friends?

What are some of the changes in relationship between neighbors in the past years?

What is the role of the community in improving the relationship between neighbors?

How do you like your current accommodation?

● 평가 기준

1. 유창성(Fluency and coherence)
-당신의 생각을 명확하게 전달하고 있습니까?

-당신의 생각이 논리적으로 머뭇거리지 않고 잘 전달되고 있습니까?

2. 어휘력(Lexical resource)
-당신은 적절한 단어들을 사용하고 있습니까?

-당신은 얼마나 다양한 어휘력을 가지고 말을 전달하고 있습니까?

3. 문법지식(Grammatical range and accuracy)
-당신은 얼마나 많은 문법적인 실수들을 하고 있습니까?

-당신은 얼마나 다양한 문법적인 구조의 문장들을 다루고 있습니까?

4. 발음(Pronunciation)

  -당신이 하고 있는 표현들이 얼마나 시험관에게 쉽게 전달되고 있습니까?

  -당신의 영어 발음이 얼마나 자연스럽게 들립니까? 응시자에게 다른 질문을 유도할 것입니다.

● IELTS Bands

Proficiency Level	Proficiency Description
9	Expert user
8	Very good user
7	Good user
6	Competent user
5	Modest user
4	Limited user
3	Extremely limited user
2	Intermittent user
1	Non-user

※ 2007년 7월 1일부터 Speaking과 Writing에 0.5 Band Score가 적용되었습니다.
  예를 들면 6.5 또는 5.5 등의 점수가 생긴 것입니다.

● 자주 하는 질문들

1. Speaking 시험에서 Part 1, 2, 3의 점수 배점은 어떻게 다릅니까?
   점수 배점은 같습니다.

2. 네 가지의 평가 기준에 대한 점수 배점이 다릅니까?
   평가 기준에 대한 점수 배점이 같습니다.

3. 질문을 잘못 알아들었을 때 시험관에게 다시 물어볼 수 있습니까?
   재차 말 해 달라고 부탁할 수 있습니다.

4. 질문에 대한 답이 경험 부족 등으로 전혀 생각나지 않는 경우에는 어떻게 할까요?
   긴장하지 말고 상상력을 이용해 보도록 하고 잘 기억이 나지 않는다는 등의
   말을 하면서 시작해 보는 것이 좋겠습니다.

5. Topic Card가 마음에 들지 않을 때 다른 것으로 바꿀 수 있습니까?
   원칙적으로 불가합니다.

6. 인터뷰가 끝나고 나서 개인적인 질문 또는 점수를 물어볼 수 있습니까?
   안됩니다. 끝까지 예의를 지키도록 합시다.

7. Topic Card에 대한 발표를 할 때 시간이 초과되어도 괜찮을까요?
   예. 시험관이 자연스럽게 유도해 줄 것입니다.

8. 질문에 대한 답변이 긴 것 또는 짧은 것 중에 어떤 것이 좋을까요?

짧은 것 보다는 긴 것이 좋지만 그렇더라도 길다고 무조건 좋은 점수를 받는 것은 아닙니다.

오히려 자기가 할 말을 정확히 했다면 짧더라도 무리는 없습니다.

9. 영국식 발음을 하는 것이 점수에 도움이 됩니까?

시험관은 여러분의 영국식 발음을 선호하는 것이 아니고 얼마나 이해하기 쉬운가에 관심이 있습니다.

10. 질문이 이해가 되지 않는 경우 어떻게 하는 것이 좋을까요?

문제를 조금 더 쉽게 설명해 달라고 부탁할 수 있습니다.

● 시험에 관련된 도움말

1. 응시자들이 가장 주의해야 할 것은 긴장하지 않는 것입니다. 자칫 오랜 시간을 대기 장소에서 기다리다 보면 긴장도가 올라가기 마련입니다. 긴장을 많이 하다 보면 평소 실력에 훨씬 못 미치는 대답을 하기 쉽습니다.

2. Topic Card를 받고 갖게 되는 1분 중에서 간단한 단어들을 메모하고 난 후에는 어떻게 말할 것인지를 속으로 생각하도록 합니다.

3. 시험장에서 앞서 시험을 치른 응시자들에게 질문을 하는 경우가 있는데 대부분 이런 질문들이 다시 나오는 경우는 없으므로 차분하게 다른 일(신문을 읽는 등)을 하면서 기다리는 것이 긴장을 푸는데 도움이 됩니다.

4. 너무 짧은 대답을 하기 보다는 긍정적인 입장에서 적극적으로 인터뷰에 응하는 것이 좋습니다. 하지만 질문에 관련 없는 내용을 계속 답변하는 것 또한 피해야 합니다.

5. 전혀 경험해 본 적이 없는 Topic을 받았을 때 임기응변으로 대처하는 방법도 연습해 보아야 합니다. 가령 TV나 영화에서 보았던 것들을 자신의 경험처럼 얘기하는 것도 한 방법입니다. 시험관은 여러분의 경험의 사실 여부에 관심이 있는 것이 아니고 얼마나 영어로 말을 잘 할 수 있나를 보고 있다는 것을 항상 잊지 말아야 합니다.

6. 여러분의 답변 중 좋은 답, 또는 나쁜 답이 있는 것이 아니고 얼마나 조리있게 말하는가가 중요합니다. 물론 본인이 자신 있게 답할 수 있는 쪽으로 방향을 잡는 것 또한 자신의 몫입니다. 그 다음 질문을 기다린다는 인상을 주기 보다는 주도적으로 답변을 하도록 합니다.

7. 답을 외우고 있는 것처럼 인터뷰에 응하지 말고 친구와 대화하는 것처럼 임하는 것이 가장 좋습니다. 이를 위해 가능하면 많은 시간을 직접 파트너를 정해서 영어로 연습해 보는 것이 큰 효과가 있습니다.

8. 혹시 답변 중에 문법적으로 오류가 있는 대목이 있다면 머뭇거리지 말고 자신 있게 정정하도록 합니다.

9. 말을 하다가 말이 끊어지거나 하던 말을 긴장으로 인해 잊어버렸을 때는 절대로 시간이 가도록 내버려 두지 말아야 합니다. 시간이 가면 갈 수록 초조해 질 수 밖에 없으므로 이 경우 재빨리 잊어 버렸다거나, 생각이 나지 않는다고 솔직하게 말하고 다음 질문을 기다립니다.

10. Speaking 질문 중에는 항상 응시자들이 당황할 수 있는 어려운 문제들이 있을 수 있으므로 이 경우에는 가능한 짧게 자신의 의사만 전달하고 마치도록 합니다. 어려운 문제를 너무 장황하게 하다 보면 자신감이 더욱 떨어지는 경우가 있기 때문입니다.

Part별 비교분석 및 득점전략

1. Part 1 개요

Part 1은 4~5분 동안 시험관과 일대일로 진행됩니다. 시험관이 자기 이름을 간단히 소개한 후에 응시자의 이름과 ID card를 요구할 것입니다. 이름을 말하고 신분증을 제시하고 나면 간단한 개인 신상에 관련된 질문을 할 것입니다. 개인 신상에 관련된 질문들은 대개 응시자 또는 가족, 직업, 전공, 취미 등과 관련된 것들입니다.

> 예) Where do you come from?
> Where did you grow up?
> Where is your hometown?

Part 1에서 요구하는 질문들은 일반적으로 응시자가 개인적으로 미리 준비할 수 있는 질문에 해당되므로 각 주제별로 직접 예상 답을 만들어 보도록 합니다. 본문에 나오는 예상 답을 참조해서 자기 자신에 대한 답을 준비하고 연습하도록 합니다.

> 주의) Part 1에서 항상 신상에 관련된 단순한 질문들이 나올 것이라고 예상해서는 안됩니다. Part 1에서도 Part 2 또는 Part 3에서 나올법한 질문들이 나오는 경우가 있습니다. 개인 신상과 관련된 Part 1의 질문과 Part 2, 3에서 나오는 질문 사이에는 큰 차이가 있는 것이 사실이지만 시험관이 항상 이런 순서대로 질문을 할 것이라고 생각해서는 안됩니다. 곧바로 Part 2에 해당되는 질문을 할 수도 있기 때문입니다.

> 준비) 본문에 있는 주제별 Part 1의 질문들에 대한 답을 기초로 해서 개인 신상에 대한 답변을 미리 적어 보고 연습해보아야 합니다. 연습을 하다 보면 대부분의 질문들이 서로 연관이 있고 질문의 형태가 다르더라도 비슷한 답이 도출된다는 것을 느끼게 되는데 중요한 것은 답변을 할 때 얼마나 자연스럽게 전달할 수 있나 하는 것입니다. 설령 미리 준비를 했더라도 이것이 실전에서 잘 활용되기 위해서는 한두 번 읽어보는 것으로는 턱없이 부족하다는 생각을 가지고 있어야 합니다.

1. Part 2 개요

Part 1은 응시자가 더 구체적으로 일정한 주제에 대해 논리적으로 설명할 수 있나를 측정하는 시간입니다. 시험관이 응시자에게 Topic Card를 준 뒤 응시자가 그 주제에 관해 약 1분 정도 메모할 시간을 줍니다. 응시자는 자기가 간단히 메모한 것을 보면서 약 1~2분 동안 발표를 합니다. 발표를 하고 나면 시험관이 다시 주제와 관련된 추가 질문을 하게 됩니다.

> 예) Topic Card
> Describe your personality

You should say:

> what kind of person you think you are
>
> what your family and friends think about your personality
>
> whether you think your personality is special

and how your personality affects your life.

예) **추가 질문**

How do you like your personality?

How have your teachers influenced you?

주의) Part 2는 응시자가 얼마나 한 주제에 관해서 머뭇거림 없이 유창하게 자기 생각을 전달할 수 있나를 측정하게 됩니다. 발음이나 문법 등도 중요하지만 일단은 끊어지지 않고 말할 수 있도록 하는 것이 중요합니다. Part 2에서부터 Part 3의 질문들까지는 특별한 구별이 없다고 생각하는 편이 낫습니다. 단지 Part 2의 질문들은 주제별 아이디어를 미리 공부해 볼 수 있으므로 학생들이 Speaking 준비를 한다는 것은 Part 1, 2까지의 질문들을 예상해 보는 것이라고 해도 과언이 아닙니다. 주제에 대한 준비는 많이 해 놓으면 해 놓을수록 좋지만 반드시 그 틀 안에서만 문제가 나온다고 생각하면 실전에서 다루어 보지 못한 Topic Card가 나왔을 때 당황할 수 있습니다. 항상 자기가 생각해 보지 못한 Topic Card가 나올 경우를 미리 가정해 두는 것이 좋습니다.

준비) 본문이 주제별로 예상 답안이 있으므로 이를 그대로 이용한다고 생각하지 말고 자신이 이용할 수 있는 쉬운 단어들을 이용해서 새롭게 글을 지어 보고 이를 가능하면 외울 수 있도록 하는 것이 좋습니다. 제대로 연습을 하지 않는다면 잘 외워지지 않고 또 외웠더라도 실전에서는 충분히 부드럽게 말할 수가 없는 것이 사실입니다. 준비된 답을 외우면서 공부한다는 것은 단지 같은 질문이 나왔을 때 도움이 되도록 하기 위함이지만 또한 이를 반복적으로 하다 보면 자연스럽게 전체적인 말하기 연습이 되고 또 영어 구사력이 높아지게 되는데 장기적으로 Speaking 연습을 한다는 것은 결국 후자에 해당됩니다. 주제에 대한 친밀도를 높이는 것은 단기적으로 시험을 준비하는 학생에게는 맞지만 이것이 응시자가 원하는 성적을 얻게 해주는데 무리가 있다면 중장기적으로 본문 Speak up-Step 2에 나오는 것과 같은 많은 패턴 연습을 통해 일반적인 영어 구사력을 높이는 수밖에 없습니다.

3. Part 3 개요

Part 2에서 응시자가 주어진 주제에 대해 혼자서 이야기를 한 것과는 달리 Part 3에서는 Part 1, 2에서 보다 훨씬 복잡하고 어려운 질문에 대해서 응시자가 얼마나 적절하게 답변할 수 있나를 측정하는데 약 4~5분이 소요됩니다. Part 3의 질문들은 내용적으로 상당히 답변하기 힘든 질문들인데 응시자가 얼마만큼 자유자재로 이를 답할 수 있는가에 초점이 맞추어져 있습니다.

예) What do you think you are talented in?

How much are you influenced by your friends in terms of personality?

Are you willing to change your personality if many people find some aspects of it to be disagreeable?

Do you believe that people considered eccentric are talented in certain fields?

Do you plan to have a different family life from that of your parents? What are some changes you would like to make?

주의) Part 3의 질문들을 충분히 준비한다는 것은 실질적으로 불가능합니다. 왜냐하면 지금부터 다루게 되는 영역은 영어를 전문적으로 쓰는 강사나 심지어 원어민에게도 내용상 어려울 수 있는 질문들일 수 있기 때문입니다. Part 3의 질문들을 우선 많이 봐두는 것이 좋습니다. 대부분의 수험자들의 경우 Part 3를 따로 준비하는 경우는 드물고 또한 일정한 형태가 없고 모범 답안이 충분치 않은 것이 사실이므로 본문에 나오는 예상 답안을 잘 활용해보기 바랍니다.

준비) Part 3에서 가능한 질문들을 많이 봐두는 것만으로도 큰 도움이 될 수 있습니다. 왜냐하면 Part 3의 질문들에 대해 적절히 대답하는 것은 고사하고 그 질문의 내용조차 잘 파악이 되지 않는 것이 사실이기 때문입니다. 일단 질문을 정확히 알아들을 수 있다면 쉬운 단어들을 이용해서 간단히 요약해서 답하는 연습을 해두면 도움이 됩니다. 일부러 어려운 단어 또는 문장을 이용해서 답을 하려고 하면 큰 어려움이 생길 수 있습니다. 내용적으로는 이미 충분한 정보를 가지고 있는 응시자라고 하더라도 이를 영어로 설명하는 것은 쉬운 일이 아닌데 가끔 너무 많은 정보를 가지고 있는 응시자들이 자기 논리를 단순화하지 못할 때 어려움을 겪는 것이 사실입니다. 따라서 가급적 쉽고 단순하게 요점만 정확히 전달하는 연습을 먼저 하고 이를 바탕으로 조금씩 길거나 화려한 문장들을 늘려 나가는 것이 실수를 줄이는 방법입니다.

Chapter 1

Personal Information

Chapter 1에 나오는 Part별 질문 미리보기

•Part 1   Questions

1. What is your name?
2. What does your name mean?
3. Where do you come from?
4. Where did you grow up?
5. What was your childhood like?

•Part 2   Topic Cards

1. Describe your personality.
   You should say:
   what kind of person you think you are
   what your family and friends think about your personality
   whether or not you think your personality is special
   and how your personality affects your life

2. Describe a children's story that you know well.
   You should say:
   when you first heard or read it
   what the story is about
   what you particularly liked about it
   and why you think it became popular.

•Part 3   Questions

1. How do you like your personality?
2. How have your parents influenced you in terms of personality?
3. Do you enjoy people whose personality is totally different from yours?
4. What are the main factors that contribute to shaping one's personality?
5. When you hire someone for a job, will you take careto look at his personality?

Warm-up

01 당신이 나를 그 이름으로 기억하는 것이 훨씬 쉬울 것입니다.

It will __ much _____ for you to _____ me by that name.

02 그들은 내가 아름답고 애정 있는 사람이 되기를 원했습니다.

They wanted ___ to be a _____ and a _____ person.

03 제가 20살이었을 때 저는 더 나은 직업을 찾기 위해 서울로 이사를 했습니다.

I _____ to Seoul to ___ a better ___ when I was 20.

04 제가 너무 어렸었기 때문에 캐나다에 대한 기억이 별로 없습니다.

I _____ remember much _____ Canada because I was _____.

05 저는 서울에서 자라는 것을 좋아했고 특히 많은 친구들을 사귈 수 있어서 좋았습니다.

I loved _____ up in Seoul and I enjoyed _____ lots of _____.

06 저는 그렇게 아름다운 곳을 떠나게 되어서 슬펐고 모든 친구들에게 작별인사를 해야만 했습니다.

I was really ___ to leave _____ a wonderful place and had to ___ good bye to all my friends.

07 저는 운동장에서 친구들과 뛰어 놀면서 대부분의 날을 보냈습니다.

I _____ most of my days _____ with my friends on a _____.

08 저는 사랑이 넘치는 화목한 가정에서 자라났습니다.

I _____ up in a very _____ and _____ family.

09 친구들을 사귀고 학교에 소속감을 느끼는 것이 어려웠습니다.

It was really _____ to make _____ and feel _____ to my school.

10 지금도 여전히 가까운 관계를 유지하고 있는 그런 좋은 친구들을 사귀게 되었습니다.

I got to _____ some great friends _____ I still keep a _____ relationship with.

11 건전한 마음을 가지는 것이 중요하다고 생각합니다.

I _____ it is very _____ to have a _____ mind.

12 저는 항상 바쁘게 움직이고, 할 수 있는 무엇인가를 찾기 위해 노력합니다.

I always _____ myself _____ and try to find _____ to do.

13 그것은 저 스스로에게 보람을 느끼게 합니다.

It makes me ___ very good about _____.

14 사람들은 저를 참견하기 좋아하는 사람으로 생각할지도 모릅니다.

People _____ think of me __ a nosy person.

15 제 어머니는 제가 잠자리에 들 때 마다 책을 읽어 주시곤 하셨습니다.

My mother ____ to read me many books _____ I was going to ___.

16 그것은 아이들이 자신의 상상력을 발달시키도록 도와줍니다.

It helps _____ to develop their _____.

17 긍정적인 태도를 가지면 일상적인 문제들을 풀기가 훨씬 쉬워집니다.

All the _____ that I face everyday become very easy to _____ when I have a _____ attitude.

18 저의 부모님은 저의 성격 형성에 큰 영향을 끼치셨습니다.

My _____ have had a big _____ on forming my _____.

19 그들은 제가 삶에 대해 좋은 태도를 가지기를 권해 왔습니다.

They have told ___ to have a good _____ toward my daily life.

20 그들의 현명한 충고가 제가 좋은 사람이 되는데 큰 도움이 되어 왔습니다.

Their wise _____ has _____ helped me to _____ a good person.

Answer

01	be, easier, remember	11	think, important, healthy
02	me, beautiful, loving	12	keep, busy, something
03	moved, get, job	13	feel, myself
04	don't, about, young	14	might, as
05	growing, making, friends	15	used, when, bed
06	sad, such, say	16	children, imagination
07	spent, playing, playground	17	troubles, solve, positive
08	grew, loving, caring	18	parents, impact, personality
09	hard, friends, attached	19	me, attitude
10	make, whom, close	20	advice, greatly, become

Warm-up

Speak up-step1

■ 인칭 변화가 가능한 경우와 인칭 변화가 가능하지 않은 경우의 각각의 연습 순서대로 말해보세요.

1. 인칭 변화가 가능한 경우: 다음의 인칭 변화 순서대로 연습하는 것이 효과적입니다.

● 5단계 인칭 변화 연습 순서

Statement	Question	No Answer	Yes Answer
(1) you	(1) you	(1) I	(1) I
(2) he	(2) he	(2) he	(2) he
(3) we ▶▶	(3) we ▶▶	(3) we ▶▶	(3) we
(4) she	(4) she	(4) she	(4) she
(5) they	(5) they	(5) they	(5) they

▶ 주의 1 지금부터 나오는 문장은 반드시 큰 소리로 읽어주세요.

▶ 주의 2 아래의 문장들은 빈칸 채워 넣기의 연습이 아니고 바로 입으로 말할 수 있게 하는 스피킹 연습이므로 머뭇거림 없이 말할 수 있을 때까지 연습해야 합니다.

• 밑줄친 부분을 5단계 인칭 변화에 따라 바꾸어 주세요.

Ex 1. It is easy for <u>you</u> to remember him by this name.

Statement(평서문)

(1) you   It is easy for <u>you</u> to remember him by this name.

(2) he   It is easy for <u>him</u> to remember him by this name.

(3) we   It is _____ .

(4) she   It is _____ .

(5) they   It is _____ .

Question(의문문)

(1) you   Is it easy for <u>you</u> to remember him by this name?

(2) he   Is it easy for <u>him</u> to remember him by this name?

(3) we   Is it _____ ?

(4) she   Is it _____ ?

(5) they   Is it _____ ?

No Answer (부정문)

(1) I　　No, it isn't easy for <u>me</u> to remember him by this name.

(2) he　No, _____.

(3) we　No, _____.

(4) she　No, _____.

(5) they　No, _____.

Yes Answer (긍정문)

(1) I　　Yes, it is easy for <u>me</u> to remember him by this name.

(2) he　Yes, _____.

(3) we　Yes, _____.

(4) she　Yes, _____.

(5) they　Yes, _____.

2. 인칭 변화가 가능하지 않은 경우: 다음의 순서대로 연습해주세요.

Statement　▶▶　Question　▶▶　No Answer　▶▶　Yes Answer

Ex 2. It is very important to have a healthy mind.

Statement (평서문)

It is very important to have a healthy mind.

Question (의문문)

Is it very important to have a healthy mind?

No Answer (부정문)

No, it isn't very important to have a healthy mind.

Yes Answer (긍정문)

Yes, it is very important to have a healthy mind.

Warm-up

■ 밑줄이 있는 문장들은 아래 인칭 변화가 가능한 경우의 5단계 인칭 변화 연습 순서를 따라 하시고 밑줄이 없는
문장은 인칭 변화가 가능하지 않은 경우의 연습 순서대로 하세요.

1. 인칭 변화가 가능한 경우

🔴━● **5단계 인칭 변화 연습 순서**

Statement	Question	No Answer	Yes Answer
(1) you	(1) you	(1) I	(1) I
(2) he	(2) he	(2) he	(2) he
(3) we ▶▶	(3) we ▶▶	(3) we ▶▶	(3) we
(4) she	(4) she	(4) she	(4) she
(5) they	(5) they	(5) they	(5) they

2. 인칭 변화가 가능하지 않은 경우

Statement	▶▶	Question	▶▶	No Answer	▶▶	Yes Answer

▶주의 1   큰 소리로 읽어 주세요.
▶주의 2   첫 문장을 먼저 외우고 나서 그 다음부터는 문장을 보지 말아야 합니다.
▶주의 3   외워진 문장을 위의 문장 변화 연습 순서만 보고 말할 수 있어야 합니다.

• 밑줄 친 부분의 단어는 인칭 변화가 가능합니다.

01   It is easy for you to remember him by this name.

02   My parents wanted me to be a beautiful and a loving person.

03   I moved to Seoul to get a better job when I was 20 years old.

04   I remember a few things about Canada.

05   I enjoyed making lots of friends.

06 I am really sad to leave such a wonderful place.

07 I spent most of my days playing with my friends.

08 I grew up in a very loving and caring family.

09 It was really hard for me to make friends at school.

10 I still have a close relationship with my high school friends.

11 It is very important to have a healthy mind.

12 I always keep myself busy.

13 It makes me feel very good about myself.

14 I think of him as a nosy person.

15 My mother used to read me many books when I was going to bed.

16 It helps me to develop my imagination.

17 All the troubles are easy to solve when I have a positive attitude.

18 My father has had a big impact on forming my personality.

19 He has told me to have a good attitude toward my daily life.

20 My brother's advice has greatly helped me to become a good person.

● 정답은 www.nexusbook.com에서 확인하실 수 있습니다.

Practice Test

Question 1

What is your name?

당신의 이름은 무엇입니까?

🔊 **Personal Answer**

🔊 **Standard Answer**

My name is Mee Ae Kim. I have an English nickname. Please call me Michelle.

저의 이름은 김미애입니다. 저는 영어 애칭이 있습니다. 저를 미쉘이라고 불러주세요.

🔊 **Advanced Answer**

My name is Mee Ae Kim, but my friends call me Michelle because it sounds very similar to my Korean name. You can call me Michelle because it will be much easier for you to remember me by that name.

저의 이름은 김미애입니다. 하지만 제 친구들은 저를 미쉘이라고 부르는데 한국 이름과 비슷하게 들리기 때문입니다. 당신은 저를 미쉘이라고 불러주세요. 아마 그렇게 부르는 것이 제 이름을 기억하기에 훨씬 쉬울 것입니다.

🔊 nickname 별명, 애칭, 약칭 be similar to ~와 유사하다 *ex.* Your opinion is similar to mine. 너의 의견은 나와 비슷하다.

What does your name mean?

당신의 이름은 무엇을 의미합니까?

🔘 Personal Answer

🔘 Standard Answer

My name is composed of Chinese characters. "Mee" means beauty and "Ae" means love. My parents gave me that name because they wanted me to be a beautiful and a loving person.

제 이름은 한자로 이루어져 있습니다. '미(美)'는 아름다움을 '애(愛)'는 사랑을 의미합니다. 저희 부모님은 제가 아름답고 정이 많은 사람이 되기를 원하셔서 그런 이름을 지어주셨습니다.

🔘 Advanced Answer

Just like most Korean names, my name is composed of Chinese characters. "Mee Ae" means a beautiful and a loving person. My grandfather gave me that name because he wanted his granddaughter to become a beautiful person as well as a loving person. I am thankful to him for giving me such a great name. I am very proud of it.

대부분의 한국 사람들 이름처럼 제 이름은 한자로 구성되어 있습니다. 미애는 아름답고 애정 있는 사람을 의미합니다. 제 할아버지께서 그 이름을 지어주셨는데 손녀가 아름다울 뿐만 아니라 애정도 있는 사람이 되기를 원하셨습니다. 할아버지께서 그런 좋은 이름을 지어주신 것에 감사드립니다. 저는 제 이름을 자랑스럽게 여깁니다.

🔘 be composed of ~으로 구성되어 있다 as well as ~뿐만 아니라 ~도 loving 애정 있는, 정다운, 친애하는

Part 1

Question 3

Where do you come from?

당신은 어디 출신입니까?

🔊 Personal Answer

🔊 Standard Answer

I come from Busan. It's in the southern part of Korea. I moved to Seoul to get a better job when I was 20. I have lived here ever since. I love Busan, but I consider Seoul to be my hometown.

저는 부산 출신입니다. 부산은 한국의 남쪽에 있습니다. 제가 20살이었을 때 더 나은 직업을 구하고자 서울로 이사를 했습니다. 그때 이후로 저는 계속 서울에서 살고 있습니다. 저는 부산을 좋아하지만 서울이 고향처럼 느껴집니다.

🔊 Advanced Answer

I come from Seoul, the capital city of Korea. I was born and raised there. Seoul is the largest city in Korea, and over one-fifth of the Korean population lives there, which makes it a very crowded city. There are many stores as well as the headquarters of major companies, so it's very convenient to live there.

저는 한국의 수도인 서울에서 왔습니다. 저는 그곳에서 태어나고 자랐습니다. 서울은 한국에서 가장 큰 도시인데 한국 인구의 5분의 1 이상이 그곳에서 살고 있어서 매우 복잡한 도시입니다. 주요 회사들의 본부뿐만 아니라 많은 상점들이 있어서 그곳에서 사는 것이 매우 편리합니다.

🔊 consider A to be B A를 B로 여기다 capital 수도 be raised 자라다 headquarter 본사 convenient 편리한

Where did you grow up?

당신은 어디에서 성장하였습니까?

▬▭ Personal Answer

▬▭ Standard Answer

I was born in Canada but my family moved to Seoul when I was 4 years old. I don't remember much about Canada because I was very young. I loved growing up in Seoul because it is a very big city, and I enjoyed making lots of friends.

저는 캐나다에서 태어났지만 제가 4살이었을 때 가족과 함께 서울로 이사를 왔습니다. 제가 너무 어렸기 때문에 캐나다에 대한 기억이 별로 나지 않습니다. 서울은 대도시여서 마음에 들었고 특히 많은 친구를 사귈 수 있어서 좋았습니다.

▬▭ Advanced Answer

I was born in Korea, but my family moved overseas when I was in 6th grade. I spent my childhood in many different countries, such as Canada, Germany and Japan. My favorite place to grow up in was Germany because there were lots of activities in nature that I was able to enjoy. I remember that I was really sad to leave such a wonderful place and had to say good-bye to all my friends.

저는 한국에서 태어났습니다. 제가 6학년이었을 때 저희 가족과 함께 외국으로 이사를 했습니다. 저는 어린 시절을 캐나다, 독일, 일본과 같은 다른 나라들에서 보냈습니다. 저는 독일을 특히 좋아했는데 자연에서 즐길 수 있는 많은 활동들이 있었기 때문입니다. 그런 좋은 장소를 떠나면서 친구들과 헤어지는 것이 무척이나 슬펐던 것으로 기억합니다.

▬▭ **overseas** 해외로 *ex.* go overseas 외국에 가다 **grow up** 자라나다, 성장하다

P a r t   1

Question 5

What was your childhood like?

당신의 어린 시절은 어떠했습니까?

🔈 Personal Answer

🔈 Standard Answer

I remember having a great childhood. I grew up in a very loving and caring family. I spent most of my days playing with my friends on a playground. I had only a few friends, but I was very close to them. We enjoyed building sand castles or playing hide-and-seek.

저는 좋은 어린 시절을 보냈던 것으로 기억합니다. 저는 애정이 많고 화목한 가정에서 자라났습니다. 저는 대부분의 날을 친구들과 놀이터에서 뛰어 놀면서 보냈습니다. 친구는 몇 안 되었지만 매우 친했었습니다. 저희들은 모래성 쌓기와 숨바꼭질을 즐겨 하였습니다.

Actually, I had a rough childhood compared to others. My parents used to own a small business, but it didn't go well, so they had to file for bankruptcy. Every time we moved, I had to transfer to a different school, and it was really hard to make friends and feel attached to my school. I was left out on special occasions such as my classmates' birthday parties because I was a transfer student. However, when we finally stopped moving, I got to make some great friends with whom I still keep a close relationship.

실제로, 저는 다른 사람들과 비교해서 어려운 어린 시절을 보냈습니다. 저희 부모님께서는 작은 사업체를 운영하셨는데 잘 되지 않아서 결국 파산 신청을 하셨습니다. 이사를 할 때마다 저는 다른 학교로 전학을 해야 했는데 친구를 사귀고 학교에 애착을 가지는 것이 힘들었습니다. 제가 전학생이라는 이유로 친구들의 생일파티 등에 소외를 당했습니다. 하지만 이사 다니는 것을 멈추었을 때 지금까지도 여전히 좋은 관계를 유지하고 있는 좋은 친구들을 사귀게 되었습니다.

caring 돌보는, 상냥한, 친절한 playground 운동장, 놀이터 castle 성 hide-and-seek 숨바꼭질 rough 어려운, 괴로운 transfer n. (다른 학교[부서]로의) 이적(자), 전임[전무](자) v. 이동하다, 전학하다 *ex.* a transfer (student) 전학생

Part 2

Describe your personality.
당신의 성격을 묘사하세요.

You should say:

what kind of person you think you are
자신이 어떤 사람이라고 생각하는지

what your family and friends think about your personality
가족과 친구들이 당신의 성격에 대해 어떻게 생각하는지

whether or not you think your personality is special
당신의 성격이 특별하다고 생각하는지

and how your personality affects your life.
그리고 당신의 성격이 당신의 삶에 어떤 영향을 미치는지

▬◼ Personal Answer

_____

_____

_____

_____

▬◼ Standard Answer

I think I am a very happy person. I have many friends and I always stay busy. My parents and my friends tell me that I keep myself too busy, but I don't think so. I'm also a sociable person. I like meeting new people and I also like helping others. It makes me feel very good. My personality helps me become a positive person, and that makes me very special. I think it is very important to have a healthy mind.

저는 스스로를 행복한 사람이라고 생각합니다. 저는 친구가 많고 항상 바쁘게 생활합니다. 부모님과 친구들은 제가 너무 바쁘다고 말하는데 저는 그렇게 생각하지 않습니다. 저는 사교적이어서 새로운 사람을 만나고 또한 다른 사람을 도와주는 것을 좋아합니다. 그것이 저로 하여금 보람을 느끼게 합니다. 저의 성향이 저를 긍정적이고 특별한 사람으로 만들어 주는 것 같습니다. 저는 건전한 마음을 가지는 것이 매우 중요하다고 생각합니다.

■■● Advanced Answer

I don't think I am, but my family and my friends tell me that I'm an outgoing person. I'm shy around strangers, but once I get to know them, I become very close. I hate doing nothing, so I always keep myself busy and try to find something to do, such as doing housework or reading books. I also take joy in helping others because it makes me feel very good about myself. Though, too much helping sometimes backfires on me because people might think of me as a nosy person.

저는 그렇게 생각하지 않지만 제 가족과 친구들은 저를 외향적이라고 생각합니다. 저는 처음 보는 사람들에게 수줍음을 많이 타는데 일단 알게 되면 매우 친해집니다. 저는 가만히 있는 것을 싫어해서 항상 바쁘게 움직이고 집안일 또는 독서 등의 일거리를 찾아다닙니다. 또한 다른 사람들을 도와주는 것을 좋아하는데 그것에 보람을 느끼기 때문입니다. 하지만 가끔씩은 사람들이 저를 참견 잘하는 사람으로 생각할 수도 있기 때문에 역효과를 내기도 합니다.

■■● sociable 사교적인, 교제하기를 좋아하는 outgoing 사교성이 풍부한, 외향적인 housework 집안일 backfire 역효과를 내다 think of A as B A를 B라고 간주하다 nosy 참견 잘하는

Practice Test

Topic Card 2

Describe a children's story that you know well.
당신이 잘 아는 동화 하나를 묘사하세요.

You should say:

when you first heard or read it
당신은 언제 처음 그 이야기를 접했는지

what the story is about
무엇에 관한 이야기인지

what you particularly liked about it
당신이 특별히 그 이야기의 어떤 점을 좋아했는지

and why you think it became popular.
그리고 그것이 왜 유명해졌다고 생각하는지

🔊 Personal Answer

_____

_____

_____

_____

🔊 Standard Answer

My favorite children's story was Cinderella. I don't remember the first time I heard it, but I remember that my mother used to read the book to me when I was going to bed. I liked it when Cinderella finally became a princess. I think it became popular because of its happy ending. Every girl dreams of being happy when they are young.

제가 제일 좋아하는 동화는 신데렐라 이야기입니다. 언제 처음 들었는지 기억이 안 나지만 제가 잠자리에 들 때마다 저희 어머니께서 책을 읽어 주시곤 하셨습니다. 제가 제일 좋아했던 부분은 신데렐라가 마침내 공주가 되는 순간이었습니다. 저는 그것이 해피엔딩으로 끝나기 때문에 유명해졌다고 생각합니다. 모든 소녀들은 어릴 때 공주가 되는 상상을 하곤 합니다.

My mother used to read me many books when I was going to bed. Among them, I remember the Cinderella story the best because I like the part where Cinderella went to the prince's party with the help of a magical fairy godmother. It was amazing to hear as a child how the fairy godmother changed a pumpkin into a chariot and four mice into coachmen. I think it is such a great story because it helps children to develop their imagination.

제가 잠자리에 들 때 어머니께서 제게 책을 읽어 주시곤 하셨습니다. 그 중에서 신데렐라 이야기를 가장 좋아하는데 신데렐라가 마술을 쓰는 요정 할머니의 도움으로 왕자님의 파티에 갔던 대목이 인상깊었습니다. 요정 할머니가 어떻게 호박을 마차로, 네 마리의 쥐를 마부로 바꾸게 했는지에 대한 이야기를 듣던 것이 어린 저에게는 무척이나 흥미로웠습니다. 이 이야기는 아이들이 상상력을 발달시키도록 도와주기 때문에 좋은 이야기라고 생각합니다.

dream of ~이 되는 것을 꿈꾸다   fairy 요정, 숙녀   godmother 대모(代母)(가 되다)   pumpkin 호박   chariot 수레, 이륜 전차   coachman 마부, 마차꾼

Practice Test

Part 3

Question 1

How do you like your personality?

당신의 성격이 마음에 듭니까?

• Brainstorming Note

주제: 성격의 장단점
세부 사항: 1. 긍정적인 태도   2. 직선적인 면
관련 어휘: optimistic / diligent / attitude / direct

Personal Answer

Model Answer

Well, I don't think that my personality is perfect. However, I am happy that I'm an optimistic and a diligent person. I feel that all the troubles that I face everyday become very easy to solve when I have a positive attitude toward them. If I had to change one thing, it would be being too direct with others. I try to be careful because some people get offended. It's really hard to change my personality.

저는 제 성격이 완벽하다고 생각하지 않습니다. 하지만 제가 낙천적이고 성실한 것이 마음에 듭니다. 제가 일상 생활에서 겪는 문제들은 긍정적인 태도를 가질 때 쉽게 풀린다고 느낍니다. 제가 고쳐야 할 점이 한 가지 있다면, 너무 직선적이라는 것입니다. 때때로 사람들이 기분 나빠할 수 있기 때문에 조심하려고 노력하지만 성격을 바꾸는 것은 정말 힘든 일입니다.

---

optimistic 낙관적인 diligent 성실한 attitude 태도 direct 직접의, 직선적인 offend 불쾌하게 하다

How have your parents influenced you in terms of personality?

부모님이 당신의 성격에 어떤 영향을 끼쳤습니까?

• Brainstorming Note

주제: 성격 형성에 끼친 영향
세부 사항: 1. 부모님이 끼친 영향   2. 긍정적인 태도에 대한 부모님의 영향
관련 어휘: impact / form one's personality / wise advice

Personal Answer

Model Answer

My parents had a big impact on forming my personality. They have always taught me to become a good person who helps less fortunate people around me. They have also told me to have a good attitude toward my daily life. Their wise advice has greatly helped me to become a good person.

부모님이 저의 성격 형성에 지대한 영향을 끼쳤습니다. 부모님은 제게 항상 주위의 불우한 이웃을 도와주는 좋은 사람이 되라고 가르쳐 주셨습니다. 또한 삶에 대해 긍정적인 태도를 가지라는 당부도 하셨습니다. 두 분의 현명한 조언은 제가 좋은 사람이 되는데 아주 많은 도움이 되었습니다.

influence 영향을 미치다 impact 영향 form ~을 형성하다 fortunate 운이 좋은

Practice Test

Question 3

Do you enjoy people whose personality is totally different from yours?

당신은 당신의 성격과 완전히 다른 사람들을 좋아합니까?

● Brainstorming Note

주제: 성격 차가 있는 사람에 대한 선호도
세부 사항: 1. 반대 성격의 소유자에 대한 친밀감
　　　　　　2. 친구 중 반대 성격을 가진 사람
관련 어휘: different personality / respect the differences / have something
　　　　　　in common

Personal Answer

Model Answer

Of course. Each individual has a different personality, and I was taught by my parents that I should learn to respect the differences of others. I have many friends and most of them have personalities opposite from mine. For example, one of my best friends is a very quiet person who likes cooking and cleaning while I am an outgoing person with lots of energy. We may not seem like we have anything in common, but that's actually not true. The more we spend time together, the more I realize that we complement each other. I learn a lot from her, and she says she does from me as well.

물론이죠. 사람들은 각각의 다른 성격을 가지고 있고 저는 부모님으로부터 다른 사람들의 차이점을 존중해야 한다는 점을 배웠습니다. 저는 친구들이 많은데 대부분은 저와 반대의 성격을 지니고 있습니다. 예를 들어 제 친한 친구 중 한 명은 요리와 청소하는 것을 즐기는 조용한 성격인 반면에 저는 외향적이고 활동적입니다. 우리는 공통점이 하나도 없는 것처럼 보이지만 사실은 그렇지 않습니다. 우리가 더 많은 시간을 함께 보내면 보낼수록 서로에게 보탬이 되는 관계라는 것을 절실하게 느낍니다. 저는 그 친구에게서 많은 것을 배우는데 그녀 또한 저에게서 많은 것을 배운다고 합니다.

have something in common 공통점을 가지다 the 비교급~, the 비교급~ ~하면 할수록 ~하다 complement 보완[보충]하다

What are the main factors that contribute to shaping one's personality?

사람의 성격을 형성하는데 영향을 미치는 주된 요인들은 무엇입니까?

● Brainstorming Note

주제: 성격 형성에 미치는 주된 요인
세부 사항: 1. 그 사람의 어린 시절   2. 행복하거나 불행한 어린 시절
관련 어휘: shape one's personality / happy childhood / unhappy childhood

▬ Personal Answer

▬ Model Answer

I think that one of the main factors that shapes one's personality is one's childhood. I once read a book about the relationship between one's childhood and personality. It said in the book that usually a person is born with a certain character, but it develops as the person grows. For instance, if a person had a happy childhood, then he or she is most likely to become a happy person. On the other hand, if a person had an unhappy childhood, he or she is most likely to become a dull person. In the case of a person who experienced trauma in his or her childhood, he or she is most likely to have problems with his or her personality. That's why I believe that one's childhood is the most important factor in shaping one's personality.

사람의 성격을 형성하는데 영향을 미치는 주된 요인들 중의 하나는 그 사람의 어린 시절이라고 생각합니다. 어린 시절과 성격과의 관계에 관한 책을 읽은 적이 있습니다. 그 책에 따르면 사람은 어떤 성격을 가지고 태어나는데 성장하면서 성격이 발달하게 된다고 합니다. 예를 들어, 행복한 어린 시절을 가지고 있는 사람은 행복한 사람으로 자랄 가능성이 큽니다. 반대로 불행한 어린 시절을 가지고 있는 사람은 활기 없는 사람이 될 가능성이 큽니다. 어린 시절에 큰 충격을 경험했던 사람의 경우 성격에 문제를 가질 가능성이 있습니다. 그것이 바로 제가 한 사람의 성격을 형성하는데 어린 시절이 가장 중요한 요인이라고 믿는 이유입니다.

▬ shape 형성하다 dull 지루한, 재미없는, 활기 없는 trauma 외상, 정신적인 충격 most likely to 가장 ~할 것 같은

 *Practice Test*

Question 5

When you hire someone for a job, will you take care to look at his personality?

당신이 어떤 일자리를 위해 누군가를 고용할 때 그 사람의 성격을 고려할 것입니까?

● **Brainstorming Note**

주제: 고용할 때 성격 고려 여부
세부 사항: 1. 해당 직업에 대한 적합성   2. 협동심
관련 어휘: suitable / cooperate with colleagues

Personal Answer

_____

_____

_____

_____

Model Answer

Definitely! The personality of someone is very important, even in a working environment, because it will determine if that person is suitable for the job, and if he or she will be able to cooperate with colleagues.

물론이죠! 직장에서 그 사람의 성격은 매우 중요합니다. 왜냐하면 성격은 그 사람이 그 직업에 적합한지, 다른 동료들과 잘 협동할 수 있는지를 결정하기 때문입니다.

hire 고용하다 **take care** 기꺼이 ~하다, 상관하다 **determine** 결정하다 **suitable** 적절한, 적합한 **cooperate** 협동하다 **colleague** 동료

More Questions

1 What do you think you are talented in?

당신은 어떤 분야에 재능이 있다고 생각합니까?

▬▬ Personal Answer

_____

_____

2 How much are you influenced by your friends in terms of personality?

당신은 성격 면에 있어서 친구들의 영향을 얼마나 받고 있습니까?

▬▬ Personal Answer

_____

_____

3 Are you willing to change your personality if many people find some aspects of it to be disagreeable?

만약 많은 사람들이 당신 성격의 어떤 면들이 까다롭다고 생각한다면 당신은 기꺼이 당신의 성격을 바꾸겠습니까?

▬▬ Personal Answer

_____

_____

4 Do you believe that people considered eccentric are talented in certain fields?

당신은 기인(奇人)이라고 생각되는 사람들이 일정한 분야에서 재능이 있다고 생각합니까?

▬▬ Personal Answer

_____

_____

5 Do you plan to have a different family life from that of your parents? What are some changes you would like to make?

당신은 당신의 부모님과 다른 종류의 가족 생활을 할 계획입니까? 어떤 변화를 원하고 있습니까?

▬▬ Personal Answer

_____

_____

▬● talented 재능 있는 aspect 양상, 모습 disagreeable 불쾌한, 마음에 안 드는, 까다로운 eccentric 괴벽스러운 사람, 별난 사람, 기인(奇人)

Check Vocabularies & Phrases

- ☐ **nickname** 별명, 애칭, 약칭

- ☐ **be similar to** ～와 유사하다
  ex. Your opinion is similar to mine.
    너의 의견은 나와 비슷하다.

- ☐ **be composed of** ～으로 구성되어 있다

- ☐ **as well as** ～뿐만 아니라 ～도

- ☐ **loving** 애정 있는, 정다운, 친애하는

- ☐ **consider A to be B** A를 B로 여기다

- ☐ **capital** 수도

- ☐ **be raised** 자라다

- ☐ **headquarter** 본사

- ☐ **convenient** 편리한

- ☐ **overseas** 해외로
  ex. go overseas 외국에 가다

- ☐ **grow up** 자라나다, 성장하다

- ☐ **caring** 돌보는, 상냥한, 친절한

- ☐ **playground** 운동장, 놀이터

- ☐ **castle** 성

- ☐ **hide-and-seek** 숨바꼭질

- ☐ **rough** 어려운, 괴로운

- ☐ **transfer** n. (다른 학교〔부서〕로의) 이적(자), 전임
  〔전속〕(자) v. 이동하다, 전학하다
  ex. a transfer (student) 전학생

- ☐ **sociable** 사교적인, 교제하기를 좋아하는

- ☐ **outgoing** 사교성이 풍부한, 외향적인

- ☐ **housework** 집안일

- ☐ **backfire** 역효과를 내다

- ☐ **think of A as B** A를 B라고 간주하다

- ☐ **nosy** 참견 잘하는

- ☐ **dream of** ～이 되는 것을 꿈꾸다

- ☐ **fairy** 요정, 숙녀

- ☐ **godmother** 대모(代母)(가 되다)

- ☐ **pumpkin** 호박

- ☐ **chariot** 수레, 이륜 전차

- ☐ **coachman** 마부, 마차꾼

- ☐ **optimistic** 낙관적인

- ☐ **diligent** 성실한

- ☐ **attitude** 태도

- ☐ **direct** 직접의, 직선적인

- ☐ **offend** 불쾌하게 하다

- ☐ **influence** 영향을 미치다

- ☐ **impact** 영향

- ☐ **form** ～을 형성하다

- ☐ **fortunate** 운이 좋은

- ☐ **have something in common** 공통점을 가지다

- ☐ **the 비교급～, the 비교급～** ～하면 할수록 ～하다

- ☐ **complement** 보완〔보충〕하다

- ☐ **shape** 형성하다

- ☐ **dull** 지루한, 재미없는, 활기 없는

- ☐ **trauma** 외상, 정신적이 충격

- ☐ **most likely to** 가장 ～할 것 같은

- ☐ **hire** 고용하다

- ☐ **take care** 기꺼이 ～하다, 상관하다

- ☐ **determine** 결정하다

- ☐ **suitable** 적절한, 적합한

- ☐ **cooperate** 협동하다

- ☐ **colleague** 동료

- ☐ **talented** 재능 있는

□ **aspect** 양상, 모습

□ **disagreeable** 불쾌한, 마음에 안 드는, 까다로운

□ **eccentric** 괴벽스러운 사람, 별난 사람, 기인(奇人)

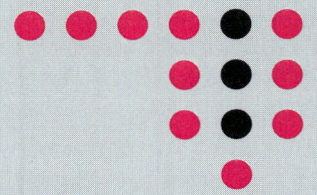

Chapter 2

Family

Chapter 2에 나오는 Part별 질문 미리보기

•Part 1 **Questions**

1. Do you live with your family or with friends?
2. What do your family members do for a living?
3. What do you and your family like to do together?
4. Who do you talk to most in your family?
5. What do you do as a family on special occasions like weddings or feasts?

•Part 2 **Topic Cards**

1. Describe a typical modern family.
   You should say:
   how big it is
   who is usually in charge of family affairs
   and how housework is shared.

2. Describe one of your parents.
   You should say:
   what he/she looks like
   what work he/she does or used to do
   what you remember best about him/her
   and how you enjoy him/her.

•Part 3 **Questions**

1. What are the disadvantages of living in an extended family?
2. What do you think is the best way to keep in touch with friends and family when you're away from home? Why?
3. Is family an old-fashioned idea?
4. Has women's role in family changed greatly?
5. What responsibilities do children have toward their parents?

Warm-up

Say it in English

01 그녀는 저희 집 근처에서 그녀의 가족과 함께 살고 있습니다.

She lives _____ her family _____ my house.

02 그녀는 집안일들을 하면서 항상 바쁘게 생활합니다.

She _____ herself busy at home, taking _____ of the house _____.

03 그녀는 시민회관에서 일주일에 두 번 그들에게 음악을 가르치고 있습니다.

She _____ them music _____ a week _ the civic center.

04 아버지와 저는 스케줄이 달라서 주중에는 집에서 거의 만날 수가 없습니다.

I _____ see my father at home on _____ because we have _____ working schedules.

05 저는 직장에서 돌아와서 가능한 한 많은 시간을 그녀와 보내기 위해 노력합니다.

I try to _____ as much time as _____ with her when I get home after _____.

06 우리는 결혼식과 피로연 준비를 위해 서로에게 도움을 주고받습니다.

We help _____ other in the preparation of the _____ ceremony and the reception.

07 우리는 특별한 음식을 즐기기 위해 패밀리 레스토랑에 가기도 합니다.

We go _____ to a family _____ to enjoy some _____ food.

08 과거의 가족들은 3대가 같이 살근 했었습니다.

Families in the _____ used to have three _____ living together.

09 부모님 모두 가족사에 참여하시고 재정적으로 가족에게 도움을 주십니다.

Both parents _____ in all the family affairs and _____ to the family financially.

10 그녀는 젊었을 때 매우 아름다웠습니다.

She used to be very _____ when she was _____.

11 그녀는 저를 위해 모든 일을 다 했기 때문에, 저는 그녀를 최고의 가정주부로 기억합니다.

I _____ her being the best stay-at-home mother _____ she did _____ for me.

12 대가족의 한 가지 단점은 개인 시간을 갖지 못한다는 것입니다.

One of the _____ of living in an _____ family is not having enough _____ for yourself.

13 당신은 또한 가족 구성원들과 많은 것들을 공유해야 할 것입니다.

You will also have to _____ many things with your _____ members.

14 친구들과 연락을 주고받을 수 있는 가장 좋은 방법은 인터넷을 이용하는 것입니다.

The _____ way to keep in _____ with friends is using the _____ .

15 사랑하는 사람들과 연락을 지속하는 많은 다른 방법들이 있습니다.

_____ are many different _____ to stay in touch _____ your loved ones.

16 저는 어머니께 온라인 메신저를 이용하는 방법을 가르쳐 드렸습니다.

I _____ my mother _____ to use an instant _____ .

17 인간은 더 큰 사회에서 살아남기 위해 필요한 방법들을 배웁니다.

A _____ being learns the necessary skills to _____ in a bigger _____ .

18 많은 여성들이 직업을 가지는 것이 흔치 않았습니다.

Many _____ were not likely to have a ___ .

19 집안일은 보통 남편과 동등하게 나눕니다.

The _____ is usually shared _____ with their _____ .

20 자녀들은 부모님이 돌아가실 때까지 부모님을 돌봐드려야 합니다.

Children should take _____ of their parents until they _____ away.

Answer

01 with, near	11 remember, because, everything
02 keeps, care, chores	12 disadvantages, extended, time
03 teaches, twice, at	13 share, family
04 hardly, weekdays, different	14 best, touch, Internet
05 spend, possible, work	15 There, ways, with
06 each, wedding	16 taught, how, messenger
07 out, restaurant, special	17 human, survive, society
08 past, generations	18 women, job
09 participate, contribute	19 housework, equally, husbands
10 beautiful, young	20 care, pass

Warm-up

■ 인칭 변화가 가능한 경우와 인칭 변화가 가능하지 않은 경우의 각각의 연습 순서대로 말해보세요.

1. 인칭 변화가 가능한 경우: 다음의 인칭 변화 순서대로 연습하는 것이 효과적입니다.

━● 5단계 인칭 변화 연습 순서

Statement	Question	No Answer	Yes Answer
(1) you	(1) you	(1) I	(1) I
(2) he	(2) he	(2) he	(2) he
(3) we ▶▶	(3) we ▶▶	(3) we ▶▶	(3) we
(4) she	(4) she	(4) she	(4) she
(5) they	(5) they	(5) they	(5) they

▶ 주의 1 지금부터 나오는 문장은 반드시 큰 소리로 읽어주세요.

▶ 주의 2 아래의 문장들은 빈칸 채워 넣기의 연습이 아니고 바로 입으로 말할 수 있게 하는 스피킹 연습이므로 머뭇거림 없이 말할 수 있을 때까지 연습해야 합니다.

• 밑줄친 부분을 5단계 인칭 변화에 따라 바꾸어 주세요.

Ex 1. I live with <u>my</u> family near <u>my</u> brother's house.

Statement(평서문)

(1) you   You live with <u>your</u> family near <u>your</u> brother's house.

(2) he   He lives with <u>his</u> family near <u>his</u> brother's house.

(3) we   We _____.

(4) she   She _____.

(5) they They _____.

Question(의문문)

(1) you   Do <u>you</u> live with <u>your</u> family near <u>your</u> brother's house?

(2) he   Does <u>he</u> live with <u>his</u> family near <u>his</u> brother's house?

(3) we   _____?

(4) she   _____?

(5) they _____?

No Answer(부정문)

(1) I   No, I don't live with <u>my</u> family near <u>my</u> brother's house.

(2) he   No, _____ .

(3) we   No, _____ .

(4) she   No, _____ .

(5) they   No, _____ .

Yes Answer(긍정문)

(1) I   Yes, I live with <u>my</u> family near <u>my</u> brother's house.

(2) he   Yes, _____ .

(3) we   Yes, _____ .

(4) she   Yes, _____ .

(5) they   Yes, _____ .

2. 인칭 변화가 가능하지 않은 경우: 다음의 순서대로 연습해주세요.

Statement ▶▶ Question ▶▶ No Answer ▶▶ Yes Answer

Ex 2. The best way to keep in touch with friends is using the Internet.

Statement(평서문)

The best way to keep in touch with friends is using the Internet.

Question(의문문)

Is the best way to keep in touch with friends using the Internet?

No Answer(부정문)

No, the best way to keep in touch with friends is not using the Internet.

Yes Answer(긍정문)

Yes, the best way to keep in touch with friends is using the Internet.

 **Warm-up**

Speak up-step2

■ 밑줄이 있는 문장들은 아래 인칭 변화가 가능한 경우의 5단계 인칭 변화 연습 순서를 따라 하시고 밑줄이 없는 문장은 인칭 변화가 가능하지 않은 경우의 연습 순서대로 하세요.

1. 인칭 변화가 가능한 경우

5단계 인칭 변화 연습 순서

Statement	Question	No Answer	Yes Answer
(1) you	(1) you	(1) I	(1) I
(2) he	(2) he	(2) he	(2) he
(3) we ▶▶	(3) we ▶▶	(3) we ▶▶	(3) we
(4) she	(4) she	(4) she	(4) she
(5) they	(5) they	(5) they	(5) they

2. 인칭 변화가 가능하지 않은 경우

Statement	▶▶	Question	▶▶	No Answer	▶▶	Yes Answer

▶주의 1   큰 소리로 읽어 주세요.
▶주의 2   첫 문장을 먼저 외우고 나서 그 다음부터는 문장을 보지 말아야 합니다.
▶주의 3   외워진 문장을 위의 문장 변화 연습 순서만 보고 말할 수 있어야 합니다.

• 밑줄 친 부분의 단어는 인칭 변화가 가능합니다.

01   I live with my family near my house.

02   I keep myself busy at home, taking care of the house chores.

03   I teach them music twice a week at the city center.

04   I hardly see my father at home on weekdays.

05   I try to spend as much time as possible with my family when I get home after work.

60

06 I help <u>my</u> mother in the preparation of the party.

07 <u>I</u> go out to a family restaurant to enjoy some special food.

08 <u>I</u> used to live in a big house with <u>my</u> grandparents.

09 <u>I</u> try to participate in all the family affairs.

10 <u>My</u> mother used to be very beautiful when she was young.

11 <u>I</u> remember going to the school by train.

12 One of the disadvantages of living in a big family is having no privacy.

13 <u>I</u> will have to share many things with <u>my</u> family members.

14 The best way to keep in touch with friends is using the Internet.

15 There are many ways to stay in touch with <u>your</u> old school friends.

16 I taught <u>myself</u> how to use an instant messenger.

17 <u>I</u> learn the necessary skills to survive in a bigger society.

18 <u>He</u> is likely to have a job.

19 <u>My</u> housework is usually shared with <u>my</u> husband.

20 <u>I</u> should take care of <u>my</u> parents until they pass away.

● 정답은 www.nexusbook.com 에서 확인하실 수 있습니다.

Part 1

Do you live with your family or with friends?

당신은 가족이나 친구들과 같이 살고 있습니까?

▬▬ Personal Answer

▬▬ Standard Answer

I live with my father and my mother. My sister got married last year, and she lives with her family near my house.

저는 아버님, 어머님과 같이 살고 있습니다. 제 누나는 작년에 결혼을 해서 저희 집 근처에서 그녀의 가족과 함께 살고 있습니다.

▬▬ Advanced Answer

I live with my father and my mother. My sister used to live with us before she got married to my brother-in-law last year. Though, she lives nearby and always visits, so it feels like she has never moved out.

저는 아버님, 어머님과 같이 살고 있습니다. 제 누나는 작년에 매형과 결혼하기 전에는 저희와 같이 살았습니다. 누나가 여전히 가까이 살고 있고 우리를 항상 방문하기 때문에 분가한 것처럼 느껴지지 않습니다.

▬▬ brother-in-law 매형, 처남, 형부, 매부 등 nearby 가까운 feel like 어쩐지 ~ 할 것 같다, ~을 하고 싶다 *ex.* It feels like it's going to rain. 비가 올 것 같다, I feel like a cup of coffee. 커피를 한 잔 마시고 싶다 move out 이사해 가다, 신속히 행동하다, 출발하다

Question 2

What do your family members do for a living?

당신의 가족들의 직업은 무엇입니까?

▬▬ Personal Answer

▬▬● Standard Answer

My father owns a small trading company. My mother takes care of housework. She also volunteers to help the elderly at the civic center.

저희 아버지께서는 작은 무역회사를 운영하십니다. 어머니께서는 가정주부시고, 시민회관에서 자원봉사도 하십니다.

▬▬● Advanced Answer

My father owns a small trading company. He has been the owner for more than 20 years. As for my mother, she keeps herself busy at home, taking care of the house chores. She also volunteers to help the elderly. She teaches them music twice a week at the civic center.

저희 아버지께서는 작은 무역회사를 운영하고 계십니다. 20년 넘게 운영해오셨습니다. 어머니는 집안일을 하시면서 집에서 바쁘게 생활하십니다. 노인들을 위해 자원봉사도 하십니다. 어머니께서는 시민회관에서 일주일에 두 번 그분들에게 음악을 가르치십니다.

trading 상업에 종사하는, 통상용의, 무역의 take care of ~을 돌보다 volunteer 지원자, 자원봉사자, 자진하여 하다 the elderly 노인들 civic 시민의 as for ~에 관한 한은, ~로 말할 것 같으면 chore 자질구레한 일, 잡일, 가사

Question 3

What do you and your family like to do together?

당신과 가족은 무엇을 함께 하는 것을 좋아합니까?

🔊 **Personal Answer**

_____

_____

_____

🔊 **Standard Answer**

We enjoy going out to dinner often because my mother gets very tired with housework and her volunteer work. We enjoy talking to each other at the dinner table.

저희 어머님께서 집안일과 자원봉사를 하셔서 매우 피곤해 하시기 때문에 저희 가족은 자주 외식하는 것을 즐깁니다. 저희는 저녁식사 때 서로 담소 나누는 것을 좋아합니다.

🔊 **Advanced Answer**

We do many activities together as a family, but the one that we enjoy the most is eating out. My parents like enjoying dinner away from home, and so do I. We usually eat out three times a week. Others say that we eat out too often, but I think it is a good way to stay close as a family. We talk about our daily routine, work and relationship with others. My parents are very easy to talk to, and I love them very much.

우리는 가족끼리 많은 활동을 즐깁니다. 그 중 우리가 가장 좋아하는 것은 외식입니다. 저희 부모님은 외식하는 것을 좋아하시고 저 또한 그렇습니다. 저희는 보통 일주일에 세 번 외식을 합니다. 사람들은 저희가 외식을 너무 자주한다고 말하지만 저는 외식이 가족의 친밀감을 유지하는 좋은 방법이라고 생각합니다. 저희는 일상생활, 직장 그리고 다른 사람들과의 관계에 대해 이야기합니다. 저희 부모님은 대화하기 쉽고, 또 저는 그분들을 매우 사랑합니다.

🔊 **eat out** 외식하다, 다 먹어버리다   **routine** 판에 박힌 일, 일과, 관례

Who do you talk to most in your family?

당신은 가족 중에서 누구와 이야기를 가장 많이 나눕니까?

Personal Answer

Standard Answer

I talk to my mother the most. She is very easy to talk to, and is very wise. She always gives me good advice. I tell her everything, and I think she appreciates that.

저는 어머니와 이야기를 가장 많이 나눕니다. 어머니께서는 편안한 말상대이시고 매우 현명하십니다. 어머니께서는 항상 저에게 좋은 조언을 해주십니다. 저는 어머니께 모든 것에 대해 말하고 어머니도 그것을 좋아하시는 것 같습니다.

Advanced Answer

I talk to my family a lot, but I talk to my mother the most. I hardly see my father at home on weekdays because we have different working schedules. I talk to him only on weekends. As for my mother, I try to spend as much time as possible with her when I get home after work, and also on weekends. We talk about everything. We even talk about boys.

저는 가족들과 대화를 많이 하지만 그 중에서도 어머니와 가장 많이 대화하는데 그 이유는 아버지와 저는 일과 시간 표가 달라서 주중에는 집에서 아버지를 뵙지 못하기 때문입니다. 어머니에 관해서, 저는 방과 후 집에 왔을 때 그리고 주말에도 가능한 한 많은 시간을 어머니와 함께 보내려고 노력합니다. 우리는 모든 것을 이야기합니다. 심지어 남자 아이들에 관해서도 이야기합니다.

appreciate 진가를 인정하다, 감상하다, 고맙게 생각하다 weekdays 주중에

Question 5

What do you do as a family on special occasions like weddings or feasts?

당신은 가족의 일원으로서 결혼식이나 잔치와 같은 특별한 행사에서 무엇을 합니까?

Personal Answer

_____

_____

_____

_____

_____

Standard Answer

We gather together on special occasions and share the joy. We wear our traditional Korean dress to weddings. If there is a family feast, we usually gather at our parents' house or the house of the eldest member of the family and share food together.

특별한 행사가 있을 때 우리는 함께 모여서 즐거움을 나눕니다. 결혼식에는 전통 한복을 입습니다. 가족 잔치가 있을 때는 보통 저희 부모님댁 또는 가족 중 가장 연장자의 집에 모여서 함께 식사를 합니다.

In the case of a family wedding, we usually notify each other about the occasion. We help each other with the preparation of the wedding ceremony and the reception. There is a special event called "Haam," which is a tradition that we still follow. The groom and his friends bring a box called "Haam" which is filled with gifts to the bride's family a couple of weeks before the wedding day. The relatives and friends of the bride gather at the bride's house and celebrate together. As for family feasts, we usually gather at the house of the eldest sibling and enjoy the feast together, or we go out to a family restaurant to enjoy some special food.

가족의 결혼식일 경우에는 그 행사에 대해서 서로에게 통보해줍니다. 저희는 결혼식과 피로연 준비를 위해 서로 도와줍니다. '함'이라고 불리는 특별한 행사가 있는데 지금까지도 전해 내려오고 있습니다. 신랑과 신랑의 친구들은 결혼식 몇 주일 전 신부의 가족들에게 선물로 가득 찬 '함'을 가져옵니다. 신부의 친척들과 친구들은 신부의 집에 모여서 함께 축하합니다. 가족 잔치의 경우에는 형제 중 가장 연장자의 집에 모여서 함께 잔치를 즐기거나 패밀리 레스토랑에 가서 특별한 음식을 즐깁니다.

occasion (특수한) 경우, 특별한 일, 의식 feast 축하연, 잔치, 진수성찬 gather together 모으다, 모이다 in case of ~의 경우에는 notify 알리다, 통보하다 groom 신랑 bride 신부 sibling 형제, 자매

Practice Test

Part 2

Topic Card 1

Describe a typical modern family.
전형적인 현대 가족을 묘사하세요.

You should say:

how big it is
규모가 어떻게 되는지

who is usually in charge of family affairs
누가 가족사에 대해서 책임을 지는지

and how housework is shared.
그리고 가사분담을 어떻게 나누는지

Personal Answer

Standard Answer

Families in the past used to have three generations living together. However, these days, families are becoming smaller and the nuclear family is becoming popular. It consists of parents and children, usually 3 to 4 people per family. Unlike in the past, both parents participate in all the family affairs. They both contribute to the family financially and emotionally. They also share housework and have equal say in family decisions.

과거의 가족들은 삼대(三代)가 함께 살았습니다. 그러나 요즘은 가족의 규모가 줄고 있고 사람들은 핵가족을 선호합니다. 핵가족은 부모와 자녀들로 구성되어 있으며 대부분 3명에서 4명입니다. 과거와는 달리 부모 두 사람 모두 가족사에 관여합니다. 두 사람이 경제적으로나 정서적으로 가정에 영향을 줍니다. 또한 집안일을 분담하고 가족사에 관한 결정을 할 때 동등한 발언권이 있습니다.

Families in the past used to be extended families. There were three generations who lived in the same household. The family members consisted of grandparents, parents and many children. However, these days, families are becoming smaller and the nuclear family, which consists of parents and children and is usually 3 to 4 people, is becoming popular. Unlike in the past, both parents participate in all the family affairs and contribute to the family financially and emotionally. They also share housework and have equal say in family decisions.

과거에는 가족이 대가족이었습니다. 한 가구 안에 삼대가 같이 살았는데, 가족은 조부모, 부모, 그리고 자녀들로 구성되어 있었습니다. 하지만 요즘은 가족의 규모가 점점 줄어들고 있고, 부모와 자녀로만 구성되어 있는 핵가족이 대세를 이루고 있습니다. 예전과는 달리 부모가 함께 가족사에 관여하고 두 사람 모두 경제적으로나 정서적으로 가정에 공헌합니다. 그들은 또한 가사를 분담하고 가족사에 관한 결정을 할 때 동등한 발언권을 가집니다.

affair 사건, 일, 사무 family affair 가사, 가족사, 집안일 generation 동시대의 사람들, 세대 nuclear family 핵가족 participate in ~ 참여하다, 관여하다 contribute to 기부하다, 공헌하다 equal say 동등한 발언권 extended family (확)대가족 household 가족, 가구, 세대

 *Practice Test*

Topic Card 2

Describe one of your parents.
당신의 부모님 중 한 분을 묘사하세요.

You should say:

what he/she looks like
외모는 어떠신지

what work he/she does or used to do
무슨 일을 하고 계신지 / 하셨는지

what you remember best about him/her
당신이 그분에 대해 가장 잘 기억하는 것은 무엇인지

and how you enjoy him/her.
당신이 그분을 왜 좋아하는지

◗ **Personal Answer**

◗ **Standard Answer**

I will describe my mother. She is short and a bit chubby. She has brown hair and brown eyes. She used to be very beautiful, but she has a lot of wrinkles now. She was working at a small company when she was young, but she has been a housewife ever since she got married. When I was young, she was strict with me, but now she's my best friend. She is a very wise woman, and I enjoy her advice very much.

저는 어머니에 대해서 말씀드리겠습니다. 어머니는 작고 약간 통통하십니다. 갈색 머리와 눈을 가지고 계십니다. 옛날에는 매우 아름다우셨지만 지금은 주름이 많으십니다. 젊었을 때는 작은 회사에서 일을 하셨지만 결혼하시고 난 후에는 계속 가정 주부로만 사셨습니다. 어머니는 제가 어렸을 때 저에게 굉장히 엄격하셨지만 지금은 저의 가장 좋은 친구이십니다. 어머니는 매우 현명한 여성이시고, 저는 그분의 충고를 귀담아 듣습니다.

Advanced Answer

Let me tell you about my mother. She is an average looking middle aged woman with brown hair and brown eyes. My aunts tell me that she used to be very beautiful when she was young. I remember her being the best stay-at-home mother because she did everything for me. She made delicious snacks for my family and helped me with my schoolwork. When I was young, I sometimes thought she was my stepmother because she was very strict with me, but nowadays, I get along with her very well. She is a very wise woman, and gives me good advice. I appreciate her for always being there for me.

저의 어머니에 대해서 말씀드리겠습니다. 어머니는 갈색 머리와 갈색 눈을 가진 평범한 중년의 부인이십니다. 저희 이모님들께서는 저에게 어머니께서 젊으셨을 때 상당히 미인이셨다고 말씀하십니다. 저는 어머니께서 가장 좋은 전업 주부라고 기억하고 있습니다. 왜냐하면 어머니께서는 저를 위해 모든 것을 하셨습니다. 저희 가족을 위해서 맛있는 간식을 만들어 주셨고 학교 숙제를 도와주셨습니다. 제가 어렸을 때 어머니께서는 저에게 너무 엄하셨기 때문에 저는 때때로 어머니가 계모가 아닐까라는 생각을 했지만, 지금은 어머니와 사이가 좋습니다. 어머니는 매우 현명한 여성이시고 저에게 좋은 충고를 해 주십니다. 저는 어머니가 저에게 힘이 되어 주시는 것에 대해서 늘 감사합니다.

chubby 토실토실 살찐, 통통한 wrinkle 주름 company 회사, 동료, 교제, 동반 delicious 맛있는, 상쾌한, 즐거운 stepmother 의붓어머니, 계모 get along with 진행시키다, 해나가다, 사이좋게 지내다

Practice Test

Question 1

What are the disadvantages of living in an extended family?

대가족으로 살아갈 때 불리한 점은 무엇인가요?

● **Brainstorming Note**

주제: 대가족의 단점

세부 사항: 1. 시간적인 제약   2. 여러 가지 것들을 공유함

관련 어휘: not enough time / family activities / share things / irritating

● **Personal Answer**

● **Model Answer**

One of the disadvantages of living in an extended family is not having enough time for yourself. You will have to participate in the family activities and won't have much spare time. You will also have to share many things with your family members, and that can sometimes be irritating.

대가족 안에서 살아가는데 있어서 불리한 점 중 하나는 자신에 대해서 충분한 시간을 갖지 못하는 것입니다. 가족 활동에 참여해야 하고 자유 시간을 갖지 못합니다. 또한 가족들과 많은 물건들을 공유해야 하므로 짜증이 날 수도 있습니다.

● disadvantage 불리한 처지, 불편함, 손실 irritating 비위에 거슬리는, 신경질 나는, 짜증나는

What do you think is the best way to keep in touch with friends and family when you're away from home? Why?

당신이 집을 떠나 있을 때 친구들이나 가족에게 연락할 수 있는 가장 좋은 방법은 무엇이라고 생각합니까? 왜 그렇습니까?

● Brainstorming Note

주제: 최고의 통신 방법
세부 사항: 1. 인터넷 사용의 편리성   2. 메신저의 이용
관련 어휘: Internet / online messenger

Personal Answer

Model Answer

From my experience, the best way to keep in touch with friends and family when I'm away from home is using the Internet. There are many different ways to stay in touch with your loved ones by using the Internet such as e-mails, online messengers, or personal web sites. I personally prefer online messengers where I can make a voice call without any extra cost. My father and I have saved lots of money by using this method. I recently taught my mother how to use an online messenger, and now she is a big fan of it.

제 경험으로는 제가 집을 떠나있을 때 가족이나 친구들과 교류를 지속할 수 있는 가장 좋은 방법은 인터넷을 이용하는 것입니다. 사랑하는 사람들과 연락을 계속하기 위하여 이메일, 메신저, 개인 홈페이지와 같이 인터넷을 이용하는 다양한 방법이 있습니다. 저는 개인적으로 추가비용 없이 온라인 통화를 할 수 있기 때문에 메신저를 선호합니다. 저희 아버지와 저는 이 방법을 이용하여 많은 돈을 절약하였습니다. 최근에 저는 어머니께 메신저 사용법을 가르쳐 드렸고 어머니께서는 이제 메신저를 애용하십니다.

keep in touch with ~와 접촉을 지속하다, 기맥을 통하다, (시류 등에) 뒤떨어지지 않다 be away from (어디에 가서) 없다 extra 여분의 save 절약하다

Practice Test

Question 3

Is family an old-fashioned idea?

가족은 구시대의 생각입니까?

● Brainstorming Note

주제: 가족의 개념
세부 사항: 1. 가정의 중요성   2. 가정이 필요한 이유
관련 어휘: social unit / foundation / essence

Personal Answer

Model Answer

Absolutely not. The very first social unit of mankind was the family. Thus, without family, bigger societies such as schools, companies, provinces, states, or even countries would not exist. In a family, a human being learns the necessary skills to survive in a bigger society. Family is not only the foundation but also the essence of a society.

절대 그렇지 않습니다. 인간의 최초의 사회는 가정입니다. 그러므로 가정이 없다면 학교, 기업, 지역, 주, 심지어 국가와 같은 더 큰 사회들이 존재하지 않았을 것입니다. 한 가정에서 더 큰 사회에서 생존하기 위해 필요한 기술을 배웁니다. 가정은 사회의 근원일 뿐 아니라 본질입니다.

absolutely 절대적으로, 완전히 mankind 인류, 인간 province 지방, 시골, 범위, 영역 foundation 창설, 근거, 기초 essence 본질, 정수

Has women's role in family changed greatly?

가정에서 여성들의 역할이 많이 변했습니까?

• Brainstorming Note

주제: 여성 역할의 변화
세부 사항: 1. 여성의 직업적인 변화   2. 가사의 분담
관련 어휘: women's role / women's duty / housework

Personal Answer

Model Answer

Yes, women's role in family has changed tremendously, especially in recent years. In the past, women's duty was to reproduce, to take care of their children, and to take care of all the housework. Women were not likely to have a job or even a career. However, nowadays, many women prefer having a job or a career and by doing so, they bring money into their households. Since the role of women has changed so, the housework is usually shared equally with their husbands.

네, 가정에서 여성들의 역할은 최근에 놀라울 만큼 많이 변하고 있습니다. 과거에는 여성들의 의무가 아이를 낳고, 자녀들을 돌보고, 모든 가사를 하는 것이었습니다. 여성들이 일자리나 전문직을 가지는 것은 그리 흔치 않았습니다. 하지만 요즘에는 많은 여성들이 일자리나 전문직에 종사함으로써 그 가정에 경제적으로 보탬이 되는 것을 선호합니다. 여성들의 역할이 그렇게 변한 이후로 가사는 보통 남편과 동등하게 나눠서 합니다.

duty 의무 tremendously 거대하게, 중대하게 be likely to ~ 할 것이다

Practice Test

Question 5

What responsibilities do children have toward their parents?

자녀들은 부모님에 대하여 어떤 책임이 있나요?

• **Brainstorming Note**

주제: 부모에 대한 자녀의 책임
세부 사항: 1. 부모를 돌보아야 하는 기간   2. 부모를 공경해야 하는 이유
관련 어휘: pass away / provide the best

Personal Answer

_____

_____

_____

_____

Model Answer

I think that children should take care of their parents until they pass away. When the parents are young, they work very hard to provide the best for their children, so they should be taken care of by their children when they get old.

자녀들은 부모님께서 돌아가실 때까지 돌봐드려야 한다고 생각합니다. 부모님은 젊으실 때 자녀들에게 가장 좋은 것을 제공하시기 위해 열심히 일하십니다. 그래서 그분들이 나이가 드시면 자녀들로부터 보살핌을 받으셔야 합니다.

toward ~에 대하여 **pass away** 가버리다, 떠나다, 죽다 **provide** 대주다, 공급하다, 지급하다, 제공하다

● Model Answers p.421

More Questions

1 In a family, do you feel that sons are closer to their fathers and daughters to their mothers in general?

일반적으로 가족 중 아들은 아버지와 가깝고 딸은 어머니와 가깝다고 생각합니까?

🔊 **Personal Answer**

---

2 In your opinion, is it important for a married couple to have children?

결혼한 사람들이 자녀를 갖는 것이 중요하다고 생각합니까?

🔊 **Personal Answer**

---

3 Is it acceptable for couples to live together before they get married?

커플들이 결혼하기 전에 동거하는 것이 괜찮다고 생각합니까?

🔊 **Personal Answer**

---

4 Do you think families with a single parent pose a threat to society?

편부모 가정이 사회에 위협을 준다고 생각합니까?

🔊 **Personal Answer**

---

5 Do you wish to live a very different family life from that of your parents?

당신은 당신의 부모님과 다른 가족 생활을 하기 원합니까?

🔊 **Personal Answer**

🔊 **acceptable** 받아들일 수 있는, 만족스러운, 용인할 수 있는 **single parent** 홀어버이, 편친

- [ ] **brother-in-law** 매형, 처남, 형부, 매부 등
- [ ] **nearby** 가까운
- [ ] **feel like** 어쩐지 ~ 할 것 같다, ~을 하고 싶다
  ex. It feels like it's going to rain. 비가 올 것 같다.
  I feel like a cup of coffee. 커피를 한 잔 마시고 싶다
- [ ] **move out** 이사해 가다, 신속히 행동하다, 출발하다
- [ ] **trading** 상업에 종사하는, 통상용의, 무역의
- [ ] **take care of** ~을 돌보다
- [ ] **volunteer** 지원자, 자원봉사자, 자진하여 하다
- [ ] **the elderly** 노인들
- [ ] **civic** 시민의
- [ ] **as for** ~에 관한 한은, ~로 말할 것 같으면
- [ ] **chore** 자질구레한 일, 잡일, 가사
- [ ] **eat out** 외식하다, 침식하다, 다 먹어버리다
- [ ] **routine** 판에 박힌 일, 일과, 관례
- [ ] **appreciate** 진가를 인정하다, 감상하다, 고맙게 생각하다
- [ ] **weekdays** 주중에
- [ ] **occasion** (특수한) 경우, 특별한 일, 의식
- [ ] **feast** 축하연, 잔치, 진수성찬
- [ ] **gather together** 모으다, 모이다
- [ ] **in case of** ~의 경우에는
- [ ] **notify** 알리다, 통보하다
- [ ] **groom** 신랑
- [ ] **bride** 신부
- [ ] **sibling** 형제, 자매
- [ ] **affair** 사건, 일, 사무
- [ ] **family affair** 가사, 가족사, 집안일
- [ ] **generation** 동시대의 사람들, 세대

- [ ] **nuclear family** 핵가족
- [ ] **participate in** 참여하다, 관여하다
- [ ] **contribute to** 기부하다, 공헌하다
- [ ] **equal say** 동등한 발언권
- [ ] **extended family** (확)대가족
- [ ] **household** 가족, 가구, 세대
- [ ] **chubby** 토실토실 살찐, 통통한
- [ ] **wrinkle** 주름
- [ ] **company** 회사, 동료, 교제, 동반
- [ ] **delicious** 맛있는, 상쾌한, 즐거운
- [ ] **stepmother** 의붓어머니, 계모
- [ ] **get along with** 진행시키다, 해나가다, 사이좋게 지내다
- [ ] **disadvantage** 불리한 처지, 불편함, 손실
- [ ] **irritating** 비위에 거슬리는, 신경질 나는, 짜증나는
- [ ] **keep in touch with** ~와 접촉을 지속하다, (시류 등에) 뒤떨어지지 않다
- [ ] **be away from** (어디에 가서) 없다
- [ ] **extra** 여분의
- [ ] **save** 절약하다
- [ ] **absolutely** 절대적으로, 완전히
- [ ] **mankind** 인류, 인간
- [ ] **province** 지방, 시골, 범위, 영역
- [ ] **foundation** 창설, 근거, 기초
- [ ] **essence** 본질, 정수
- [ ] **duty** 의무
- [ ] **tremendously** 거대하게, 중대하게
- [ ] **be likely to** ~할 것이다
- [ ] **pass away** 가버리다, 떠나다, 죽다

□ **toward** ~에 대하여

□ **provide** 대주다, 공급하다, 지급하다, 제공하다

□ **acceptable** 받아들일 수 있는, 만족스러운, 용인할
　　　　　　　　　수 있는

□ **single parent** 홀어버이, 편친

Chapter 3

Hometown /
Neighborhood /
Accommodation

Chapter 3에 나오는 Part별 질문 미리보기

•Part 1   Questions

1. Where do you live?
2. Do you like your neighbors?
3. What kind of landscape surrounds your hometown?
4. Do you rent your accommodation?
5. What kind of place do you live in, a house or a flat?

•Part 2   Topic Cards

1. Describe the neighborhood that you live in at the moment.
   You should say:
   where it is
   what the people are like
   what some of the major landmarks are
   and why you like or dislike your hometown.

2. Describe an interesting building in your hometown.
   You should say:
   what the name of the building is
   what the purpose of the building is
   where it is located
   what it looks like
   and why you find the building interesting.

•Part 3   Questions

1. What kind of neighbors do you wish to have?
2. Have you lived in other types of accommodation before?
3. When you buy a house, what is the most important thing to consider?
4. In the future, what kind of accommodation would you like to live in?
5. What are the advantages and disadvantages of living with friends?

Warm-up

01 저는 항상 그들을 보면서 자랐기 때문에 그들은 저에게 가족처럼 느껴집니다.

I grew up _____ the same faces everyday, __ they are like a _____ to me.

02 제 이웃의 대부분은 아침 일찍 출근해서 저녁에 집에 돌아옵니다.

Most of my _____ go to work early in the _____ and come home in the evening.

03 저는 사람들이 간혹 이사 오고 가는 것을 보기는 하지만 거의 마주치지는 않습니다.

I see people _____ in and out once in a while, but I _____ ever run into them.

04 우리는 임대료를 내야 할 걱정을 하지 않아도 됩니다.

We don't have to _____ about paying ____.

05 높은 주택비로 인해 한국에서 집을 사는 것은 매우 어렵습니다.

It's very difficult to ____ a house in Korea ____ to the high cost of _____.

06 조만간 제 집을 장만하기를 기대합니다.

I am _____ to buy my own place in the near _____.

07 정원을 돌보거나 눈을 치울 필요가 없습니다.

I don't have to ____ care of a garden or plow ____.

08 그것은 서울의 남서쪽에 자리 잡고 있습니다.

It is _____ in the _____ part of Seoul.

09 당신은 항상 바빠 보이는 많은 사람들을 보게 됩니다.

You run into many _____ who always seem to be in a ____.

10 사람들은 불친절하고 스트레스가 쌓인 것처럼 보입니다.

_____ seem very _____ and stressed out.

11 저는 제가 살고 있는 지역을 좋아하는데 그곳이 도시생활에 적합하기 때문입니다.

I enjoy living in my _____ because it is a good place to _____ city life.

12 그곳은 커플들이 결혼사진을 찍는 장소로 인기가 있는 곳입니다.

It is a _____ spot for _____ to take their _____ pictures.

13 많은 사람들이 이웃의 편안함에 대해서 관심이 없어 보입니다.

Many people don't seem to be _____ about their _____ comfort.

14 제가 많은 종류의 나무와 꽃들이 있는 그렇게 큰 정원을 소유한 것은 처음입니다.

It was the ____ time I had such a large _____ with different ____ of trees and flowers.

15 집을 구입하려고 할 때 가장 중요한 것은 최신 기술입니다.

The ____ important thing to _____ when buying a house is _____.

16 가장 최신식 시설을 소비자들에게 제공하는 많은 주택업자들이 있습니다.

There are a lot of builders ____ provide the _____ technology to home owners.

17 아파트에서 살기보다는 아름다운 정원이 있는 도시 근교의 큰 집에서 살기를 원합니다.

I would like to ____ in a large house ____ a beautiful garden in the suburb rather ____ live in an apartment building.

18 저는 많은 시간을 정원을 손질하거나 집을 장식하면서 보내기를 원합니다.

I _____ like to spend a lot of time on _____ and decorating the _____.

19 친구들과 사는 것의 장점 중 하나는 재미있을 수 있고 서로에게 도움이 될 수도 있다는 것입니다.

One of the _____ of living with friends is being able to have ____ and be there for each _____.

20 같이 사는 것의 또 다른 단점은 친구들 간의 좋은 관계에 해를 끼칠 수도 있다는 것입니다.

Another _____ of living together is that it might ____ good relationships _____ friends.

🔊 **Answer**

01 seeing, so, family	11 neighborhood, experience
02 neighbors, morning	12 favorite, couples, wedding
03 moving, hardly	13 concerned, neighbors'
04 worry, rent	14 first, garden, kinds
05 buy, due, housing	15 most, consider, technology
06 hoping, future	16 who, newest
07 take, snow	17 live, with, than
08 located, southwestern	18 would, gardening, house
09 people, hurry	19 advantages, fun, other
10 People, unfriendly	20 disadvantage, harm, between

Warm-up

■ 인칭 변화가 가능한 경우와 인칭 변화가 가능하지 않은 경우의 각각의 연습 순서대로 말해보세요.

1. 인칭 변화가 가능한 경우: 다음의 인칭 변화 순서대로 연습하는 것이 효과적입니다.

5단계 인칭 변화 연습 순서

Statement	Question	No Answer	Yes Answer
(1) you	(1) you	(1) I	(1) I
(2) he	(2) he	(2) he	(2) he
(3) we	(3) we	(3) we	(3) we
(4) she	(4) she	(4) she	(4) she
(5) they	(5) they	(5) they	(5) they

▶ 주의 1 지금부터 나오는 문장은 반드시 큰 소리로 읽어주세요.

▶ 주의 2 아래의 문장들은 빈칸 채워 넣기의 연습이 아니고 바로 입으로 말할 수 있게 하는 스피킹 연습이므로 머뭇거림 없이 말할 수 있을 때까지 연습해야 합니다.

• 밑줄친 부분을 5단계 인칭 변화에 따라 바꾸어 주세요.

Ex 1. I grew up seeing the same faces everyday.

Statement(평서문)

(1) you   You grew up seeing the same faces everyday.

(2) he   He grew up seeing the same faces everyday.

(3) we   We _____.

(4) she   She _____.

(5) they   They _____.

Question(의문문)

(1) you   Did you grow up seeing the same faces everyday?

(2) he   Did he grow up seeing the same faces everyday?

(3) we   _____?

(4) she   _____?

(5) they   _____?

No Answer (부정문)

(1) I   No, I didn't grow up seeing the same faces everyday.

(2) he   No, _____ .

(3) we   No, _____ .

(4) she   No, _____ .

(5) they   No, _____ .

Yes Answer (긍정문)

(1) I   Yes, I grew up seeing the same faces everyday.

(2) he   Yes, _____ .

(3) we   Yes, _____ .

(4) she   Yes, _____ .

(5) they   Yes, _____ .

2. 인칭 변화가 가능하지 않은 경우: 다음의 순서대로 연습해주세요.

Statement ▶▶ Question ▶▶ No Answer ▶▶ Yes Answer

Ex 2. The best way to keep in touch with friends is using the Internet.

Statement (평서문)

It is located in the southwestern part of Seoul.

Question (의문문)

Is it located in the southwestern part of Seoul?

No Answer (부정문)

No, it isn't located in the southwestern part of Seoul.

Yes Answer (긍정문)

Yes, it is located in the southwestern part of Seoul.

Warm-up

■ 밑줄이 있는 문장들은 아래 인칭 변화가 가능한 경우의 5단계 인칭 변화 연습 순서를 따라 하시고 밑줄이 없는 문장은 인칭 변화가 가능하지 않은 경우의 연습 순서대로 하세요.

1. 인칭 변화가 가능한 경우

5단계 인칭 변화 연습 순서

Statement	Question	No Answer	Yes Answer
(1) you	(1) you	(1) I	(1) I
(2) he	(2) he	(2) he	(2) he
(3) we ▶▶	(3) we ▶▶	(3) we ▶▶	(3) we
(4) she	(4) she	(4) she	(4) she
(5) they	(5) they	(5) they	(5) they

2. 인칭 변화가 가능하지 않은 경우

Statement ▶▶	Question ▶▶	No Answer ▶▶	Yes Answer

▶주의 1 큰 소리로 읽어 주세요.
▶주의 2 첫 문장을 먼저 외우고 나서 그 다음부터는 문장을 보지 말아야 합니다.
▶주의 3 외워진 문장을 위의 문장 변화 연습 순서만 보고 말할 수 있어야 합니다.

• 밑줄 친 부분의 단어는 인칭 변화가 가능합니다.

01 I grew up seeing the same faces everyday.

02 Most of my neighbors go to work early in the morning and come home in the evening.

03 I see people moving in and out once in a while.

04 I don't have to worry about paying rent.

05 It's very difficult to buy a house in Korea due to the high cost of housing.

06 I am hoping to buy my own place in the near future.

07 I don't have to take care of a garden.

08 It is located in the southwestern part of Seoul.

09 He seems to be in a hurry.

10 He seems very unfriendly and stressed out.

11 It is a good place to experience city life.

12 It is a favorite spot for couples to take their wedding pictures.

13 He is not concerned about his neighbors' comfort.

14 It was the first time I had such a large garden.

15 The most important thing to consider is technology when buying a house.

16 A lot of builders provide the newest technology to home owner.

17 I would like to live in a large house with a beautiful garden.

18 I would like to spend a lot of time on gardening.

19 One of the advantages of living with friends is being able to have fun.

20 It might harm good relationships between friends.

● 정답은 www.nexusbook.com에서 확인하실 수 있습니다.

 *Practice Test*

Part 1

Question 1

Where do you live?

당신은 어디에서 살고 있습니까?

Personal Answer

Standard Answer

I live near Seonnung Station. It is in the Kangnam area. There are many offices, buildings, restaurants and cafés. I also work in Kangnam, so it's very convenient for me.

저는 선릉역 근처에서 살고 있습니다. 그곳은 강남 지역입니다. 그곳에는 많은 사무실, 건물, 식당, 그리고 카페가 있습니다. 또한 저는 강남에서 일하기 때문에 저로서는 매우 편리합니다.

Advanced Answer

I live near Seonnung Station, which is in the Kangnam area. Headquarters of many major companies are located there. The rent is quite expensive but I like living there because it's very close to my work and there are many good restaurants available, including imported franchise restaurants and cafés.

저는 강남 지역에 있는 선릉역 근처에 살고 있습니다. 많은 주요 기업들의 본사들이 그곳에 위치하고 있습니다. 집세는 꽤 비싸지만 제 직장에서 매우 가깝고 다국적 체인 식당들이나 카페들을 포함한 많은 좋은 식당들을 이용할 수 있어서 이 지역에 사는 것이 좋습니다.

convenient 편리한, 형편이 좋은. ~에 가까운 **be located** 위치하다, (어떤 장소에) 정하다 **close to** (시간[공간] 등이) 가까운, 빽빽한, 밀집한

Question 2

Do you like your neighbors?

당신의 이웃 주민들을 좋아합니까?

🔘 Personal Answer

🔴 Standard Answer

I live in an old neighborhood. My family has lived there for many years. I grew up seeing the same faces everyday, so they are like my family to me. I like them very much because they are very helpful.

저는 오래된 지역에서 살고 있습니다. 저희 가족은 오랫동안 그곳에서 살아왔습니다. 저는 매일 같은 얼굴들을 보면서 자랐기 때문에 저에게 그들은 가족과 같은 존재입니다. 그들이 많은 도움을 주기 때문에 저는 그들을 매우 좋아합니다.

🔴 Advanced Answer

I live in a studio apartment building, and frankly speaking, I haven't seen my neighbors yet. I think most of my neighbors go to work early in the morning and come home in the evening. I see people moving in and out once in a while, but hardly ever run into them.

저는 원룸에서 살고 있습니다. 솔직히 말하면 저는 아직 제 이웃들을 본적이 없습니다. 대부분의 제 이웃들은 아침 일찍 직장에 가고 저녁에 귀가하는 것 같습니다. 가끔 사람들이 이사 가고 오는 것을 보긴 하지만 사람들과 마주치는 일은 거의 없습니다.

grow up 어른이 되다, 자라나다, (습관이) 생기다   studio apartment 원룸, 1실형 주거   frankly speaking 솔직히 말해서(=speaking frankly)   once in a while 이따금, 때때로   run into ~와 우연히 만나다, ~에 뛰어들다, ~한 상태에 빠지다

Part 1

Question 3

What kind of landscape surrounds your hometown?

고향의 주변 풍경은 어떻습니까?

Personal Answer

Standard Answer

Seoul is the biggest city in Korea. There are many high-rise buildings and highways. There are many satellite cities that surround Seoul. A lot of people live there and commute to Seoul to work everyday.

서울은 한국에서 가장 큰 도시입니다. 그곳에는 많은 높은 건물들과 도로가 있습니다. 여러 위성 도시가 서울을 둘러싸고 있습니다. 많은 사람들이 살고 있고 매일 서울로 통근합니다.

Advanced Answer

My hometown is in the suburbs. There is much beautiful scenery to enjoy such as the mountains and the ocean. Many foreigners visit my hometown every year. Unlike Seoul, there aren't too many high-rise buildings, and that's what I like about my hometown.

제 고향은 근교에 있습니다. 산이나 바다처럼 당신이 즐길 수 있는 무척이나 아름다운 풍경이 있습니다. 매년 수많은 외국인들이 제 고향을 방문합니다. 서울과는 달리 제 고향에는 높은 건물이 별로 없는데 그것이 제가 고향을 좋아하는 이유입니다.

landscape 풍경, 경치   high-rise 고층건물, 고층의, 위치가 높은   satellite 위성, 위성국, 식객   commute 갈다, 교환하다, 통근(통학)하다   the suburb 근교, 교외 *pl.* 부근, 주변   ocean 대양, 바다, (광활하게) 펼쳐짐

Do you rent your accommodation?

당신은 세를 얻어서 살고 있습니까?

🔊 Personal Answer

🔊 Standard Answer

No. I live with my parents. They own a house in a suburban area. It's not a luxurious place, but it is ours, so we don't have to worry about paying rent.

아니요. 저는 부모님과 같이 살고 있습니다. 부모님께서는 근교에 집을 소유하고 계십니다. 호화로운 곳은 아니지만 저희가 소유하기 때문에 집세를 내지 않아도 됩니다.

🔊 Advanced Answer

Yes, I do. I wish I had my own place, but it's very difficult to buy a house in Korea due to the high cost of housing. Renting in Korea is not so bad because there is a system called "Jeonsae," which you cannot find in other countries. It is a system where you deposit a large sum of money to your landlord, and don't have to pay extra monthly rent. The landlord makes profit by depositing the large sum and earning interest. I am hoping to buy my own place in the near future, though.

네, 제 소유의 집이 있으면 좋겠지만 주택 가격이 워낙 비싸기 때문에 한국에서 집을 산다는 것은 매우 어렵습니다. 한국에서 집을 임대하는 것은 다른 나라에서는 쉽게 찾아볼 수 없는 '전세'라는 제도가 있기 때문에 그다지 나쁘지 않습니다. 전세는 집주인에게 고액의 돈을 맡기고 집세를 낼 필요가 없는 제도입니다. 집주인은 고액을 저당잡고 이자를 벌면서 이득을 남깁니다. 하지만 저는 빠른 시일 내에 제 소유의 집을 마련하고 싶습니다.

🔊 **rent** 집세, 임차료, 사용료 **accommodation** 숙박, (수용)설비, 편의 **deposit** 두다, 맡기다, 예금하다 **landlord** 주인, 집주인, 지주 **profit** 이익, 이득, 이자

Practice Test

Question 5

What kind of place do you live in, a house or a flat?

어떤 종류의 주택에서 살고 있습니까? 단독 주택입니까 아니면 아파트입니까?

Personal Answer

Standard Answer

I live in an apartment complex. There are about 10 buildings, and each of them has got 20 stories. I like living in an apartment because I don't have to take care of a garden or plow snow.

저는 아파트에서 살고 있습니다. 10개 정도의 건물이 있고 각각의 건물은 20층입니다. 저는 정원을 돌보거나 눈을 치울 필요가 없기 때문에 아파트에서 사는 것을 좋아합니다.

Advanced Answer

I live in a flat like most of other Koreans do. Korea is a very small country with a population of about 50 million, which results in serious housing problems. Most houses have vanished and apartment buildings and high-rises have changed the landscape of Seoul. I enjoy living in an apartment because I have fewer responsibilities, such as plowing snow or mowing the lawn.

대부분의 한국 사람들처럼 저도 아파트에서 삽니다. 한국은 아주 작은 나라로 약 오천만 명의 인구가 살기 때문에 주거문제가 심각합니다. 대부분의 단독 주택은 사라지고 이제 서울의 풍경은 아파트와 고층 건물들로 바뀌었습니다. 아파트에 살면 눈을 치운다든가 잔디를 깎을 필요가 없기 때문에 저는 아파트에서 사는 것을 좋아합니다.

flat 아파트 story 건물의 층, 이야기 plow 경작하다, (도로 등의) 눈을 치우다 vanish 사라지다, 없어지다 such as ~와 같은, 예컨대, 이를 테면 mow (풀을) 베다, 베어들이다 lawn 잔디, 잔디밭

Practice Test

Part 2

Topic Card 1

Describe the neighborhood that you live in at the moment.

당신이 지금 살고 있는 동네에 대하여 묘사하세요.

You should say:

where it is
어디에 있는지

what the people are like
사람들은 어떠한지

what some of the major landmarks are
주요한 풍경들은 어떠한지

and why you like or dislike your hometown.
그리고 왜 당신이 고향을 좋아하는지 또는 싫어하는지

Personal Answer

_____

_____

_____

_____

Standard Answer

I live in Shillim, Seoul. A lot of people who work in Kangnam live there. It's very crowded, and people in Shillim always seem busy. Shillim is famous for its Soondaechon. It means the "Town of Soondae." Soondae is a very famous dish among Koreans. It is made of pig intestines and is filled with noodles and vegetables. Korean people enjoy Soondae with alcoholic beverages. It is not a bad place to live because the rent is cheap there. I like it there, but sometimes it feels too overcrowded.

저는 서울 신림동에서 살고 있습니다. 강남에서 일하는 많은 사람들이 그곳에서 삽니다. 신림동은 무척 붐비고 사람들은 늘 분주해 보입니다. 신림동은 순대촌으로 유명합니다. 순대는 한국인들 사이에서 매우 인기가 많은 먹거리입니다. 순대는 돼지 창자로 만듭니다. 돼지 창자에 야채와 면이 들어갑니다. 한국인들은 주류와 함께 순대를 즐깁니다. 신림동은 집세가 저렴하기 때문에 살기에 그다지 나쁜 곳은 아닙니다. 저는 신림동을 좋아하지만 가끔씩은 너무 붐빈다고 느낍니다.

Advanced Answer

Shillim, the neighborhood that I live in at the moment, is a very crowded place due to the cheaper rent compared to other parts of Seoul. It is located in the southwestern part of Seoul, just below the Han River. Most people who reside in Shillim commute to work in the Kangnam area because it's not too far from there. Whether it's day or night, you run into many people who always seem to be in a hurry. People seem stressed out. You can come across many different people near the Shillim Station where the Soondaechon is located in. Soondaechon means the "Town of Soondae," which is a dish Korean people enjoy made of pig intestines filled with noodles and vegetables. Koreans often enjoy it with soju, the traditional Korean drink. I enjoy living in my neighborhood because it is a good place to experience city life.

제가 지금 살고 있는 신림동은 서울의 다른 지역과 비교했을 때 집세가 저렴하기 때문에 매우 붐비는 장소입니다. 신림은 한강 바로 아래쪽으로, 서울의 남서쪽에 위치하고 있습니다. 신림동에 주거하는 대부분의 사람들은 강남 지역이 별로 멀지 않기 때문에 그 지역으로 통근합니다. 밤낮을 불문하고 바빠 보이는 많은 사람들을 볼 수 있습니다. 사람들은 스트레스로 지쳐 보입니다. 순대촌 근처에 있는 신림역에서는 여러 다른 종류의 사람들을 만날 수 있습니다. 순대촌은 한국인들이 아주 좋아하는 야채와 면으로 채워진 순대라는 돼지의 창자를 파는 곳입니다. 한국 사람들은 순대를 먹을 때 한국의 전통주인 소주를 자주 곁들입니다. 저는 저희 동네가 도시생활을 경험할 수 있는 좋은 장소이기 때문에 그곳에 사는 것을 좋아합니다.

---

be famous for ~로 유명하다   **intestine** 창자, 장, 소장, 소화관   **alcoholic beverage** 알코올성 음료 *cf.* beverage 음료, 마실 것   **at the moment** 당장에는, 현재, 바로 지금   **reside** (장기간) 거주하다   **far from** ~에서 멀리, 조금도 ~않다   **in a hurry** 허둥지둥, 급히, 조금하게   **stressed out** 스트레스로 지친, 스트레스가 쌓인   **come across** ~을 (우연히) 만나다, 발견하다 *cf.* come across one's mind 머리에 떠오르다

 *Practice Test*

Topic Card 2

Describe an interesting building in your hometown.

당신의 고향에 있는 흥미로운 건물에 대해서 묘사하세요.

You should say:

what the name of the building is
그 건물의 이름은 무엇인지

what the purpose of the building is
그 건물의 목적은 무엇인지

where it is located
어디에 위치하고 있는지

what it looks like
어떻게 생겼는지

and why you find the building interesting.
그리고 당신은 그 건물을 왜 흥미롭다고 생각하는지

Personal Answer

_____

_____

_____

_____

Standard Answer

There is an interesting building called Kyungbok Palace in Seoul. It is an old palace. It is located in the center of Seoul. Seoul has been the capital of Korea since the 1300's, and there are many historical buildings like Kyungbok Palace. I like this palace because its design is traditional. It is covered with special roof tiles called "Kiwa," which are very beautiful. A lot of tourists come to enjoy the view and watch traditional ceremonies. In addition, it is a favorite spot for couples to take their wedding pictures.

서울에는 경복궁이라고 불리는 흥미로운 건물이 있습니다. 경복궁은 오래된 궁전입니다. 경복궁은 서울의 중앙에 있습니다. 서울은 1300년 이래로 한국의 수도이고 경복궁과 같은 많은 역사적인 건물들이 있습니다. 저는 특별히 그곳의 전통적인 디자인 때문에 그곳을 좋아하는데, 그것은 기와라고 불리는 특별한 지붕 타일로 덮여있습니다. 게다가 그곳은 커플들이 결혼 사진을 찍기 좋아하는 곳입니다.

Advanced Answer

The most interesting building in Seoul is Kyungbok Palace. It is one of the palaces that still remain in Seoul, which has been the capital of Korea since the 1300's. There are many historical buildings, but I like Kyungbok Palace the most because of its beautiful roof which is covered with traditional Korean roof tiles called "Kiwa." Many tourists come to enjoy the beautiful views and watch the traditional ceremonies that are held there. It is also a favorite spot for couples to take their wedding pictures.

서울에서 가장 흥미로운 건물은 경복궁입니다. 경복궁은 1300년 이래로 한국의 수도인 서울에서 여전히 존재하는 궁궐 중 하나입니다. 서울에는 역사적인 건물들이 많이 있지만 저는 경복궁을 가장 좋아하는데 그 이유는 '기와'라고 불리는 전통적인 한국의 지붕타일로 덮인 아름다운 지붕 때문입니다. 많은 관광객들이 그 아름다운 모습들과 그곳에서 열리는 전통 의식들을 즐기기 위해서 방문합니다. 또한 경복궁은 커플들 사이에서 결혼 사진을 찍는 곳으로도 유명한 곳입니다.

historical 역사상의, 사실에 바탕을 둔 traditional 전통의, 전통적인, 고풍의 tile 기와, 타일 spot 반점, 장소, 지점 be covered with ~로 뒤덮이다 ceremony 의식, 의례, 형식 take a picture 사진을 찍다

Part 3

| Question 1 |

What kind of neighbors do you wish to have?

당신은 어떤 이웃을 원합니까?

• Brainstorming Note

주제: 당신이 선호하는 이웃
세부 사항: 1. 공손한 이웃을 선호하는 이유   2. 이웃에 해를 끼치지 않는 방법
관련 어휘: respectful neighbors / comfort / respect each other / disturb

---

Personal Answer

_____

_____

_____

Model Answer

I would like to have respectful neighbors. Many people nowadays don't seem to be concerned about their neighbors' comfort. Having loud music on or using some home appliances, such as dish washers or vacuum cleaners, in the late evening can bother the neighbors. People should respect each other and try not to disturb their neighbors with loud noise.

저는 공손한 이웃을 원합니다. 요즘에는 많은 사람들이 이웃의 안락에 대해 중요시하지 않는 것 같습니다. 큰소리로 음악을 듣거나 늦은 밤에 세탁기나 진공청소기 같은 가전제품을 사용하는 것은 주변에 있는 이웃을 방해할 수 있습니다. 사람들은 서로를 존중하고 소음으로 이웃을 방해하지 않도록 노력해야 합니다.

---

be concerned about ~에 관심을 가지다, 걱정하다, 염려하다 **comfort** 위로, 위안, 안락 **home appliance** 가전제품 **bother** 방해하다, 괴롭히다, 성가시게 하다, ~에게 폐를 끼치다

Have you lived in other types of accommodation before?

당신은 예전에 다른 형태의 주거 공간에서 산 경험이 있습니까?

• Brainstorming Note

주제: 다른 형태의 주거지
세부 사항: 1. 과거의 주거지   2. 단독 주택에서의 주거 경험
관련 어휘: house with a garden / purchase / gardening / effort

Personal Answer

Model Answer

Yes, I have lived in a house with a large garden, which was attached to a small pine grove, near the Mediterranean. My parents purchased it a few years ago. I have lived in a house before, but it was the first time I had such a large garden with different kinds of trees and flowers. My parents and I enjoyed planting the trees and flowers and we even named them. Gardening was hard work and it required perseverance and effort, but it was an experience that I could never buy with money.

예, 저는 지중해 근처의 작은 소나무 숲과 연결된 넓은 정원이 있는 단독 주택에서 산 적이 있습니다. 저희 부모님께서는 몇 년 전 그 집을 구입하셨습니다. 예전에도 단독 주택에서 산 적이 있었지만 여러 종류의 나무와 꽃이 있는 그렇게 넓은 정원을 소유했던 것은 처음이었습니다. 정원을 가꾸는 것은 힘든 일이었고 인내심과 노력을 요구했지만 돈으로는 살 수 없는 경험이었습니다.

be attached to ~에 붙어있다, ~에 애착을 갖다 pine grove 소나무 숲 Mediterranean 지중해의, 지중해 연안의, 지중해성 기후의 *cf.* the Mediterranean(=Mediterranean Sea) 지중해 perseverance 인내, 참을성, 끈기 effort 노력, 수고

Practice Test

Question 3

When you buy a house, what is the most important thing to consider?

집을 구입할 때 고려해야 할 가장 중요한 점은 무엇입니까?

● Brainstorming Note

주제: 주택 구입 시 고려 조건
세부 사항: 1. 과학기술이 주택에 미치는 영향   2. 주택 건설기술의 발전
관련 어휘: technology of building / comfortable place / inconvenience

---

▬▬ Personal Answer

▬▬ Model Answer

In my opinion, the most important thing to consider when buying a house is technology. You spend many hours in the house, and expect your house to be a comfortable place. If things are not designed to have easy accessibility, it will cause much inconvenience to the people living there. The technology of building houses has developed tremendously, and there are a lot of builders who provide the newest technology to home owners these days. For example, nowadays, the bathroom sink can sense the height of each user and adjust its own height to fit the person each time, or the kitchen sink can adjust its height according to the height of the users as well. Technology makes the lives of people comfortable.

제 생각에는 집을 살 때 고려해야 할 가장 중요한 점은 과학기술입니다. 사람은 집에서 많은 시간을 보내고 집이 안락한 공간이길 원합니다. 만약 집의 접근성이 용이하게 설계되어 있지 않다면 그 집에서 생활하는 사람들에게 불편함을 초래할 것입니다. 주택 건설기술은 놀랄 만큼 발전해왔고, 이제는 구매자들에게 최신기술을 제공하는 많은 건설업계들이 있습니다. 예를 들어, 요즘의 목욕탕 세면대는 각 사용자들의 키를 인지해서 각 사람에 맞게 높이를 조절할 수 있습니다. 또는 부엌의 싱크대 또한 사용자들의 키에 따라서 높이를 조절할 수 있습니다. 기술은 사람들의 삶을 안락하게 만듭니다.

---

comfortable 편안한 **accessibility** 접근, 접근하기 쉬움, 이해하기 쉬움 **inconvenience** 불편, 부자유, 불편한 것 **sink** n. 싱크대, 세면대 v. 가라앉다, 내려앉다

In the future, what kind of accommodation would you like to live in?

미래에 당신은 어떤 집에서 살고 싶습니까?

● Brainstorming Note

주제: 선호하는 미래의 주거 형태
세부 사항: I. 정원이 있는 주택에 대한 선호   2. 개를 키우기 위한 정원의 필요성
관련 어휘: house with a garden / appreciate nature / own large dogs

Personal Answer

Model Answer

I would like to live in a large house with a beautiful garden in the suburbs rather than live in an apartment building because the older I become, the more I appreciate nature. I would like to spend a lot of time gardening and decorating the house. Another reason I want a garden is because I would like to own a few large dogs. I have always wanted to raise Alaskan Malamutes or Golden Retrievers ever since I was very young.

저는 아파트에서 살기보다는 교외의 아름다운 정원이 있는 넓은 단독 주택에서 살고 싶습니다. 왜냐하면 제가 나이가 들면 들수록 더 많이 자연의 진가를 느끼기 때문입니다. 저는 많은 시간을 정원을 가꾸고 집을 꾸미며 보내고 싶습니다. 제가 정원을 원하는 다른 이유는 큰 개들 몇 마리를 키우고 싶기 때문입니다. 저는 어릴 때부터 늘 알래스카 맬러뮤트나 골든 리트리버를 키우고 싶었습니다.

the 비교급~, the 비교급~ ~하면 할수록 더욱 더 ~하다   appreciate 진가를 인정하다, 높이 평가하다, 올바르게 인식하다, 고맙게 생각하다   spend time ~ing ~하는데 시간을 쓰다   Alaskan Malamute 알래스카 맬러뮤트《썰매개》   Golden Retriever 골든 리트리버《영국 원산의 조류 사냥개》

Practice Test

Question 5

What are the advantages and disadvantages of living with friends?

친구들과 사는 것의 장점과 단점은 무엇입니까?

• Brainstorming Note

주제: 친구들과 사는 것의 장단점 비교
세부 사항: 1. 공부와 재미에 대한 장점   2. 친구관계에 해를 끼칠 수 있는 가능성
관련 어휘: advantage of living with friends / arrange parties / side effects

Personal Answer

Model Answer

First of all, one advantage of living with friends is being able to have fun and be there for each other. I lived with a few of my friends when I was in university. My friends and I always used to study together or arrange parties on special occasions and invite many people. Studying together was very helpful, and having parties was a blast, but parties caused some side effects such as having to deal with uninvited guests, having our belongings go missing, or having the house be sabotaged. Another disadvantage of living together is that it might harm a good relationship between friends because when living together, you see your friends' flaws and might be disappointed with each other.

무엇보다도 친구들과 사는 것의 장점은 재미있다는 것이고 서로에게 힘이 되어줄 수 있다는 점입니다. 저는 대학교를 다닐 때 친구 몇 명과 같이 살았습니다. 친구들과 저는 늘 함께 공부했고 특별한 날에는 파티를 열고 많은 사람들을 초대했습니다. 함께 공부하는 것은 큰 도움이 되었고 파티를 하는 것은 재미있었습니다. 하지만 파티에서 불청객들을 다루어야 하거나 우리의 물건들이 없어지거나 집이 엉망이 되는 등 몇 가지의 부작용이 있었습니다. 함께 사는 것의 또 다른 단점은 함께 살다 보면 친구들의 결점을 발견하게 되고 서로에게 실망할 수 있기 때문에 친구들 간의 좋은 관계에 해를 줄 수 있다는 점입니다.

first of all 우선 첫째로, 무엇보다도 arrange 가지런히 하다, 배열하다, 준비하다 blast 아주 즐거운 한때, 돌풍 side effect (약물 등의) 부작용 belonging 부속물, 속성 *pl.* 소유물, 소지품 sabotage 고의로 파괴하다 flaw 결점, 약점 be disappointed with ~에 실망하다

● Model Answers p.423

More Questions

1 Are you satisfied with your current accommodation?

당신은 지금 살고 있는 주거공간에 대해 만족합니까?

🔊 Personal Answer

2 What do you think of shared accommodation such as having roommates or living in a dormitory?

룸메이트와 같이 사는 것이나 기숙사에서 사는 것과 같은 공동 숙박시설에 대해 당신은 어떻게 생각합니까?

🔊 Personal Answer

3 How have relationships between neighbors changed in the past decade?

지난 10년간 이웃 간의 관계가 어떻게 변해왔습니까?

🔊 Personal Answer

4 What do you think a community should do in order to improve relationships between neighbors?

이웃 간의 관계를 개선하기 위해서 지역사회가 해야 할 일은 무엇이라고 생각합니까?

🔊 Personal Answer

🔊 shared accommodation 공동 숙박시설

Check Vocabularies & Phrases

- **convenient** 편리한, 형편이 좋은, ~에 가까운
- **be located** 위치하다, (어떤 장소에) 정하다
- **close to** (시간·공간 등이) 가까운, 빽빽한, 밀집한
- **grow up** 어른이 되다, 자라-나다, (습관이) 생기다
- **studio apartment** 원룸, 1실형 주거
- **frankly speaking** 솔직히 말해서
  (=speaking frankly)
- **once in a while** 이따금, 때때로
- **run into** ~와 우연히 만나다, ~에 뛰어들다,
  ~한 상태에 빠지다
- **landscape** 풍경, 경치
- **high-rise** 고층건물, 고층의, 위치가 높은
- **satellite** 위성, 위성국, 식객
- **commute** 갈다, 교환하다, 통근(통학)하다
- **the suburbs** 근교, 교외 *pl.* 부근, 주변
- **ocean** 대양, 바다, (광활하게) 펼쳐짐
- **rent** 집세, 임차료, 사용료
- **accommodation** 숙박, (수용)설비, 편의
- **deposit** 두다, 맡기다, 예금하다
- **landlord** 주인, 집주인, 지주
- **profit** 이익, 이득, 이자
- **flat** 아파트
- **story** 건물의 층, 이야기
- **plow** 경작하다, (도로 등의) 눈을 치우다
- **vanish** 사라지다, 없어지다
- **such as** ~와 같은, 예컨대, 이를테면
- **mow** (풀을) 베다, 베어들이다
- **lawn** 잔디, 잔디밭
- **be famous for** ~로 유명하다

- **intestine** 창자, 장, 소장, 소화관
- **alcoholic beverage** 알코올성 음료
  cf. beverage 음료, 마실 것
- **at the moment** 당장에는, 현재, 바로 지금
- **reside** (장기간) 거주하다
- **far from** ~에서 멀리, 조금도 ~않다
- **in a hurry** 허둥지둥, 급히, 조급하게
- **stressed out** 스트레스로 지친, 스트레스가 쌓인
- **come across** ~을 (우연히) 만나다, 발견하다
  cf. come across one's mind 머리에 떠오르다
- **historical** 역사상의, 사실에 바탕을 둔
- **traditional** 전통의, 전통적인, 고풍의
- **tile** 기와, 타일
- **spot** 반점, 장소, 지점
- **be covered with** 뒤덮이다,
- **ceremony** 의식, 의례, 형식
- **take a picture** 사진을 찍다
- **be concerned about** ~에 관심을 가지다,
  걱정하다, 염려하다
- **comfort** 위로, 위안, 안락
- **home appliance** 가전제품
- **bother** 방해하다, 괴롭히다, 성가시게 하다,
  ~에게 폐를 끼치다
- **be attached to** ~에 붙어있다, ~에 애착을 갖다
- **pine grove** 소나무 숲
- **Mediterranean** 지중해의, 지중해 연안의,
  지중해성 기후의
  cf. the Mediterranean(=Mediterranean Sea) 지
  중해
- **perseverance** 인내, 참을성, 끈기
- **effort** 노력, 수고

- ☐ **comfortable** 편안한

- ☐ **accessibility** 접근, 접근하기 쉬움, 이해하기 쉬움

- ☐ **inconvenience** 불편, 부자유, 불편한 것

- ☐ **sink** n. 싱크대, 세면대 v. 가라앉다, 내려앉다

- ☐ **the 비교급~, the 비교급~** ~하면 할수록 더욱 더 ~하다

- ☐ **appreciate** 진가를 인정하다, 높이 평가하다, 올바르게 인식하다, 고맙게 생각하다

- ☐ **spend time ~ing** ~하는데 시간을 쓰다

- ☐ **Alaskan Malamute** 알래스카 맬러뮤트 《썰매개》

- ☐ **Golden Retriever** 골든 리트리버 《영국 원산의 조류 사냥개》

- ☐ **first of all** 우선 첫째로, 무엇보다도

- ☐ **arrange** 가지런히 하다, 배열하다, 준비하다

- ☐ **blast** 아주 즐거운 한때, 돌풍

- ☐ **side effect** (약물 등의) 부작용

- ☐ **belonging** 부속물, 속성 *pl.* 소유물, 소지품

- ☐ **sabotage** 고의로 파괴하다

- ☐ **flaw** 결점, 약점

- ☐ **be disappointed with** ~에 실망하다

- ☐ **shared accommodation** 공동 숙박시설

Chapter 4

Travel / Vacation / Tourism

Chapter 4에 나오는 Part별 질문 미리보기

•Part 1   **Questions**

       1. Do you enjoy traveling?
       2. How do you usually spend your holidays?
       3. How often do you go on holiday?
       4. How do you prefer to travel, by road, rail or air?
       5. Have you ever visited any other countries?

•Part 2   **Topic Cards**

       1. Describe a holiday that you have taken recently or at some time in the past.
          You should say:
          where you went on your holiday
          why you went to this particular place
          what you did there and who you enjoyed it with
          and whether or not you enjoyed your holiday.

       2. Describe your idea of a perfect holiday
          You should say:
          where it would be
          how long you would stay
          what activities you would do
          and why this would be a perfect holiday for you.

•Part 3   **Questions**

       1. What dangers can you perceive when you travel?
       2. Do you think travel broadens the mind?
       3. What are the benefits and negative effects of tourism?
       4. Do you prefer to travel alone or with friends? What are some advantages of it?
       5. What do you need to do before you go abroad on holiday?

Warm-up

01 그것은 스트레스를 줄이기 위한 좋은 방법입니다.

It is a _____ way to _____ stress.

02 우리 회사는 제가 4일 동안 휴가를 갈 수 있게 해줍니다.

My company _____ me to take four days ___.

03 저는 한국의 여기저기를 짧게 여행 다닙니다

I take a _____ trip to different parts of _____.

04 저는 더욱 자주 휴가를 갈 수 있기를 기대합니다.

I _____ I could go on _____ more often.

05 휴가를 갈 수 있는 많은 기회를 가질 수 있어서 행운이었습니다.

I was _____ to have many _____ to go on holiday.

06 비행기를 타면 멀미가 나기 때문에 제 차로 여행하는 것을 선호합니다.

I _____ to travel with my ____ car because I get motion sickness in an _____.

07 차로 이동하면서 저는 프라이버시를 갖는 것을 선호합니다.

I prefer to have _____ while I'm on the ____.

08 3주는 제가 원했던 모든 것을 보기엔 부족한 시간이었습니다.

Three _____ wasn't long enough for us to ___ everything we _____ to.

09 사람들이 그것을 죄악의 도시라고 부르는 것을 알고 깜짝 놀랐습니다.

I was _____ to find out that people also ___ it "Sin City."

10 모든 사람들이 바쁘게 움직이므로 우리나라에서는 그것을 볼 수가 없습니다.

You cannot ___ that in my country because everyone is in a _____.

11 경치를 구경하지 않고 여행하는 것은 저에게 흥미롭지 않습니다.

_____ without any _____ is not fun for me.

12 저에게 가장 좋은 휴가는 열대지방의 해변가에서 시간을 보내는 것입니다.

My idea of a perfect _____ is having a _____ on a _____ beach.

13 여행객들이 직면할 수 있는 많은 위험들이 있습니다.

There are many _____ that a _____ can perceive.

14 여성 여행자들은 그런 재난에 대해 많은 조심을 해야 합니다.

_____ travelers should take _____ against such _____.

15 당신은 많은 새로운 것들을 배우고 유용한 정보를 접하게 됩니다.

You get to _____ a lot of new things and _____ useful _____.

16 사전 지식이 없는 여행객들 몇몇은 심지어 중요한 국가의 보물들에 해를 끼치기도 합니다.

Some _____ with little knowledge even _____ valuable national _____.

17 저는 가족들과 많은 다른 종류의 여행들을 경험해왔습니다.

I have tried many _____ ways of _____ with family members.

18 당신은 친근하지 못한 장소에서 어떤 종류의 문제들을 직면할지 모릅니다.

You don't know what kind of problems you _____ face in an _____ place.

19 사람들이 함께 모여서 그 순간들을 서로 공유할 수 있는 많은 것들이 있습니다.

There are _____ things that you can ___ together and _____ the moment with _____ other.

20 저는 항상 인터넷을 통해 정보를 접하고 제 여행을 최대한 잘 즐길 수 있도록 노력합니다.

I _____ use the Internet to _____ information and try to get the best out of my ___.

Answer

01	good, relieve	11	Traveling, sightseeing
02	allows, off	12	holiday, vacation, tropical
03	short, Korea	13	dangers, traveler
04	wish, holiday	14	Women, precautions, disaster
05	lucky, opportunities	15	learn, obtain, information
06	prefer, own, airplane	16	tourists, damage, assets
07	privacy, road	17	different, traveling
08	weeks, see, wanted	18	might, unfamiliar
09	surprised, call	19	many, do, share, each
10	see, hurry	20	always, obtain, trip

Warm-up

Speak up-step1

■ 인칭 변화가 가능한 경우와 인칭 변화가 가능하지 않은 경우의 각각의 연습 순서대로 말해보세요.

1. 인칭 변화가 가능한 경우: 다음의 인칭 변화 순서대로 연습하는 것이 효과적입니다.

🔴● **5단계 인칭 변화 연습 순서**

Statement	Question	No Answer	Yes Answer
(1) you	(1) you	(1) I	(1) I
(2) he	(2) he	(2) he	(2) he
(3) we ▶▶	(3) we ▶▶	(3) we ▶▶	(3) we
(4) she	(4) she	(4) she	(4) she
(5) they	(5) they	(5) they	(5) they

▶ 주의 1 지금부터 나오는 문장은 반드시 큰 소리로 읽어주세요.

▶ 주의 2 아래의 문장들은 빈칸 채워 넣기의 연습이 아니고 바로 입으로 말할 수 있게 하는 스피킹 연습이므로 머뭇거림 없이 말할 수 있을 때까지 연습해야 합니다.

• 밑줄친 부분을 5단계 인칭 변화에 따라 바꾸어 주세요.

Ex 1. <u>My</u> company allows <u>me</u> to take four days off.

Statement(평서문)

(1) you <u>Your</u> company allows <u>you</u> to take four days off.

(2) he <u>His</u> company allows <u>him</u> to take four days off.

(3) we <u>We</u> _____.

(4) she <u>She</u> _____.

(5) they <u>They</u> _____.

Question(의문문)

(1) you Does <u>your</u> company allow <u>you</u> to take four days off?

(2) he Does <u>his</u> company allow <u>him</u> to take four days off?

(3) we _____?

(4) she _____?

(5) they _____?

No Answer (부정문)

(1) I   No, <u>my</u> company doesn't allow <u>me</u> to take four days off.

(2) he   No, _____.

(3) we   No, _____.

(4) she   No, _____.

(5) they   No, _____.

Yes Answer (긍정문)

(1) I   Yes, <u>my</u> company allows <u>me</u> to take four days off.

(2) he   Yes, _____.

(3) we   Yes, _____.

(4) she   Yes, _____.

(5) they   Yes, _____.

2. 인칭 변화가 가능하지 않은 경우: 다음의 순서대로 연습해주세요.

Statement ▶▶ Question ▶▶ No Answer ▶▶ Yes Answer

Ex 2. It is a good way to relieve stress.

Statement (평서문)

It is a good way to relieve stress.

Question (의문문)

Is it a good way to relieve stress?

No Answer (부정문)

No, it isn't a good way to relieve stress.

Yes Answer (긍정문)

Yes, it is a good way to relieve stress.

Warm-up

Speak up-step2

■ 밑줄이 있는 문장들은 아래 인칭 변화가 가능한 경우의 5단계 인칭 변화 연습 순서를 따라 하시고 밑줄이 없는 문장은 인칭 변화가 가능하지 않은 경우의 연습 순서대로 하세요.

---

1. 인칭 변화가 가능한 경우

🔴 **5단계 인칭 변화 연습 순서**

Statement	Question	No Answer	Yes Answer
(1) you	(1) you	(1) I	(1) I
(2) he	(2) he	(2) he	(2) he
(3) we	(3) we	(3) we	(3) we
(4) she	(4) she	(4) she	(4) she
(5) they	(5) they	(5) they	(5) they

---

2. 인칭 변화가 가능하지 않은 경우

Statement ▶▶ **Question** ▶▶ **No Answer** ▶▶ **Yes Answer**

▶주의 1 큰 소리로 읽어 주세요.
▶주의 2 첫 문장을 먼저 외우고 나서 그 다음부터는 문장을 보지 말아야 합니다.
▶주의 3 외워진 문장을 위의 문장 변화 연습 순서만 보고 말할 수 있어야 합니다.

• 밑줄 친 부분의 단어는 인칭 변화가 가능합니다.

01   It is a good way to relieve stress.

02   My company allows me to take four days off.

03   I take a short trip to different parts of Korea.

04   I wish I could go on holiday more often.

05   I am lucky to have many opportunities to go on holiday.

06 I prefer to travel with my own car.

07 I prefer to have privacy while I'm on the road.

08 Three weeks weren't long enough for us to see everything.

09 I was surprised to find out that people don't like the city.

10 Everyone seems to be in a hurry in my country.

11 Traveling without any sightseeing is not fun for me.

12 My idea of a perfect holiday is having a vacation on a tropical beach.

13 There are many dangers that a traveler can perceive.

14 You should take precautions against such disaster.

15 I get to learn a lot of new things and obtain useful information.

16 He is damaging valuable national assets.

17 I have tried many different ways of traveling.

18 I don't know what kind of problems I might face in an unfamiliar place.

19 You can share the moment with your parents.

20 I try to get the best out of my trip.

● 정답은 www.nexusbook.com에서 확인하실 수 있습니다.

Practice Test

Question 1

Do you enjoy traveling?

당신은 여행을 좋아합니까?

🔊 **Personal Answer**

🔊 **Standard Answer**

Actually, I don't. Many people love traveling. But it doesn't interest me because I have had some terrible travel experiences. Besides, traveling is very tiring.

사실 좋아하지 않습니다. 많은 사람들이 여행을 좋아하지만 여행에 대해 좋지 않은 경험이 있기 때문에 저는 관심이 없습니다. 게다가 여행은 사람을 매우 지치게 합니다.

🔊 **Advanced Answer**

Yes, I love traveling. I am not rich, but I try to save money to go to different places. Last year, I went to Japan for five days with the money I had been saving for 1 year. There are many countries that I plan to go to. Traveling is fascinating because you get to see new things, meet new people, and try different food. I get very excited about traveling, and I can't wait to have another trip.

네, 저는 여행을 좋아합니다. 저는 부자는 아니지만 여러 장소들을 여행하기 위해 돈을 모으려고 노력합니다. 작년에는 1년 동안 저축했던 돈을 가지고 5일 동안 일본으로 여행을 다녀왔습니다. 제가 가려고 계획하고 있는 나라들이 많이 있습니다. 여행은 새로운 것들을 볼 수 있고 새로운 사람을 만나며 색다른 음식을 맛볼 수 있기 때문에 매력적입니다. 저는 여행이라면 구척이나 듭니다. 그리고 다음 여행을 손꼽아 기다립니다.

🔊 **interest** 흥미를 일으키게 하다, 관심을 갖게 하다 **fascinating** 매혹적인, 황홀한, 아주 재미있는 **can't wait to** 간절히 ~하고 싶다, 너무 ~하고 싶어서 기다릴 수 없다

How do you usually spend your holidays?

당신은 휴일을 주로 어떻게 보냅니까?

Personal Answer

Standard Answer

I spend my holidays taking naps and reading books in my hotel room, or eating out. It is a good way to relieve stress. I also like joining city tours because traveling is not complete without sightseeing.

저는 휴일에 호텔룸에서 낮잠을 자고 독서를 하거나 외식을 하며 보냅니다. 스트레스를 푸는 가장 좋은 방법입니다. 저는 또한 시내 관광에 참여하는 것을 좋아하는데 그 이유는 관광이 없이는 여행이 무미건조하기 때문입니다.

Advanced Answer

In the mornings, I enjoy using the facilities that are provided by the hotel I stay in. Usually, there are state-of-the-art swimming pools, saunas, and fitness equipment there, so I try to get the best out of them. In the afternoons, I pick up a tour brochure at the front desk, and go sightseeing. In the evenings, I go out to local restaurants and enjoy some delicious dishes. When I come back to my hotel room, I usually read a book until I go to bed.

저는 오전에 제가 머무르는 호텔에서 제공되는 시설을 이용하는 것을 즐깁니다. 대부분 최신식의 수영장, 사우나, 운동기구들이 있어서 저는 최대한 그것들을 이용하려고 노력합니다. 오후에는 프런트에 있는 여행 안내책자를 가지고 관광을 합니다. 저녁에는 그 동네에 있는 식당에 가서 맛있는 음식을 먹습니다. 호텔에 돌아오면 보통 잠들기 전까지 책을 읽습니다.

nap 낮잠 eat out 외식하다 relieve 경감하다, 덜다 ex. relieve stress 스트레스를 덜다, 스트레스를 풀다 tour 관광, 관광하다 complete 완벽한, 완전한 sightseeing 관광, 유람 facility 설비, 시설, 편의 provide 제공하다 state-of-the-art 최신식의 equipment 시설, 도구 get the best out of ~을 가장 잘 이용하다 brochure 소책자, 가제본한 책 delicious 맛있는, 향기로운

 *Practice Test*

Question 3

How often do you go on holiday?

휴가는 얼마나 자주 갑니까?

Personal Answer

_____

_____

_____

Standard Answer

I usually go on holiday every summer. My company allows me to take four days off. I take a short trip to different parts of Korea. I have even been to Southeast Asia. I wish I could go on holiday more often, but it is hard to take time off work.

저는 보통 여름마다 휴가를 떠납니다. 저희 회사에서 4일 동안 휴가를 줍니다. 저는 한국의 여러 곳으로 짧은 여행을 갑니다. 동남아시아에도 가봤습니다. 휴가를 더 자주 갔으면 하는 것이 제 바램이지만 직장에서 휴가를 얻기가 어렵습니다.

Advanced Answer

Unlike other Korean people, I was lucky to have many opportunities to go on holidays because I'm a freelancer and am not too restricted by time. I go to nearby countries about twice a year, and I also take trips that are 3 to 4 days once every two months.

다른 한국인들과는 달리 저는 휴가를 갈 기회가 많았습니다. 저는 시간에 구애 받지 않는 프리랜서이기 때문에 1년에 두 번 정도 가까운 나라로 여행을 가고, 또 두 달에 한 번씩은 3~4일 정도 국내여행을 갑니다.

take time off ~하기 위해서 시간을 내다 *cf.* take time off work 휴가를 내다 **lucky to** (~하게 되어서) 운이 좋다 **opportunity** 기회 **freelancer** 프리랜서 **restrict** 제한하다, 한정하다 **nearby** a. 가까운 ad. 가까이로, 가까이에 **once every two months** 두 달에 한 번씩 *cf.* once every other day 이틀에 한 번

How do you prefer to travel, by road, rail or air?

당신은 자동차, 기차, 비행기 중 무엇으로 여행하는 것을 선호합니까?

Personal Answer

Standard Answer

I prefer to travel with my own car because I get motion sickness in a car driven by another person or in an airplane. Taking the train is not too bad, but I prefer to have privacy while I'm on the road. I can turn up the music and sing along while I drive, and that's what I like about taking my own car.

저는 다른 사람이 운전하는 차나 비행기를 타면 멀미를 하기 때문에 제 차로 여행하는 것을 선호합니다. 기차를 이용하는 것은 그리 나쁘진 않지만 저는 여행할 때 프라이버시가 있는 것이 더 좋습니다. 운전 중에 음악을 듣고 노래를 따라 부를 수 있는 것이 제가 자가용으로 여행하는 것을 좋아하는 이유입니다.

Advanced Answer

Any type of traveling is fine with me. I think that each method has its own advantages and disadvantages. Traveling in a private car gives privacy, but there is a big chance of road accidents and traffic jams. I would also be fatigued with driving, especially if I am taking a trip to a very far place. Buses and trains are fun and you can enjoy the scenery, but I am exposed to the public and there are many precautions that I have to take. Planes are the best way to travel long distances because it is the fastest type of transportation. But I can also suffer from jet lag. I pick the kind of transportation I use depending on the situation.

어떤 형태의 여행이라도 전 괜찮습니다. 각각의 방법은 고유의 장단점이 있습니다. 자가용으로 여행을 하는 것은 프라이버시를 지켜주지만 교통사고나 교통마비를 겪을 수 있을 수 있습니다. 또한 피로를 느낄 수 있는데 특별히 장거리 운전을 할 때는 더욱 그렇습니다. 버스나 기차는 재미있고 경치를 즐길 수 있지만, 자신이 남에게 노출되어 있기 때문에 경계해야 할 것이 많습니다. 비행기는 장거리 여행을 하기에 가장 빠른 교통수단이라서 좋습니다. 하지만 시차로 인한 피로를 느낄 수 있습니다. 저는 상황에 따라서 어떤 종류의 교통수단을 이용할지 결정합니다.

motion sickness 멀미 on the road 여행 도중에 sing along 노래를 따라 부르다 be fatigued with ~으로 지치다 be exposed to ~에 노출되다 the public 대중 precaution 조심 suffer from ~을 앓다 jet lag (비행의) 시차로 인한 피로

Practice Test

Question 5

Have you ever visited any other countries?
당신은 다른 나라를 방문한 적이 있습니까?

◖▭◗ Personal Answer

_____

_____

_____

_____

◖●◗ Standard Answer

Yes, I have. I went to Turkey with my parents three years ago. We visited a lot of tourist attractions with biblical backgrounds such as Ephesus and Cappadocia. We also spent some time on the Mediterranean beach and enjoyed different water sports. We stayed there for three weeks. I liked Turkey because I could experience both Middle Eastern and European culture in one place. I am planning on visiting Turkey again next year because there are still many places I would like to go.

네, 있습니다. 저는 3년 전에 부모님과 터키에 다녀왔습니다. 우리는 에베소와 갑바도기아와 같이 성경적 배경을 둔 많은 관광지를 방문하였습니다. 또한 우리는 지중해 해변에서 많은 시간을 보냈고 여러 수상 스포츠를 즐겼습니다. 우리는 3주 동안 그곳에서 머물렀습니다. 중동과 유럽 문화를 한 곳에서 경험할 수 있어서 터키가 좋았습니다. 제가 가고 싶은 장소들이 여전히 많이 있어서 내년에 터키를 다시 방문할 계획입니다.

I have visited many different foreign countries, but the most interesting country was Turkey, which is located in between Africa, Europe and the Middle East. I went there with my family and stayed there for three weeks. It is a beautiful country where the European and the Middle Eastern cultures coexist. Since my parents and I are Christians, we visited many places with biblical backgrounds, such as Ephesus and Cappadocia. We also spent a few days on a Mediterranean beach and enjoyed water sports. Turkish food is very different from Korean food, but I didn't mind it too much. Turkey is a big country, and 3 weeks wasn't long enough for us to see everything we wanted to, so my parents and I are planning another trip there this summer.

저는 여러 나라를 방문해 봤지만 가장 인상깊었던 나라는 아프리카, 유럽 그리고 중동 사이에 위치하고 있는 터키였습니다. 저는 가족들과 그곳에서 3주 동안 머물렀습니다. 터키는 유럽과 중동 문화가 공존하는 아름다운 나라입니다. 부모님과 저는 기독교인이므로 에베소와 갑바도기아 같은 성경적 배경을 가진 여러 장소를 방문했습니다. 또한 우리는 지중해의 해변에서 며칠간을 수상스포츠를 즐기며 보냈습니다. 터키 음식은 한국 음식과 매우 달랐지만 저는 음식을 꺼리지는 않았습니다. 터키는 아주 큰 나라이고 3주라는 시간은 저희가 보고싶었던 것을 보기에는 충분하지 않았기 때문에 부모님과 저는 이번 여름에 다시 터키 여행을 할 계획입니다.

■■• **tourist attraction** 관광 명소   **biblical** 성경의, 성경에서 나온   **background** 배경   **Ephesus** 에베소 《소아시아 서부의 옛 도시 Artemis[Diana] 신전의 소재지》   **Cappadocia** 갑바도기아 《터키 중앙에 있는 기독교 배경의 옛 도시》   **Mediterranean** 지중해의   **coexist** (동일 장소에) 동시에 존재하다, ~와 공존하다   **mind** n. 마음, 정신 v. (부정·의문·조건문에서) 신경 쓰다, 꺼림직하게 생각하다, 싫어하다

Practice Test

Topic Card 1

Describe a holiday that you have taken recently or at some time in the past.

최근이나 전에 갔었던 여행에 대해서 묘사하세요.

You should say:

where you went on your holiday
휴가로 어디에 갔는지

why you went to this particular place
왜 그곳에 갔는지

what you did there and who you enjoyed it with
그곳에서 누구와 무엇을 하고 즐겼는지

and whether or not you enjoyed your holiday.
당신의 여행이 즐거웠는지 아니면 그렇지 않았는지

Personal Answer

Standard Answer

I went to the States two years ago with my family. We visited the Empire State Building, the Statue of Liberty, and did a lot of shopping in New York. Then, we flew to Las Vegas. I was surprised to find out that people also call it "Sin City." My parents enjoyed gambling, especially my dad. He was very happy to win some money. As for me, I enjoyed the roller coaster on the top of a high building. It was so thrilling. People in the States were very nice and friendly, and they even said hello to strangers. You cannot see that in my country because everyone is in a hurry. I had a wonderful time there, and I would like to go back there sometime.

저는 가족과 함께 2년 전 미국에 갔었습니다. 우리는 뉴욕에서 엠파이어스테이트 빌딩, 자유의 여신상을 방문하고 쇼핑을 많이 했습니다. 그리고는 라스베가스로 갔습니다. 저는 사람들이 그곳을 '죄악의 도시'라고도 부르는 것을 보고는 놀랐습니다. 부모님, 특별히 아버지께서는 갬블링을 즐기셨습니다. 아버지께서는 돈을 좀 따셔서 행복해 하셨습니다. 저는 고층건물 꼭대기에서 롤러코스터를 즐겼습니다. 매우 짜릿했습니다. 미국사람들은 매우 좋고 친절해서 낯선 사람에게도 인사를 했습니다. 모든 사람들이 바쁘게 사는 우리나라에서는 볼 수 없는 광경이었습니다. 저는 미국에서 아주 좋은 시간을 가졌고 언젠가 다시 그곳에 가고 싶습니다.

• Advanced Answer

Last spring, I went to Antalya, Turkey, which is located on the coastline of the Mediterranean, with my aunt. We stayed in a five star hotel for a week and toured around the city. Antalya is well known for its beautiful beaches, and many tourists pay a visit every year. I forget the name of a waterfall that I saw, but our tour guide told us that it is the highest fresh-water waterfall that drops directly to the sea. We found out that there was going to be a total solar eclipse, and that we were lucky to be there because Antalya was one of the best spots in the world to observe it. My aunt and I purchased special glasses for the eclipse, and got a very good spot in a café which was located on a cliff. It was a bright sunny day without a speck of clouds. All of a sudden, it started getting darker, and at the peak of the eclipse, it was as dark as nighttime. I enjoyed experiencing this spectacular natural wonder, and took many pictures to share with my family and friends. It was the most memorable event of my life.

지난 봄에 저는 이모와 함께 지중해 해변에 위치한 터키 안탈리아에 갔습니다. 우리는 일주일 동안 5성(星)급 호텔에서 머물면서 그 도시를 둘러보았습니다. 안탈리아는 아름다운 해변으로 잘 알려져 있고 많은 여행객들이 매년 방문을 합니다. 한 폭포를 봤는데 이름이 생각나지는 않지만 우리의 여행 안내자는 그것이 민물폭포 중 바다로 바로 떨어지는 가장 높은 천연폭포라고 말했습니다. 우리는 개기일식이 곧 일어날 것이라는 것을 알게 되었고 우리가 그곳에 있다는 것은 큰 행운이라는 것을 알았습니다. 그 이유는 안탈리아가 세계에서 개기일식을 볼 수 있는 가장 좋은 장소 중에 하나였기 때문이었습니다. 이모와 저는 일식을 구경하기 위해서 특수 안경을 구입했고 절벽에 위치한 한 카페에서 매우 좋은 장소를 찾았습니다. 그날은 구름 한 점 없는 밝은 태양이 있는 날이었습니다. 갑자기 어두워지기 시작했고 일식의 정점에 달했을 때에는 밤같이 어두워졌습니다. 저는 이러한 자연의 장관을 경험할 수 있었고 가족과 친구들에게 보여주기 위해서 사진을 많이 찍었습니다. 제 인생에서 가장 기억에 남는 경험이었습니다.

gambling 노름, 도박 roller coaster 롤러코스터, 갑자기 변하는 사건[행동, 체험] thrilling 오싹하게 하는, 소름이 끼치는, 스릴 만점의 in a hurry 허둥지둥, 급히 Antalya 안탈리아《터키 남쪽 지중해에 있는 관광지》 coastline 해안선 tour n. 유람, 짧은 여행 v. 관광하다 유람하다, 여행하다 waterfall 폭포 solar eclipse 일식 purchase 사다, 구입하다, 구매 spot 반점, 장소 cliff 낭떠러지, 절벽 speck 작은 얼룩[반점, 오점], 아주 작은 조각 ex. not a speck of clouds 구름 한 점 없는 spectacular 장관의, 호화스러운, 극적인 natural wonder 자연의 경이로움

Topic Card 2

Describe your idea of a perfect holiday.
이상적인 휴가에 대한 당신의 생각을 묘사하세요.

You should say:

where it would be
어디에서 보낼지

how long you would stay
얼마 동안 머물지

what activities you would do
어떠한 것들을 할지

and why this would be a perfect holiday for you.
왜 이것이 이상적인 휴가라고 생각되는지

Personal Answer

_____

_____

_____

_____

Standard Answer

My perfect holiday would be going sightseeing. I love experiencing the culture of different countries. Traveling without any sightseeing is not fun for me. I would like to go to unexplored places for a week and learn about some new cultures, try new foods, and make friends with local people. I think it would be a very good experience for me.

제 이상적인 휴가는 관광입니다. 저는 다른 나라들의 문화를 경험하는 것을 좋아합니다. 관광이 없는 여행은 저로서는 재미가 없습니다. 저는 일주일 동안 제가 겪어보지 못했던 장소들을 가보기 원하고 어떤 새로운 문화를 배우고 현지인들을 사귀고 싶습니다. 그것은 저에게 아주 좋은 경험이 될 것이라고 생각합니다.

Advanced Answer

My idea of a perfect holiday is having a vacation on a tropical beach, where I can enjoy beautiful sunshine and take a nap on a hammock. I have been to many countries, and have done a lot of sightseeing, but have never had a restful vacation before. I would like to go to a place like Guam or Hawaii for two weeks, and enjoy some adventurous water sports such as waterskiing, parasailing, snorkeling in the ocean with fish, or boogie boarding. I could definitely use a nap, too.

이상적인 휴가에 대한 제 의견은 아름다운 햇살을 즐길 수 있고 그물 침대에서 낮잠을 잘 수 있는 열대지방의 해변에서 휴가를 갖는 것입니다. 저는 여러 나라를 돌아다녀봤고 관광도 많이 해봤지만 여태껏 한적한 휴가를 가져본 적이 없습니다. 저는 괌이나 하와이 같은 곳에서 2주 동안 수상스키, 패러세일링, 스노클링을 하면서 물고기와 같이 헤엄을 치거나 부기보드와 같은 모험적인 수상스포츠를 즐기고 싶습니다. 낮잠도 저에게는 꼭 필요합니다.

unexplored 아직 탐험되지 않은 tropical 열대의, 열대성의 hammock 해먹, 달아매는 그물침대 restful 편안한, 평온한, 한적한 adventurous 모험을 좋아하는, 모험적인 parasailing 패러세일링《보트[자동차] 등이 끄는 낙하산을 타고 공중으로 날아오르는 스포츠》 snorkel 스노클, 잠수용 튜브, 스노클을 쓰고 수면을 헤엄치다 boogie board (소형) 서프보드(=surfboard) definitely 명확히, 확실히, 그렇고말고

Practice Test

Part 3

Question 1

What dangers can you perceive when you travel?

여행할 때 겪을 수 있는 위험들은 무엇입니까?

• Brainstorming Note

주제: 여행 시 예상되는 위험들
세부 사항: 1. 유괴와 강도 등에 의한 위험　2. 과거에 있었던 여행객 사고
관련 어휘: kidnapping / robbery / disappearance / disaster

 Personal Answer

 Model Answer

There are many dangers that a traveler can perceive. One of the greatest dangers is kidnapping and robbery. In undeveloped countries, tourists are an easy target for thieves and robbers because it is a well known fact that tourists carry large amount of cash with them. In 2006, a Korean man who was traveling in Istanbul, Turkey, vanished without a trace. Nearly a month after his disappearance, his body was found floating on the Bosporus. He was only 27 years old when he died. Travelers, especially women travelers, should take precautions against such disaster.

여행자들이 감지할 수 있는 많은 위험들이 있습니다. 가장 위험한 것 중 하나는 유괴와 강도입니다. 개발도상국에서는 관광객들이 현금을 많이 소지하고 있다는 사실이 잘 알려져 있어 도둑과 강도들에게 쉬운 목표가 됩니다. 2006년 터키 이스탄불에서 여행을 하던 한 한국 남자가 흔적도 없이 사라졌습니다. 그가 실종된지 한 달이 지나서야 그의 시체가 보스포러스 해협에서 떠다니는 것이 발견되었습니다. 그가 사망했을 때 그는 고작 27세였습니다. 관광객들 특히 여성 관광객들은 그런 위험에 대처하도록 사전 주의를 취해야 합니다.

---

perceive 지각하다, 감지하다, 이해하다　kidnap 유괴하다, 납치하다　robbery 강도질, 도둑질, 약탈, 강도사건 *cf.* robber 강도, 도둑　thief 도둑, 절도　vanish 사라지다　trace 흔적, 자취 *ex.* without a trace 흔적도 없이　disappearance 사라짐, 소멸, 실종　float 뜨다, 떠오르다, 띄우다　Bosporus 보스포러스 해협《흑해와 마르마라해가 연결되는 곳》　disaster 재해, 재앙

Question 2

Do you think travel broadens the mind?

여행이 사고(思考)를 넓힌다고 생각합니까?

• Brainstorming Note

주제: 여행이 사고에 미치는 영향
세부 사항: 1. 여행을 통한 정보 습득의 확대   2. 여행이 다양성과 관점에 미치는 영향
관련 어휘: useful information / your view / tolerant / diversity

Personal Answer

Model Answer

From my experience, I can certainly say that it does. When you travel, you get to learn a lot of new things and obtain useful information. It changes your view on many things and it makes you become more tolerant because you know more, so you can understand and accept more diversity.

제 경험으로는 확실히 그렇다고 말할 수 있습니다. 여행할 때에는 새로운 것들을 많이 배우게 되고 유용한 정보를 얻게 됩니다. 그것은 당신이 더 많은 것을 알게 되어서 다양성을 이해하고 수용할 수 있게 되기 때문에 당신의 관점을 변화시키고 더 인내할 수 있도록 만듭니다.

broaden 넓히다 mind 마음, 정신, 생각, 사고 obtain 얻다, 획득하다 tolerant 관대한, 아량이 있는, 내성이 있는 diversity 다양성

Practice Test

Question 3

What are the benefits and negative effects of tourism?

여행의 장단점은 무엇입니까?

• Brainstorming Note

주제: 여행이 미치는 장단점
세부 사항: 1. 경제성장에 관한 여행의 영향   2. 생태계에 미치는 여행의 영향
관련 어휘: benefits of tourism / foreign currency / ecological damage /
national assets

🔊 **Personal Answer**

_____

_____

_____

_____

🔊 **Model Answer**

One of the benefits of tourism is economic growth. Tourism brings in foreign currency. Hotels and bar owners obviously benefit, but so do a lot of other people like restaurants or souvenir shop owners. They all make a good living out of tourism. However, there are some negative effects such as ecological damage. Too many visitors cause too much noise and too much rubbish. Some careless tourists might even damage valuable national assets.

여행의 이로운 점들 중 하나는 경제 성장 입니다. 여행은 외화를 끌어들입니다. 호텔과 술집 주인들은 확실한 이익을 얻게 되고 식당이나 기념품가게 주인 같은 사람들에게도 그렇습니다. 그들 모두 관광에서 이득을 얻습니다. 하지만 생태학적인 파괴와 같은 부정적인 결과도 있습니다. 너무 많은 관광객들은 지나친 소음과 쓰레기를 야기합니다. 무지한 관광객들은 가치있는 국보 문화재를 손상시킬 수도 있습니다.

🔊 **benefit** 이익, 이득 **effect** 결과, 효과 **currency** 통화, 지폐 *ex.* foreign currency 외화 **souvenir** 기념품 **ecological** 생태학의, 생태학적인 **damage** 손해, 피해 **rubbish** 쓰레기 **asset** 자산, 재산

Question 4

Do you prefer to travel alone or with friends? What are some advantages of it?

친구들과 여행하는 것과 혼자 여행하는 것 중 어느 것을 선호합니까? 그것의 장점은 무엇입니까?

● Brainstorming Note

주제: 선호하는 여행의 방법
세부 사항: 1. 친구들과 여행하는 것의 장점   2. 혼자 또는 가족과 하는 여행의 단점
관련 어휘: prefer traveling with friends / scary / adventurous / share the
moment

▬▶ Personal Answer

▬▶ Model Answer

I prefer traveling with friends because it's more fun that way. I have tried many different ways of traveling alone, with family members, and with friends. Traveling alone can be a bit scary sometimes because I don't know what kind of problems I might face in an unfamiliar place. Traveling with parents is a bit boring because they are not as adventurous as my friends, and it is sometimes hard to find things to do together. I find myself having more fun when I travel with my friends. There are many things that we can do to share the moment with each other.

저는 친구들과 여행하는 것이 더 재미있기 때문에 그것을 선호합니다. 저는 혼자 또는 가족들, 그리고 친구들과도 여행을 해보았습니다. 생소한 곳에서는 어떠한 문제와 직면할지 모르기 때문에 혼자 여행하는 것은 때때로 조금 위험할 수 있습니다. 가족들은 친구들처럼 모험적이지 않기 때문에 같이 여행할 때 조금 지루하고 함께 할 일을 찾는 것이 때때로 어렵습니다. 저는 제 자신이 친구들과 여행할 때 더 재미있어 하는 것을 느낍니다. 친구들과 공유할 수 있는 추억들이 많습니다.

▬ scary 두려운, 무서운 unfamiliar 잘 모르는, 익숙하지 않은, 생소한

Practice Test

Question 5

What do you need to do before you go abroad on holiday?

외국으로 휴가를 가기 전에 해야 할 일들은 무엇입니까?

• Brainstorming Note

주제: 외국 여행 시 준비사항
세부 사항: 1. 필요한 여권 및 비자 취득   2. 유용한 정보 수집과 인터넷의 이용
관련 어휘: passport and visa / do some research / use the Internet / get
the best out of trip

Personal Answer

_____

_____

_____

_____

Model Answer

There are many things I have to do before I go abroad. The first thing is preparing a passport and getting the proper visa. Then I have to do some research to obtain useful information such as the weather, the culture, and the necessities to bring with me. Before I go on a trip, I always use the Internet to obtain information and try to get the best out of my trip.

외국에 가기 전에 해야 할 일이 많습니다. 첫 번째 일은 여권을 준비하고 적절한 비자를 얻는 것입니다. 그리고 나서는 날씨나 문화, 그리고 가져가야 할 필수품들과 같은 유용한 정보를 수집해야 합니다. 여행을 하기 전 저는 정보를 얻기 위해서 늘 인터넷을 이용하고 최고의 여행이 되도록 노력합니다.

abroad 해외로, 해외에 *ex.* go abroad 해외로 가다 **passport** 여권 **proper** 적당한, 알맞은, 예의 바른 **research** 연구, 조사 **necessity** 필수품, 필요성 **get the best out of** 최대한 활용하다(=take full advantage of)

● Model Answers p.424

More Questions

1 How do you think holidays will change in the next 10 years?

다음 10년 동안 휴가가 어떻게 변화할 거라고 생각합니까?

🔊 **Personal Answer**

2 Why do people need to have vacations?

사람들은 왜 휴가가 필요합니까?

🔊 **Personal Answer**

3 What can limit the growth of tourism in the future?

어떤 것들이 앞으로 관광의 성장을 제한할 수 있습니까?

🔊 **Personal Answer**

4 How have people's expectations about holidays changed over the last 20 years?

지난 20년 동안 휴가에 대한 사람들의 기대는 어떻게 변해왔습니까?

🔊 **Personal Answer**

5 How is the tourism industry in your country today different from 50 years ago?

당신의 나라의 관광 산업은 50년 전과 어떻게 다릅니까?

🔊 **Personal Answer**

Check Vocabularies & Phrases

- **interest** 흥미를 일으키게 하다, 관심을 갖게 하다

- **fascinating** 매혹적인, 홀홀한, 아주 재미있는

- **can't wait to** 간절히 ~하고 싶다,
  너무 ~하고 싶어서 기다릴 수 없다

- **nap** 낮잠

- **eat out** 외식하다

- **relieve** 경감하다, 덜다
  ex. relieve stress 스트레스를 덜다, 스트레스를 풀다

- **tour** 관광, 관광하다, 걸어 돌아다니다

- **complete** 완벽한, 완전한

- **sightseeing** 관광, 유람

- **facility** 설비, 시설, 편의

- **provide** 제공하다

- **state-of-the-art** 최신식의

- **equipment** 시설, 도구

- **get the best out of** ~을 가장 잘 이용하다

- **brochure** 소책자, 가제본한 책

- **delicious** 맛있는, 향기로운

- **take time off** ~하기 우 해서 시간을 내다
  cf. take time off work 휴가를 내다

- **lucky to** (~하게 되어서) 운이 좋다.

- **opportunity** 기회

- **freelancer** 프리랜서

- **restrict** 제한하다, 한정하다

- **nearby** a. 가까운 ad. 가까이로, 가까이에

- **once every two months** 두 달에 한 번씩
  cf. once every other day 이틀에 한 번

- **prefer** 선호하다, 오히려 ~을 좋아하다

- **motion sickness** 멀미

- **privacy** 사생활, 개인적 자유, 프라이버시

- **on the road** 여행 도중에

- **sing along** 노래를 따라 부르다

- **traffic jam** 교통 정체

- **be fatigued with** ~으로 지치다

- **be exposed to** ~에 노출되다,
  ~ 드러내어져 있다, (집이) ~을 향하고 있다

- **the public** 공중, 일반 사람들, 대중

- **precaution** 조심, 경계

- **suffer from** ~을 앓다, 병들다

- **jet lag** (비행의) 시차로 인한 피로

- **tourist attraction** 관광 명소

- **biblical** 성경의, 성경에서 나온

- **background** 배경

- **Ephesus** 에베소《소아시아 서부의 옛 도시
  Artemis[Diana] 신전의 소재지》

- **Cappadocia** 갑바도기아《터키 중앙에 있는
  기독교 배경의 옛 도시》

- **Mediterranean** 지중해의

- **coexist** (동일 장소에) 동시에 존재하다,
  ~와 공존하다

- **mind** n. 마음, 정신 v. (부정 · 의문 · 조건문에서) 신
  경 쓰다, 꺼림직하게 생각하다, 싫어하다

- **gambling** 노름, 도박

- **roller coaster** 롤러코스터, 갑자기 변하는 사건
  [행동, 체험]

- **thrilling** 오싹하게 하는, 소름이 끼치는, 스릴 만점의

- **in a hurry** 허둥지둥, 급히

- **Antalya** 안탈리아 터키 남쪽 지중해에 있는 관광지

- **coastline** 해안선

- **tour** 관광하다, 유람하다, 여행하다, 유람, 짧은 여행

- ☐ **waterfall** 폭포
- ☐ **solar eclipse** 일식
- ☐ **purchase** 사다, 구입하다, 구매
- ☐ **spot** 반점, 장소
- ☐ **cliff** 낭떠러지, 절벽
- ☐ **speck** 작은 얼룩 · 반점, 오점, 아주 작은 조각
  ex. not a speck of clouds 구름 한 점 없는
- ☐ **spectacular** 장관의, 호화스러운, 극적인,
  장시간의 호화 쇼, 초대작
- ☐ **natural wonder** 자연의 경이로움
- ☐ **unexplored** 아직 탐험되지 않은
- ☐ **tropical** 열대의, 열대성의
- ☐ **hammock** 해먹, 달아매는 그물침대
- ☐ **restful** 편안한, 평온한, 한적한
- ☐ **adventurous** 모험을 좋아하는, 모험적인
- ☐ **parasailing** 패러세일링《보트[자동차] 등이 끄는
  낙하산을 타고 공중으로 날아오르는 스포츠》
- ☐ **snorkel** 스노클, 잠수용 튜브, 스노클을 쓰고
  수면을 헤엄치다
- ☐ **boogie board** (소형) 서프보드(=surfboard)
- ☐ **definitely** 명확히, 확실히, 그렇고말고
- ☐ **perceive** 지각하다, 감지하다, 이해하다
- ☐ **kidnap** 유괴하다, 납치하다
- ☐ **robbery** 강도질, 도둑질, 약탈, 강도사건
  cf. robber 강도, 도둑
- ☐ **thief** 도둑, 절도
- ☐ **vanish** 사라지다
- ☐ **trace** 흔적, 자취 *ex.* without a trace 흔적도 없이
- ☐ **disappearance** 사라짐, 소멸, 실종
- ☐ **float** 뜨다, 떠오르다, 띄우다

- ☐ **Bosporus** 보스포러스 해협
  《흑해와 마르마라해가 연결되는 곳》
- ☐ **disaster** 재해, 재앙
- ☐ **broaden** 넓히다
- ☐ **mind** 마음, 정신, 생각, 사고
- ☐ **obtain** 얻다, 획득하다
- ☐ **tolerant** 관대한, 아량이 있는, 내성이 있는
- ☐ **diversity** 다양성
- ☐ **benefit** 이익, 이득
- ☐ **effect** 결과, 효과
- ☐ **currency** 통화, 지폐
  ex. foreign currency 외화
- ☐ **souvenir** 기념품
- ☐ **ecological** 생태학의, 생태학적인
- ☐ **damage** 손해, 피해
- ☐ **rubbish** 쓰레기
- ☐ **asset** 자산, 재산
- ☐ **scary** 두려운, 무서운
- ☐ **unfamiliar** 잘 모르는, 익숙하지 않은, 생소한
- ☐ **abroad** 해외로, 해외에 *ex.* go abroad 해외로 가
  다
- ☐ **passport** 여권
- ☐ **proper** 적당한, 알맞은, 예의 바른
- ☐ **research** 연구, 조사
- ☐ **necessity** 필수품, 필요성
- ☐ **get the best out of** 최대한 활용하다
  (=take full advantage of)

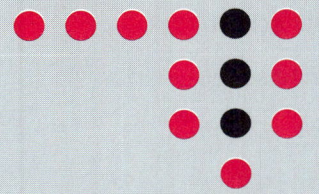

Chapter 5

Places

Chapter 5에 나오는 Part별 질문 미리보기

•Part 1   Questions

1. What place do you like to visit the most?
2. Do you like museums?
3. What places in your country should a foreigner visit? Why?
4. Are there any special places in the world that you want to pay a visit?
5. What places in your country do you like best? Why?

•Part 2   Topic Cards

1. Describe a museum you have visited.
   You should say:
   where it is
   why you went there
   what you particularly remember about the place
   and what you liked and disliked about the place.

2. Describe a place that is very special to you.
   You should say:
   where it is
   what it is like there
   how often you go there
   how you feel when you are there
   and why this place is important to you

•Part 3   Questions

1. What makes a place attractive: people, food, weather, or scenery?
2. What is your feeling when you see old architecture and historical buildings disappearing rapidly?
3. How do you feel about graffiti? Do you think it is art or vandalism?
4. What sort of places will be of interest to people in the future?
5. What do you think could be done to make museums more enjoyable?

01 제가 좋아하는 과목이 역사이기 때문에 저는 긴 역사를 지닌 도시들을 방문하는 것을 좋아합니다.

I like _____ cities with a long _____ because history is my _____ subject.

02 현대식 오락물들을 지닌 도시들은 저에게 그다지 흥미롭지가 않습니다.

Cities with _____ entertainment don't _____ me too much.

03 저는 박물관을 방문하고 다른 나라의 전통들을 배우는 것을 즐깁니다.

I like going to _____ and learning about another country's _____.

04 저희들은 박물관에서 종종 체험 교육을 하곤 했습니다.

We used to ____ field trips to _____.

05 요즘의 박물관들은 과거의 것들보다 더 우수합니다.

Museums _____ days are _____ than the ones in the ____.

06 저는 그것들을 더욱 면밀히 관찰하고 더 많이 배우기를 원합니다.

I would like to _____ them up ____ and learn ____ about them.

07 지방 사람들은 큰 도시의 사람들과는 달랐습니다.

The _____ were also _____ from the people in ___ cities.

08 저는 많은 아름다운 고대의 조각들을 볼 수 있게 되어서 기뻤습니다.

I was very _____ to see a number of beautiful _____ sculptures.

09 제가 플로렌스 지방에서 방문했던 박물관에 대해서 이야기하고 싶습니다.

I _____ like to ___ about the _____ that I went to in Florence.

10 그것은 제가 본 것 중 가장 흥미로웠던 박물관입니다.

It was the most _____ museum that I enjoyed _____ around.

11 그것의 주위를 둘러싸고 있는 세계 각국의 방문객들을 보고 그 예술품이 얼마나 유명한 작품인지 짐작할 수 있었습니다.

I _____ how famous a work of art it was by looking at many _____ from different parts of the world _____ it.

12 한 가지 확실한 사실은 제가 그 장소를 정말로 좋아하고 언젠가는 특별한 사람과 같이 다시 그 장소를 방문하고 싶다는 것입니다.

One thing I know for sure is that I love that _____ dearly, and that I hope to ____ that place _____ with someone special.

13 그들은 저를 초대해 집에서 만든 음식을 대접하고 그들의 문화를 가르쳐 줍니다.

They _____ me to their house for home-cooked food and _____ me their culture.

14 우리 삶의 중요한 부분인 역사적인 사실을 잃어버리는 것처럼 느껴집니다.

It feels like _____ a piece of history that is an _____ part of our ____.

15 사람들은 편리성을 제공하는 새로운 건물들에만 관심을 가지고 있습니다.

People are only _____ with the newest buildings that can provide _____ to them.

16 우리는 나중에 우리의 역사를 잊어버리고 다음 세대에 넘겨줄 어떤 것도 갖고 있지 않을지도 모릅니다.

We will _____ about our _____ someday and we will have _____ to hand over to our offspring.

17 사람들은 도시 생활에 더욱 익숙하게 되어 가고 있습니다.

People are _____ more and more used to ____ life.

18 그들은 시골의 우수한 광경들을 구경하는 것을 즐거움으로 느낄 수 있습니다.

They can take _____ in looking at great _____ of the countryside.

19 박물관을 더욱 매력적으로 만들 수 있는 첫 번째 방법은 실내 장식을 바꾸는 것입니다.

____ thing that could be done to make museums more _____ is changing the _____.

20 정부는 그 벽들의 적절한 색깔을 고르는 것에 초점을 맞추어야 합니다.

The _____ should _____ on choosing an _____ color of the walls.

Answer

01	visiting, history, favorite		11	realized, tourists, surrounding
02	modern, interest		12	place, visit, someday
03	museums, traditions		13	invite, teach
04	take, museums		14	losing, important, lives
05	these, better, past		15	concerned, convenience
06	observe, close, more		16	forget, history, nothing
07	locals, different, big		17	becoming, city
08	happy, ancient		18	pleasure, views
09	would, talk, museum		19	First, attractive, interior
10	interesting, looking		20	government, focus, appropriate

Warm-up

Speak up-step1

■ 인칭 변화가 가능한 경우와 인칭 변화가 가능하지 않은 경우의 각각의 연습 순서대로 말해보세요.

1. 인칭 변화가 가능한 경우: 다음의 인칭 변화 순서대로 연습하는 것이 효과적입니다.

●━ 5단계 인칭 변화 연습 순서

Statement	Question	No Answer	Yes Answer
(1) you	(1) you	(1) I	(1) I
(2) he	(2) he	(2) he	(2) he
(3) we ▶▶	(3) we ▶▶	(3) we ▶▶	(3) we
(4) she	(4) she	(4) she	(4) she
(5) they	(5) they	(5) they	(5) they

▶ 주의 1 지금부터 나오는 문장은 반드시 큰 소리로 읽어주세요.

▶ 주의 2 아래의 문장들은 빈칸 채워 넣기의 연습이 아니고 바로 입으로 말할 수 있게 하는 스피킹 연습이므로 머뭇거림 없이 말할 수 있을 때까지 연습해야 합니다.

• 밑줄친 부분을 5단계 인칭 변화에 따라 바꾸어 주세요.

Ex 1. I like visiting cities with a long history.

Statement (평서문)

(1) you   You like visiting cities with a long history.

(2) he   He likes visiting cities with a long history.

(3) we   We _____.

(4) she   She _____.

(5) they   They _____.

Question (의문문)

(1) you   Do you like visiting cities with a long history?

(2) he   Does he like visiting cities with a long history?

(3) we   _____?

(4) she   _____?

(5) they   _____?

No Answer (부정문)

(1) I   No, I don't like visiting cities with a long history.

(2) he   No, _____.

(3) we   No, _____.

(4) she   No, _____.

(5) they No, _____.

Yes Answer (긍정문)

(1) I   Yes, I like visiting cities with a long history.

(2) he   Yes, _____.

(3) we   Yes, _____.

(4) she   Yes, _____.

(5) they Yes, _____.

2. 인칭 변화가 가능하지 않은 경우: 다음의 순서대로 연습해주세요.

Statement ▶▶ Question ▶▶ No Answer ▶▶ Yes Answer

Ex 2. Museums these days are better than the ones in the past.

Statement (평서문)

Museums these days are better than the ones in the past.

Question (의문문)

Are museums these days better than the ones in the past?

No Answer (부정문)

No, museums these days aren't better than the ones in the past.

Yes Answer (긍정문)

Yes, museums these days are better than the ones in the past.

Warm-up

■ 밑줄이 있는 문장들은 아래 인칭 변화가 가능한 경우의 5단계 인칭 변화 연습 순서를 따라 하시고 밑줄이 없는 문장은 인칭 변화가 가능하지 않은 경우의 연습 순서대로 하세요.

1. 인칭 변화가 가능한 경우

● **5단계 인칭 변화 연습 순서**

Statement	Question	No Answer	Yes Answer
(1) you	(1) you	(1) I	(1) I
(2) he	(2) he	(2) he	(2) he
(3) we ▶▶	(3) we ▶▶	(3) we ▶▶	(3) we
(4) she	(4) she	(4) she	(4) she
(5) they	(5) they	(5) they	(5) they

2. 인칭 변화가 가능하지 않은 경우

Statement	▶▶	Question	▶▶	No Answer	▶▶	Yes Answer

▶주의 1 큰 소리로 읽어 주세요.

▶주의 2 첫 문장을 먼저 외우고 나서 그 다음부터는 문장을 보지 말아야 합니다.

▶주의 3 외워진 문장을 위의 문장 변화 연습 순서만 보고 말할 수 있어야 합니다.

• 밑줄 친 부분의 단어는 인칭 변화가 가능합니다.

01 I like visiting cities with a long history.

02 Cities with modern entertainment don't interest me too much.

03 I like learning about another country's traditions.

04 I used to take field trips to museums.

05 Museums these days are better than the ones in the past.

06 I would like to observe them up close.

07 The locals are different from the people in big cities.

08 I am very happy to see a number of beautiful ancient sculptures.

09 I would like to talk about the museum that I went to in New York.

10 It was the most interesting museum that I enjoyed looking around.

11 I realized how famous a work of art it was by looking at the many tourists around it.

12 One thing that I know for sure is that I love that place dearly.

13 They invited me to their house for home-cooked food.

14 It feels like losing a piece of history that is an important part of our lives.

15 I am concerned with the newest buildings.

16 We will have nothing to hand over to our offspring.

17 I am becoming more and more used to city life.

18 I can take pleasure in looking at great views of the countryside.

19 The first thing that could be done to make museums more attractive is changing the interior.

20 I should focus on choosing an appropriate color of the walls.

● 정답은 www.nexusbook.com 에서 확인하실 수 있습니다.

Practice Test

**Part 1**

**Question 1**

What place do you like to visit the most?

당신은 어떤 곳을 가장 방문하고 싶습니까?

🔲 **Personal Answer**

_____

_____

_____

🔴 **Standard Answer**

I like visiting cities with a long history because history is my favorite subject. Cities with modern entertainment don't interest me too much. I like touring around the ruins of ancient cities. I also like going to museums and learning about another country's traditions.

제가 가장 좋아하는 과목이 역사라서 저는 오랜 역사를 가진 도시들을 방문하는 것을 좋아합니다. 현대적인 오락시설을 가진 도시들은 별로 저의 관심을 사지 못합니다. 저는 고대 도시들의 폐허를 둘러보는 것을 좋아합니다. 또한 박물관에 가고 다른 도시의 전통을 배우는 것을 좋아합니다.

🔴 **Advanced Answer**

I like places where I can enjoy beautiful views such as the top of a cliff, or the beach. I especially like looking at the horizon of an ocean because it soothes me and makes me feel peaceful. I also like many water sports, and that's why I prefer places by the sea.

저는 절벽이나 해변과 같은 아름다운 경치를 즐길 수 있는 곳을 좋아합니다. 특히 수평선을 바라보는 것을 좋아하는데 그 이유는 저를 진정시키고 편안함을 느끼게 하기 때문입니다. 또한 저는 여러 수상스포츠를 좋아하는데 이것이 제가 해변을 선호하는 이유입니다.

🔴 modern 현대의 entertainment 오락, 연예 ruin *pl.* 폐허, 옛터 horizon 수평선, 지평선 soothe 달래다, 진정시키다

Do you like museums?

박물관을 좋아합니까?

Personal Answer

Standard Answer

No, I don't. Museums are very boring. When I was young, we used to take field trips to museums, and I dreaded those days. Museums these days are better than the ones in the past, but I take no joy in visiting such places because I am not into art or history.

아뇨, 좋아하지 않습니다. 박물관은 매우 지루합니다. 제가 어렸을 때 박물관으로 견학을 가곤 했는데 저는 끔찍이 싫어했습니다. 요즘 박물관은 옛날보다 더 좋아졌지만 저는 예술이나 역사에 문외한이라서 그런 장소들을 방문하는 것을 좋아하지 않습니다.

Advanced Answer

Yes, as you know, there are many different types of museums. I enjoy visiting art museums and seeing famous work of well known artists such as Leonardo Da Vinci, Monet, and Picasso. I also like visiting history museums because I can learn a lot about history and appreciate the development of our society.

예, 아시다시피 여러 종류의 박물관이 있습니다. 저는 예술박물관에 가서 레오나르도 다빈치, 모네, 피카소와 같은 유명한 예술가들의 명작을 감상하는 것을 좋아합니다. 저는 또한 역사박물관을 방문하는 것을 좋아하는데, 그 이유는 역사에 대해 배울 수 있고 우리 사회의 발전에 대해서 고마움을 느낄 수 있기 때문입니다.

field trip 현장 견학   dread 무서워하다, 꺼리다, 염려하다   take joy in ~하는데 즐거움을 느끼다   appreciate 진가를 인정하다, 높이 평가하다, 고맙게 생각하다   development 발전, 발달

Practice Test

Question 3

What places in your country should a foreigner visit? Why?

당신의 나라에서 외국인들이 방문해야 할 곳은 어디입니까? 이유는 무엇입니까?

Personal Answer

Standard Answer

I think that a foreigner should see Minsokchon. It is located just outside of Seoul. It is a Korean traditional village. Tourists can experience the old lifestyle of Korean people there. They can also taste different Korean traditional foods and buy souvenirs.

저는 외국인이라면 민속촌을 보아야 한다고 생각합니다. 민속촌은 서울 외곽에 있습니다. 그곳은 한국 전통마을입니다. 그곳에서는 한국인의 옛날의 생활모습을 경험할 수 있습니다. 또한 색다른 한국 전통음식을 맛볼 수 있고 기념품도 살 수 있습니다.

Advanced Answer

I think all foreigners who come to visit Korea should stop by Minsokchon, which is a reconstructed Korean traditional village. It is located just outside of Seoul in a city called "Yong-in." There, you can do many activities, such as play traditional games, or taste different traditional foods like Pajeon, the Korean pancake with scallions. It may sound strange, but it actually tastes great! You can also see the architecture of traditional Korean buildings and learn about our traditions.

저는 한국을 방문하는 모든 외국인들이 복원된 한국 전통마을인 민속촌을 방문해야 한다고 생각합니다. 민속촌은 서울 외곽에 있는 '용인'이라는 도시에 있습니다. 그곳에서 전통놀이와 같은 여러 활동을 즐길 수 있고 파를 넣어 만든 파전과 같은 색다른 전통음식을 맛볼 수 있습니다. 또한 한국의 전통 건물을 볼 수 있고 우리 문화에 대해서도 배울 수 있습니다.

village 마을 **lifestyle** (개성적) 생활양식 **souvenir** 기념품 **stop by** 들르다, 방문하다 **reconstruct** 재건하다, 재현하다 **scallion** 파 **strange** 이상한, 낯선 **architecture** 건축(술), 건축학, 건축양식

Are there any special places in the world that you want to pay a visit?

세계에서 당신이 방문하고 싶은 특별한 장소가 있습니까?

Personal Answer

Standard Answer

Yes, I want to go on a safari in Africa. I love animals, especially big cats. I would like to observe them up close and learn more about them. I can also see other animals, such as giraffes, zebras, and even hyenas. I often enjoy watching documentaries on lions or leopard cubs. Africa is very far from where I live, but I hope to pay a visit someday.

네, 저는 아프리카의 사파리에 가고 싶습니다. 저는 동물들을 좋아하는데 특별히 큰 고양이과의 동물들을 매우 좋아합니다. 그들을 가까이에서 관찰하고 그들에 대해 많은 것을 배우고 싶습니다. 기린, 얼룩말, 심지어 하이에나와 같은 다른 동물들도 볼 수 있을 것입니다. 저는 자주 사자나 표범새끼들에 대한 다큐멘터리를 보는 것을 즐깁니다. 아프리카는 제가 사는 곳에서 아주 멀지만 언젠가는 그곳을 방문하고 싶습니다.

Advanced Answer

Yes, I am very interested in the Seven Wonders of the World. I have been to the Temple of Artemis in Ephesus and the Statue of Kroisos in Rodhos already, and I would like to visit some of the other wonders such as the Pyramids in Egypt or the Great Wall in China. It is amazing to see the great achievements that ancient people have built with their engineering technology.

네, 저는 세계 7대 불가사의에 관심이 많습니다. 저는 이미 에베소의 아르테미스 신전과 로도스의 크로이소스상을 방문했고 이집트의 피라미드나 중국의 만리장성 같은 다른 불가사의를 방문하고 싶습니다. 고대 사람들의 기술로 세웠던 위대한 업적을 보는 것은 놀랍습니다.

pay a visit 방문하다 **big cats** 고양이과에 속하는 동물 *ex.* lions, tigers, leopards etc. 사자, 호랑이, 표범 등 **giraffe** 기린 **zebra** 얼룩말 **hyena** 하이에나 **leopard** 표범 **cub** 새끼 **the Seven Wonders of the World** 세계 7대 불가사의 **temple** 사원 **achievement** 달성

Practice Test

Question 5

What places in your country do you like best? Why?

당신의 나라에서 당신이 가장 좋아하는 곳은 어디입니까? 이유는 무엇입니까?

▬◗ Personal Answer

▬◗ Standard Answer

I like Jeju Island the best. It is located in the southern part of Korea. I went there with my family last year. When I arrived, I felt like I was in a foreign country because there were many palm trees, and the weather was warmer. People in Jeju are very friendly and helpful. I toured around the city, and climbed up to the top of Halla Mountain. There were lots of flowers and the view was fantastic.

저는 제주도를 가장 좋아합니다. 제주도는 한국의 남쪽에 있습니다. 저는 작년에 가족과 그곳에 다녀왔습니다. 도착했을 때 야자수 나무들이 많았고 날씨도 따뜻해서 꼭 외국에 온 것처럼 느껴졌습니다. 제주도 사람들은 매우 친절하고 우호적이었습니다. 저는 도시 관광을 했고 한라산 정산까지 등산했습니다. 꽃이 매우 많았고 경치가 환상적이었습니다.

Among the places I have been to, Jeju Island was the best. My family and I went there last year for our family vacation. My first impression of Jeju was that it was very different from other places in Korea. It had an exotic atmosphere with palm trees and a warmer climate. The locals were also different from the people in big cities; they were very friendly and helpful. My parents and I enjoyed visiting many tourist areas such as Halla Mountain, tangerine farms, and a folk village. I especially enjoyed climbing up to the top of Halla Mountain. The dandelions and other wild flowers were decorating the trails, and they were in full bloom at their best. The scenery while climbing was indescribable.

제가 갔던 장소들 중에서 제주도가 가장 좋았습니다. 저희 가족과 저는 작년에 제주도로 가족여행을 다녀왔습니다. 제주도의 첫 인상은 한국의 다른 장소들과 달랐습니다. 야자수와 따뜻한 기후로 이국적인 느낌이 났습니다. 그 지역 사람들도 대도시에 있는 사람들과는 달랐습니다. 그들은 매우 친절하고 우호적이었습니다. 부모님과 저는 한라산, 감귤농장, 민속마을 같은 관광지들을 방문하는 것을 즐겼습니다. 저는 특히 한라산 정상으로 등산하는 것을 즐겼습니다. 민들레와 다른 야생화들이 길을 장식하고 꽃들이 활짝 피어있었습니다. 등산할 때의 경치는 말로 표현할 수 없을 정도로 아름다웠습니다.

be located in ~에 위치하다 palm tree 야자나무 climate 기후 fantastic 환상적인 exotic 이국적인 atmosphere 대기, 공기, 분위기 local 공간의, 지방의 cf. the locals 지방민 tangerine 탕헤르 오렌지(나무), 귤 folk village 민속마을 dandelion 민들레 in full bloom 활짝 피어 at their best 한창, 만발 indescribable 형언할 수 없는, 말로 표현할 수 없는

 *Practice Test*

Part 2

Topic Card 1

Describe a museum you have visited.
당신이 방문했던 박물관을 묘사하세요.

You should say:

where it is
어디에 있는지

why you went there
왜 그곳에 갔는지

what you particularly remember about the place
그곳에 대해서 특별히 무엇을 기억하는지

and what you liked and disliked about the place.
그리고 당신이 좋아했던 점과 싫어했던 점이 무엇인지

▬▬ Personal Answer

_____

_____

_____

_____

▬▬ Standard Answer

I have been to a museum in Florence. I went there when I was in 12th grade. It was for my senior trip. When I went through the entrance, I saw a huge sculpture. I looked closely and found out that it was the sculpture of David by Michelangelo. Many foreign tourists surrounded it and were taking pictures of it. I was very happy to see a number of beautiful ancient sculptures, and I enjoyed my time there very much.

저는 플로렌스에 있는 박물관에 간 적이 있습니다. 제가 12학년이었을 때 그곳에 갔습니다. 저의 졸업여행을 위해서 였습니다. 박물관의 입구를 들어갔을 때 거대한 조각상을 보았습니다. 가까이 가서 봤을 때 그것이 미켈란젤로의 다비드상이라는 것을 발견했습니다. 많은 외국인 관광객들이 조각상을 둘러싸고 사진을 찍고 있었습니다. 저는 아름다운 고대의 조각상들을 볼 수 있어서 너무 행복했고 그곳에서 좋은 시간을 가졌습니다.

Advanced Answer

I would like to talk about the museum that I went to in Florence, Italy, for my senior trip in high school. Unfortunately, I don't remember the exact name of the museum, but it was the most interesting museum that I enjoyed looking around. The most amazing thing that I saw was the huge sculpture of David by Michelangelo that I had only seen on TV documentaries or in art textbooks. It was over 5 meters tall, in marble, and had a very vivid silhouette. I realized how famous a work of art it was by looking at many tourists from different part of the world surrounding it. I also saw many other ancient sculptures, but all the names of the sculptures were in Italian, and I couldn't identify them. I loved visiting that museum because it made me wonder how artists were able to vividly express something with a big mass of marble.

고등학교 졸업여행으로 갔던 이탈리아의 플로렌스에 있는 박물관에 대해서 이야기하고 싶습니다. 안타깝게도 그 박물관의 정확한 이름이 기억나지 않지만 제가 즐거워 했던 가장 흥미로운 박물관이었습니다. 제가 봤던 가장 놀라운 것은 TV 다큐멘터리나 예술서적으로만 보아왔던 미켈란젤로의 커다란 다비드상이었습니다. 그 조각상은 5미터가 넘었고 대리석으로 만들어졌으며, 매우 생동감있는 실루엣을 하고 있었습니다. 저는 세계 여러 곳에서 온 많은 관광객들이 그것을 둘러싸고 있는 것을 보고 그것이 얼마나 유명한 예술작품인지 깨달았습니다. 저는 또한 많은 고대의 조각상들을 봤지만 이름이 이탈리아어로 되어 있어서 알 수가 없었습니다. 저는 예술가들이 어떻게 큰 대리석 덩어리를 사용하여 사물들을 생동감있게 표현할 수 있었는지 의아해 하면서 그 박물관에서 아주 좋은 시간을 가졌습니다.

particularly 특히, 각별히 Florence 플로렌스《이탈리아 중부의 도시 Firenze》 senior trip 졸업여행 entrance 입구 sculpture 조각, 조각물, 조각을 하다 surround 둘러싸다 take a picture of (다른 사람·사물의) 사진을 찍다 cf. have a picture taken (다른 사람이) 자신의 사진을 찍게 하다 exact 정확한, 엄격한 huge 거대한 marble 대리석 vivid 생생한, 선명한, (성격이) 발랄한 silhouette 실루엣, 윤곽 identity 동일함, 일치, 신원

Practice Test

Topic Card 2

Describe a place that is very special to you.

당신에게 매우 특별한 장소를 묘사하세요.

You should say:

where it is
어디에 있는지

what it is like there
그곳은 어떠한지

how often you go there
그곳에 얼마나 자주 가는지

how you feel when you are there
그곳에 있을 때 어떻게 느끼는지

and why this place is important to you
그리고 이곳은 당신에게 왜 중요한 장소인지

▣ Personal Answer

_____

_____

_____

_____

_____

▣ Standard Answer

A place that is very special to me is Namsan. It is a mountain in the center of Seoul. There is a beautiful tower at the top of the mountain. I can climb up to the peak, or I can ride the cable car. When I was young, my family used to drive up to the top and enjoy the beautiful scenery. I can also see a great night view of Seoul there. I always feel very happy and peaceful there. It is also an important place for me because my husband proposed to me in the tower while we were having dinner. It was very romantic. That's why Namsan is such a special place for me.

저에게 특별한 장소는 남산입니다. 남산은 서울의 중앙에 있는 산입니다. 산 정상에는 아름다운 타워가 있습니다. 정상까지 등산을 하거나 케이블카를 탈 수도 있습니다. 제가 어렸을 때 저희 가족은 정상까지 차를 타고 올라가곤 했고, 아름다운 경치를 즐겼습니다. 그곳에서는 서울의 아름다운 야경도 볼 수 있습니다. 저는 그곳에서 늘 행복과 평화로움을 느낍니다. 그곳은 또한 제 남편이 저녁을 먹으면서 제게 프로포즈를 했던 아주 중요한 장소입니다. 그때는 매우 낭만적이었습니다. 그것이 남산이 저에게 특별한 장소인 이유입니다.

■● Advanced Answer

When I was studying abroad, I often used to drive up to the hill located in the back of my university. There was a place where I could park my car and look down at the entire city. The view during the day wasn't very interesting, but the night view was incredible. I used to go up there when I felt stressed out, needed some ideas, or when I just wanted to get some fresh air. I don't exactly know what it is about that place that made me feel calm and refreshed. But one thing I know for sure is that I loved that place dearly, and that I hope to visit that place someday with someone special.

제가 외국에서 유학 중이었을 때 저는 종종 우리학교 뒤에 있는 언덕으로 차를 몰고 가곤 했습니다. 그곳은 제가 차를 주차시키고 도시 전체를 내려다 볼 수 있는 곳이었습니다. 낮 경치는 흥미롭지 않았지만 야경은 믿을 수 없을 정도로 아름다웠습니다. 저는 스트레스가 쌓였을 때나, 생각이 필요할 때, 또는 그저 바람을 쐬고 싶을 때 그곳에 올라가곤 했습니다. 저는 정확하게 그 장소가 왜 저를 편안하게 하고 원기를 회복시켜 주는지 모르지만 확실한 것은 제가 그곳을 정말 좋아하고 특별한 누군가와 언젠가 그곳을 다시 방문하기를 원한다는 것입니다.

at the top of 정상에서, 꼭대기에서   **propose to** 청혼하다, 제의하다, 제출하다   **incredible** 놀라운, 굉장한, 믿어지지 않는   **stressed out** 스트레스로 지친, 스트레스가 쌓인   **refresh** 상쾌하게 하다, 새롭게 하다   **dearly** 극진히, 끔찍이, 깊이, 값비싸게

Practice Test

Question 1

What makes a place attractive: people, food, weather, or scenery?

사람, 음식, 기후 또는 경치 중 어떤 것이 한 장소를 매력적으로 만듭니까?

● Brainstorming Note

주제: 특정 장소를 매력적으로 만드는 가장 중요한 요소
세부 사항: 1. 여러 가지 요소들의 균형   2. 문화적인 교류에 대한 개인적인 선호
관련 어휘: well-balanced / get to know the locals / invite me to their homes / culture

Personal Answer

Model Answer

I think in order for a place to be attractive, everything needs to be well-balanced: friendly locals, delicious food, beautiful weather, and great scenery. I like it when I can get to know the locals and become friends with them. I also like it when they invite me to their homes for their home-cooked food and teach me their culture.

한 장소가 매력적이기 위해서는 우호적인 지역 사람들, 맛있는 음식, 아름다운 기후, 그리고 좋은 경치와 같은 모든 것이 균형을 이루어야 한다고 생각합니다. 저는 그 지역 사람들을 알게 되고 친구가 될 때가 좋습니다. 또한 저는 그 사람들이 저를 그들의 집으로 초대해서 집에서 손수 만든 음식을 제공하고 그 사람들의 문화에 대해 가르쳐 줄 때가 참 좋습니다.

attractive 사람의 마음을 끄는, 매력적인 balanced 균형이 잡힌 get to know 서로를 알게 되다, 지내보다

Question 2

What is your feeling when you see old architecture and historical buildings disappearing rapidly?

고대 건축과 역사적인 건물들이 급속하게 사라지는 것을 볼 때 당신의 느낌은 어떻습니까?

• Brainstorming Note

주제: 과거 건축물들의 급속한 쇠퇴에 관한 의견
세부 사항: 1. 역사적인 건물의 파괴에 관한 부정적인 면
          2. 역사적인 건물 파괴의 결과
관련 어휘: demolition / losing a piece of history / convenience / offspring

---

▬▬ Personal Answer

▬▬ Model Answer

I must say that the demolition of historical buildings saddens me. It feels like losing a piece of history that is an important part of our lives. With the development of technology, people are only concerned with the newest buildings that can provide convenience to them. If we continue to demolish old buildings, I'm afraid that we will forget about our history someday and we will have nothing to hand over to our offspring.

단언하건대, 역사적인 건물의 파괴는 저를 슬프게 합니다. 우리 삶의 중요한 부분인 역사의 한 부분을 잃어버리는 것 같이 느껴집니다. 기술의 발전과 함께 사람들은 편리함을 제공하는 최신 건물들에만 관심을 가집니다. 만약에 우리가 계속 오래된 건물을 파괴한다면 언젠가는 우리의 역사에 대해서 잊게 되고 우리 후손들에게 물려줄 것이 아무것도 없게 될 것 같아 걱정입니다.

---

rapidly 빨리, 급속히   demolition 파괴, 붕괴   sadden 슬프게 하다, 슬퍼지다   be concerned with ~과 관계가 있다, ~에 관심이 있다
provide A to B B에게 A를 제공하다, 공급하다   hand over to 양도하다, 인계하다, 넘겨주다   offspring 자식, 자손, 소산, 결과

Practice Test

Question 3

How do you feel about graffiti? Do you think it is art or vandalism?

그래피티에 대하여 어떻게 생각합니까? 당신은 그것이 예술이라고 생각합니까 아니면 공공 시설물의 파괴라고 생각합니까?

● Brainstorming Note

주제: 그래피티에 관한 의견

세부 사항: 1. 그래피티의 예술적인 접근   2. 그래피티의 부정적인 견해

관련 어휘: big debate / recognized as art / vandalism / look trashy

▬▬ Personal Answer

▬▬ Model Answer

Graffiti started in the backstreets of Harlem, New York in the 1960's. There was a big debate on whether it was art or vandalism, but nowadays it is recognized as art by most people and is spreading fast worldwide along with hip-hop culture. Even though I am very fascinated with graffiti, I must say that it is vandalism. I have seen quite a lot of graffiti works around big cities, and I noticed how it makes the city look trashy.

그래피티는 1960년대에 할렘의 뒷동네에서 시작되었습니다. 그래피티가 예술인지 파괴인지에 관해서 열띤 토론이 있었으나 지금은 대부분의 사람들이 그래피티를 예술로 인정하고 있고 힙합문화와 함께 그래피티는 전세계로 빠르게 퍼져나가고 있습니다. 저는 그래피티에 매혹되어 있긴 하지만 그것은 파괴라고 생각합니다. 대도시에서 그래피티를 많이 봤는데 그것이 얼마나 도시를 난잡하게 만드는지를 인지했습니다.

▬▬ **graffiti** 그래피티, 낙서 **vandalism** 예술문화의 고의적 파괴, (비문화적) 야만 행위, 공공 시설물의 파괴 **backstreet** 뒷길 *cf.* backstreets 뒷동네, 불법행위 **Harlem** 할렘《뉴욕 맨해턴 섬의 동북부에 위치한 구역》 **There was a big debate on** ~에 대하여 열띤 토론이 있었다 **recognize as** ~로 인정하다, 알아주다 **be fascinated with** ~에 매혹되다, ~에 얼을 빼앗기다 **trashy** 쓰레기의, 난잡한

Question 4

What sort of places will be of interest to people in the future?

어떤 장소가 미래의 사람들에게 인기가 있을까요?

● Brainstorming Note

주제: 미래의 인기 장소
세부 사항: 1. 도시화에 따른 결과   2. 친자연적인 장소의 인기
관련 어휘: city life / beauty of nature / countryside / petting zoos

---

Personal Answer

Model Answer

These days, people are becoming more and more used to city life shut in buildings all day long, and are used to looking at machinery, computers, high-rises, and cars. Therefore, in the future, I think that people will start to realize the beauty of nature and will prefer to visit ranches where they can take pleasure in looking at great views of the countryside, or visiting petting zoos with their children.

요즘 사람들은 점점 도시화 되어가고 하루 종일 건물에 갇혀 생활하며, 기계나 컴퓨터, 고층건물과 자동차를 보는데 익숙해져 있습니다. 그러므로 사람들은 언젠가는 자연의 아름다움을 깨닫기 시작할 것이고 아이들과 함께 시골의 좋은 경치들이나 petting zoo를 방문하는 것을 선호할 것입니다.

---

be used to ~에 익숙해져 있다   shut in 가두다, 둘러싸다, 어두워지다   machinery 기계류, 장치   high-rise 고층건물   therefore 그러므로   ranch 대목장   take pleasure in ~을 좋아하다, 즐기다   petting zoo 동물과 접촉할 수 있는 동물원

Practice Test

Question 5

What do you think could be done to make museums more enjoyable?

박물관을 더 흥미롭게 만들기 위해서 시행되어야 할 것은 무엇입니까?

• Brainstorming Note

주제: 흥미로운 박물관을 위한 선결 조건
세부 사항: 1. 내부 디자인의 개선   2. 전시품 배열 시 상세한 설명 등의 배려
관련 어휘: changing the interior / appropriate color of the walls /
arrangement of exhibits / explanation of each artifact

Personal Answer

Model Answer

First thing that could be done to make museums more enjoyable is changing the interior. Most museums that I have been to had terrible interior design. The government should focus on choosing an appropriate color of the walls to make the exhibit more vivid. In addition, the arrangement of exhibits should be changed as well to include explanations of each artifact.

박물관을 더욱 흥미롭게 만들기 위해 시행되어야 할 첫 번째는 내부를 변화시키는 것입니다. 제가 갔던 대부분의 박물관들의 내부 디자인은 형편없었습니다. 전시물들을 더 생동감 있게 만들기 위해서 알맞은 색을 선택하는데 초점을 맞추어야 합니다. 게다가 전시장의 전시품 배열이 각 공예품의 설명을 포함하도록 바뀌어져야 합니다.

interior 안의 *cf.* the ~ 내부 terrible 무서운, 《구어》 지독한 focus on 초점을 맞추다, 집중하다 appropriate 적당한, 알맞은 exhibit 전시, 전시품, 진열품 arrangement 배열, 정돈, 준비 explanation 설명 artifact 인공물, 공예품

More Questions

1 What kinds of places in the world are threatened by construction or other types of progress and development?

세계의 어떤 곳이 건축 혹은 진보와 발전의 형태로 인해 위협받고 있습니까?

🔊 **Personal Answer**

2 What is your opinion on museum art, as opposed to pop culture?

대중문화와 대조해서 박물관 예술에 대한 의견은 무엇입니까?

🔊 **Personal Answer**

3 What is the role of public art, for example statues and buildings?

조각이나 건물들과 같은 대중 예술품들의 역할은 무엇입니까?

🔊 **Personal Answer**

4 Do you think it is important to preserve historical areas in countries? Why?

당신은 국가에서 역사적인 장소들을 보존하는 것이 중요하다고 생각합니까? 그 이유는 무엇입니까?

🔊 **Personal Answer**

5 Do you think your country needs museums and art galleries?

당신의 나라에 박물관과 화랑이 필요하다고 생각합니까?

🔊 **Personal Answer**

🔴 threaten 위협하다, 협박하다, ~할 우려가 있다 progress 전진, 진행, 과정 as opposed to ~와 대조적으로 pop culture 대중문화 preserve 보호하다, 보존하다 of interest 흥미있는, 중요한 *cf.* places of interest 이름난 곳

Check Vocabularies & Phrases

- **modern** 현대의
- **entertainment** 오락, 연예
- **ruin** *pl.* 폐허, 옛터
- **horizon** 수평선, 지평선
- **soothe** 달래다, 진정시키다
- **field trip** 현장 견학
- **dread** 무서워하다, 꺼리다, 염려하다
- **take joy in** ~하는데 즐거움을 느끼다
- **appreciate** 진가를 인정하다, 높이 평가하다, 고맙게 생각하다
- **development** 발전, 발달
- **village** 마을
- **lifestyle** (개성적) 생활양식
- **souvenir** 기념품
- **stop by** 들르다, 방문하다
- **reconstruct** 재건하다, 재현하다
- **scallion** 파
- **strange** 이상한, 낯선
- **architecture** 건축(술), 건축학, 건축 양식
- **pay a visit** 방문하다
- **big cats** 고양이과에 속하는 동물 *ex.* lions, tigers, leopards, lynxes, etc. 사자, 호랑이, 표범 등
- **giraffe** 기린
- **zebra** 얼룩말
- **hyena** 하이에나
- **leopard** 표범
- **cub** 새끼
- **the Seven Wonders of the World** 세계 7대 불가사의

- **temple** 절, 사원, 예배당
- **achievement** 달성, 성취, 성공
- **be located in** ~에 위치하다
- **palm tree** 야자나무
- **climate** 기후
- **fantastic** 환상적인
- **exotic** 이국적인
- **atmosphere** 대기, 공기, 분위기
- **local** 공간의, 지방의 *cf.* the locals 지방민
- **tangerine** 탕헤르 오렌지(나무), 귤
- **folk village** 민속마을
- **dandelion** 민들레
- **in full bloom** 활짝 피어
- **at their best** 한창, 만발
- **indescribable** 형언할 수 없는, 말로 표현할 수 없는
- **particularly** 특히, 각별히
- **Florence** 플로렌스《이탈리아 중부의 도시 Firenze》
- **senior trip** 졸업여행
- **entrance** 입구
- **sculpture** 조각, 조각물, 조각을 하다
- **surround** 둘러싸다
- **take a picture of** (다른 사람·사물의) 사진을 찍다 *cf.* have a picture taken (다른 사람이) 자신의 사진을 찍게 하다
- **exact** 정확한, 엄격한
- **huge** 거대한
- **marble** 대리석
- **vivid** 생생한, 선명한, (성격이) 발랄한

- □ **silhouette** 실루엣, 윤곽
- □ **identity** 동일함, 일치, 신원
- □ **at the top of** 정상에서, 꼭대기에서
- □ **propose to** 청혼하다, 제의하다, 제출하다
- □ **incredible** 놀라운, 굉장한, 믿어지지 않는
- □ **stressed out** 스트레스로 지친, 스트레스가 쌓인
- □ **refresh** 상쾌하게 하다, 새롭게 하다
- □ **dearly** 극진히, 끔찍이, 깊이, 값비싸게
- □ **attractive** 사람의 마음을 끄는, 매력적인
- □ **balanced** 균형이 잡힌
- □ **get to know** 서로를 알게 되다, 지내보다
- □ **rapidly** 빨리, 급속히
- □ **demolition** 파괴, 붕괴
- □ **sadden** 슬프게 하다, 슬퍼지다
- □ **be concerned with** ～과 관계가 있다, ～에 관심이 있다
- □ **provide A to B** B에게 A를 제공하다, 공급하다
- □ **hand over to** 양도하다, 인계하다, 넘겨주다
- □ **offspring** 자식, 자손, 소산, 결과
- □ **graffiti** 그래피티, 낙서
- □ **vandalism** 예술문화의 고의적 파괴, (비문화적) 야만 행위, 공공 시설물의 파괴
- □ **backstreet** 뒷길 *cf.* backstreets 뒷동네, 불법 행위
- □ **Harlem** 할렘《뉴욕 맨해턴 섬의 동북부에 위치한 구역》
- □ **There was a big debate on** ～에 대하여 열띤 토론이 있었다
- □ **recognize as** ～로 인정하다, 알아주다
- □ **be fascinated with** ～에 매혹되다, ～에 얼을

빼앗기다
- □ **trashy** 쓰레기의, 난잡한
- □ **be used to** ～에 익숙해져 있다
- □ **shut in** 가두다, 둘러싸다, 어두워지다
- □ **machinery** 기계류, 장치
- □ **high-rise** 고층건물
- □ **therefore** 그러므로
- □ **ranch** 대목장
- □ **take pleasure in** ～을 좋아하다, 즐기다
- □ **petting zoo** 동물과 접촉할 수 있는 동물원
- □ **interior** 안의 *cf.* the ～ 내부
- □ **terrible** 무서운, 《구어》 지독한
- □ **focus on** ～ 초점을 맞추다, 집중하다
- □ **appropriate** 적당한, 알맞은
- □ **exhibit** 전시, 전시품, 진열품
- □ **arrangement** 배열, 정돈, 준비
- □ **explanation** 설명
- □ **artifact** 인공물, 공예품
- □ **threaten** 위협하다, 협박하다, ～할 우려가 있다
- □ **progress** 전진, 진행, 과정
- □ **as opposed to** ～와 대조적으로
- □ **pop culture** 대중문화
- □ **preserve** 보호하다, 보존하다
- □ **of interest** 흥미있는, 중요한 *cf.* places of interest 이름난 곳

Chapter 6

Transport

Chapter 6에 나오는 Part별 질문 미리보기

• Part 1   Questions

1. How did you get here today? How long did the journey take?
2. What type of car do you like most?
3. Do you like traveling by car?
4. What is public transportation like in your town?
5. Do you think people should use public transportation more? Why or why not?

• Part 2   Topic Cards

1. Describe your favorite type of transportation.
   You should say:
   what it is
   how often you use it
   why you like it
   and explain the advantages and disadvantages of this transportation.

2. Describe your journey to school or work.
   You should say:
   what forms of transportation are involved
   how much time it takes
   whether it is enjoyable or not
   and how you would make your journey more pleasant if you could.

• Part 3   Questions

1. Tell me about the advantages and disadvantages of public transportation.
2. Do you think getting to work is easier or more difficult than it used to be?
3. Do you think public transportation in your area is adequate? Why or why not?
4. Do you think cars are safer than they used to be?
5. How has transportation in your town changed over the last twenty-five years?

Warm-up

Say it in English

01 저희 집에서 여기까지 곧장 오는 버스 노선이 없습니다.

There _____ any bus that _____ takes me here from my _____.

02 오는 길에 교통사고가 있었는데 제가 여기까지 시간에 맞춰 온 것은 행운이었습니다.

I was _____ to get here on _____ because there was an _____ on the road.

03 내년에 또 다른 스포츠카를 살 계획입니다.

I am _____ on buying another sports car _____ year.

04 제 차를 다시 차선에 올려 놓는데 문제가 없었는데 그 이유는 제차가 사륜 구동이었기 때문입니다.

I had no _____ with getting my ___ back on the road _____ my car was equipped with four-wheel drive.

05 저는 한 시간 이상 차로 여행할 때마다 차멀미를 합니다.

I get _____ when I travel by car for _____ than one hour.

06 한국은 교통 사고율이 1위입니다.

Korea is _____ number one in the _____ accident rate.

07 저는 차 안에 있는 것이 매우 두렵습니다.

I am very _____ of being in a ___.

08 주차공간이 충분치 않으므로 대중 교통을 이용해야 합니다.

People should ___ public _____ because there is not _____ space for parking.

09 그것은 우리 사회에 많은 문제를 야기합니다.

It _____ too many _____ in our society.

10 우리가 주차공간을 찾아야 하는 수고를 더는 할 필요가 없을 것입니다.

We will no _____ have to ___ with finding a _____ spot.

11 우리가 깨끗한 공기를 마실 수 있고 장기적으로 우리의 경제를 도울 수 있을 것입니다.

We will be able to _____ fresh air and help our _____ in the long run.

12 저는 지하철을 이용하는 것을 좋아합니다. 왜냐하면 안전하고 항상 제 시간에 오기 때문입니다.

I like using the _____ because it is very ___ and is always on ___.

13 저는 그것을 최대한 잘 이용하는데 왜냐하면 우리 도시의 한 지점에서 또 한 지점까지 이동할 때 가장 **빠른** 방법이기 때문입니다.

I take full _____ of it because it is the _____ way to go from point A to point B in my town.

14 저는 교통 정체 시간 동안에는 너무 복잡하기 때문에 지하철 이용을 피하려고 합니다.

I have to _____ using the subway during the ____ hour because it gets _____.

15 직장까지 가는데 대개 45분이 걸립니다.

It usually _____ me about 45 minutes to get to ____.

16 시간에 맞춰 어떤 장소에 도착하는 것이 중요해서 저는 지하철을 가장 많이 이용합니다.

Being _____ on time is very _____ to me, so I ____ on the subway the most.

17 저는 매일 지하철로 직장에 가는데 그것이 가장 편리한 방법이기 때문입니다.

I ____ the subway to work everyday because it is the most _____ way to get ___ my office.

18 대중 교통수단의 주요 장점 중 하나는 가솔린과 보험금에 드는 돈을 아낄 수 있다는 점입니다.

One of the main _____ of public transportation is _____ money on gasoline and _____.

19 직장에 가는 것이 과거에 그랬던 것보다 훨씬 쉬워졌습니다.

I think getting to work has become _____ than it ____ to be in the past.

20 우리는 예전만큼 자주 옮겨 탈 필요가 없습니다.

We don't have to _____ as many _____ as we used to.

Answer

01 isn't, directly, home
02 lucky, time, accident
03 planning, next
04 problem, car, because
05 carsick, more
06 ranked, traffic
07 afraid, car
08 use, transportation, enough
09 creates, problems
10 longer, deal, parking

11 breathe, economy
12 subway, safe, time
13 advantage, fastest
14 avoid, rush, overcrowded
15 takes, work
16 somewhere, important, rely
17 take, convenient, to
18 advantages, saving, insurance
19 easier, used
20 transfer, times

Warm-up

Speak up-step1

■ 인칭 변화가 가능한 경우와 인칭 변화가 가능하지 않은 경우의 각각의 연습 순서대로 말해보세요.

1. 인칭 변화가 가능한 경우: 다음의 인칭 변화 순서대로 연습하는 것이 효과적입니다.

5단계 인칭 변화 연습 순서

Statement	Question	No Answer	Yes Answer
(1) you	(1) you	(1) I	(1) I
(2) he	(2) he	(2) he	(2) he
(3) we ▶▶	(3) we ▶▶	(3) we ▶▶	(3) we
(4) she	(4) she	(4) she	(4) she
(5) they	(5) they	(5) they	(5) they

▶ 주의 1 지금부터 나오는 문장은 반드시 큰 소리로 읽어주세요.

▶ 주의 2 아래의 문장들은 빈칸 채워 넣기의 연습이 아니고 바로 입으로 말할 수 있게 하는 스피킹 연습이므로 머뭇거림 없이 말할 수 있을 때까지 연습해야 합니다.

• 밑줄친 부분을 5단계 인칭 변화에 따라 바꾸어 주세요.

Ex 1. I am lucky to get here on time.

Statement (평서문)

(1) you   You are lucky to get here on time.

(2) he   He is lucky to get here on time.

(3) we   We _____.

(4) she   She _____.

(5) they   They _____.

Question (의문문)

(1) you   Are you lucky to get here on time?

(2) he   Is he lucky to get here on time?

(3) we   _____?

(4) she   _____?

(5) they   _____?

No Answer (부정문)

(1) I   No, I am not lucky to get here on time.

(2) he   No, _____ .

(3) we   No, _____ .

(4) she   No, _____ .

(5) they No, _____ .

Yes Answer (긍정문)

(1) I   Yes, I am lucky to get here on time.

(2) he   Yes, _____ .

(3) we   Yes, _____ .

(4) she   Yes, _____ .

(5) they Yes, _____ .

2. 인칭 변화가 가능하지 않은 경우: 다음의 순서대로 연습해주세요.

Statement ▶▶ Question ▶▶ No Answer ▶▶ Yes Answer

Ex 2. Korea is ranked number one in the traffic accident rate.

Statement (평서문)

Korea is ranked number one in the traffic accident rate.

Question (의문문)

Is Korea ranked number one in the traffic accident rate?

No Answer (부정문)

No, Korea is not ranked number one in the traffic accident rate.

Yes Answer (긍정문)

Yes, Korea is ranked number one in the traffic accident rate.

Warm-up

■ 밑줄이 있는 문장들은 아래 인칭 변화가 가능한 경우의 5단계 인칭 변화 연습 순서를 따라 하시고 밑줄이 없는 문장은 인칭 변화가 가능하지 않은 경우의 연습 순서대로 하세요.

1. 인칭 변화가 가능한 경우

🔴—● 5단계 인칭 변화 연습 순서

Statement	Question	No Answer	Yes Answer
(1) you	(1) you	(1) I	(1) I
(2) he	(2) he	(2) he	(2) he
(3) we ▶▶	(3) we ▶▶	(3) we ▶▶	(3) we
(4) she	(4) she	(4) she	(4) she
(5) they	(5) they	(5) they	(5) they

2. 인칭 변화가 가능하지 않은 경우

Statement ▶▶	Question ▶▶	No Answer ▶▶	Yes Answer

▶주의 1 큰 소리로 읽어 주세요.
▶주의 2 첫 문장을 먼저 외우고 나서 그 다음부터는 문장을 보지 말아야 합니다.
▶주의 3 외워진 문장을 위의 문장 변화 연습 순서만 보고 말할 수 있어야 합니다.

• 밑줄 친 부분의 단어는 인칭 변화가 가능합니다.

01 There isn't any bus that directly takes me here from my home.

02 I am lucky to get here on time.

03 I am planning on buying another sports car next year.

04 My car is equipped with four-wheel drive.

05 I get carsick when I travel by car for more than one hour.

06 Korea is ranked number one in the traffic accident rate.

07 I am very afraid of being in a car.

08 I should use public transportation because there is not enough space for parking.

09 It creates too many problems in our society.

10 I will no longer have to deal with finding a parking spot.

11 I will be able to breathe fresh air.

12 I like using the subway because it is on time.

13 It is the fastest way to go from Seoul to Busan.

14 I have to avoid using the subway during the rush hour.

15 It usually takes me about 45 minutes to get to work.

16 I rely on the subway the most.

17 It is the most convenient way to get to my office.

18 One of the main advantages of public transportation is saving money on gasoline.

19 Getting to work has become easier than it used to be in the past.

20 I don't have to transfer as many times as I used to.

● 정답은 www.nexusbook.com에서 확인하실 수 있습니다.

Practice Test

Part 1

How did you get here today? How long did the journey take?

오늘 여기에 어떻게 왔습니까? 얼마나 걸렸습니까?

Personal Answer

_____

_____

_____

_____

Standard Answer

I came here by bus. It took about 40 minutes.

저는 버스로 왔습니다. 40분 정도 걸렸습니다.

Advanced Answer

I got to the exam center by bus and subway and it took me about one hour. There isn't any bus that directly takes me here from my home. I was lucky to get here on time because there was an accident on the road, and the traffic jam was really bad.

저는 버스와 지하철로 시험장에 왔는데 약 한 시간 정도 걸렸습니다. 집에서 여기까지 곧장 오는 버스가 없습니다. 오는 길에 사고가 있어서 교통 혼잡이 정말 심했기 때문에 제가 여기에 시간에 맞춰 온 것은 행운이었습니다.

journey 여행, 여정 directly 곧장, 직접적으로, 즉시로

Question 2

What type of car do you like most?

당신은 어떤 종류의 차를 가장 좋아합니까?

Personal Answer

Standard Answer

I like sports cars. I like them because they are fast and they look very chic. I like expensive sports cars, especially Porsche or Lamborghini. They are too expensive for me, though. I have a sports car by Honda now, and I am planning on buying another sports car next year.

저는 스포츠카를 좋아합니다. 제가 스포츠카를 좋아하는 이유는 빠르고 세련된 외양 때문입니다. 저는 특히 포르셰나 람보르기니 같은 비싼 스포츠카를 좋아합니다. 하지만 제가 사기에는 너무 비쌉니다. 지금 저는 혼다 스포츠카가 있는데 내년에는 다른 스포츠카를 살 계획입니다.

Advanced Answer

I am into sport utility vehicles because I like going camping and they can come in handy when I go off-road. One time, I was up in the mountains to go camping with my friends. We were lost in the middle of the mountains, and when I was making a u-turn, one of the rear wheels got stuck at the edge of a cliff. Everyone panicked at first, but I had no problem getting my car back on the road because my car was equipped with four-wheel drive. I have been a big fan of them ever since that incident.

저는 캠핑가는 것을 좋아하고 비포장도로를 달릴 때 유용하기 때문에 스포츠 범용차에 푹 빠졌습니다. 한번은 친구들과 함께 산으로 캠핑을 갔습니다. 우리는 산에서 길을 잃었고, 제가 U턴을 하려고 했을 때 제 차의 뒷바퀴 중 하나가 절벽 끝에 걸렸습니다. 처음에는 모두들 놀랐으나, 제차는 사륜 구동이 갖추어져 있어서 다시 도로로 나오는 것은 문제가 없었습니다. 그일 이후로 저는 사륜 구동의 열렬한 팬이 되었습니다.

chic 세련된 **Porsche** 포르셰 《독일제 스포츠카》 **Lamborghini** 람보르기니 《이탈리아의 스포츠카 혹은 그 제조회사》 **be into** 푹 빠지다 **sport utility vehicle** 스포츠 범용차 **come in handy** 쓸 데가 있다 **off-road** 일반 포장도로를 벗어난 **rear** 뒤, 후부 **get stuck** (구멍 등에) 빠지다 **edge** 가장자리, 끝 **be equipped with** ~을 갖추고 있다 **four-wheel drive** 사륜구동 **fan** 팬, 광 《fanatic의 단축형》 **ever since** 그 후 내내 **incident** 일어난 일, 사건

Practice Test

Question 3

Do you like traveling by car?

당신은 자동차로 여행하는 것을 좋아합니까?

Personal Answer

Standard Answer

Yes, I do. I like traveling by car because it is convenient. I also enjoy driving because I am interested in cars.

예, 좋아합니다. 차로 여행하는 것은 편리하기 때문에 좋아합니다. 저는 또한 자동차에 관심이 있기 때문에 운전하는 것을 좋아합니다.

Advanced Answer

No, I don't like traveling by car because I get carsick when I travel by car for more than one hour. Besides, cars are very dangerous. It is the most dangerous type of transportation because many accidents occur each day. Korea is ranked number one in the traffic accident rate, and I am very afraid of being in a car.

아니요, 저는 한 시간 이상 차로 여행하면 차멀미를 해서 차로 여행하는 것을 좋아하지 않습니다. 게다가 차는 위험합니다. 차는 가장 위험한 형태의 교통수단이며 매일 많은 사고가 일어납니다. 한국은 교통 사고율 1위이고 저는 차타는 것을 두려워합니다.

convenient 편리한 be interested in ~에 관심 있다 carsick 차멀미 dangerous 위험한 occur 일어나다 rank n. 계급 v. 분류하다 rate 비율 be afraid of ~를 두려워하다, 무서워하다

What is public transportation like in your town?

당신이 사는 동네의 대중 교통수단은 어떻습니까?

🔘 Personal Answer

🔴 Standard Answer

There are many types of public transportation available in my town. Buses and subways are the most popular types of public transportation. They are cheap and easy to use. There are also many taxis, but they are quite pricy.

저희 동네에는 여러 형태의 대중 교통수단이 있습니다. 버스와 지하철은 가장 인기 있는 대중 교통수단입니다. 그것들은 싸고 이용하기 편리합니다. 또한 택시도 많지만 꽤 비쌉니다.

🔴 Advanced Answer

Public transportation in my town is designed to be very easy to use and is easy to transfer from one system to another. There are many buses, subways, and taxis, and you can find them anywhere very easily. However, my town, Seoul, is a very crowded city, and there are many people who use public transportation, which sometimes causes public transportation to be jam-packed.

저희 동네의 대중 교통은 이용하기 쉽고 환승하기 편하게 고안되어 있습니다. 버스, 지하철, 택시들이 많이 있고 어디서든지 쉽게 찾을 수 있습니다. 그러나 저희 동네인 서울은 매우 혼잡한 도시라서 많은 사람들이 대중 교통을 이용하므로 대중 교통은 때때로 만원이 됩니다.

🔴 pricy 비싼, 돈이 드는 be designed to 고안되다, 설계되다, 도모하다 transfer from A to B A에서 B로 전달하다, 전가하다, 옮겨 타다
jam-packed 빽빽하게 넣은, 콩나물 시루처럼 꽉 찬

 *Practice Test*

Question 5

Do you think people should use public transportation more? Why or why not?

당신은 사람들이 대중 교통을 더 많이 이용해야 한다고 생각합니까? 왜 그렇다고 혹은 그렇지 않다고 생각합니까?

Personal Answer

_____

_____

_____

_____

Standard Answer

Yes. I think people should use public transportation because there is not enough space for parking in Korea. In addition, we do not produce gasoline, and we have to import it from other countries.

네. 저는 한국에 주차공간이 부족하기 때문에 사람들이 대중 교통을 이용해야 한다고 생각합니다. 게다가 우리는 휘발유를 생산하지 않으며 다른 나라에서 수입을 해야 합니다.

■ Advanced Answer

Definitely! People nowadays prefer to drive their own cars, but it creates too many problems for society, such as lack of parking spaces, traffic jams, and air pollution. If everyone becomes aware of such problems and takes advantage of public transportation, we will no longer have to deal with finding a parking spot, getting stuck in the middle of traffic jams, or even paying high prices to fill up our gas tanks. Besides, we will be able to breathe fresh air and help our economy in the long run.

물론이죠! 요즘에는 사람들이 자가용을 이용하는 것을 선호하지만 그것은 주차공간 부족, 교통체증, 대기오염과 같은 너무나 많은 문제를 유발합니다. 만약 모든 사람들이 그런 문제들을 인식하고 대중 교통을 이용한다면 우리는 더는 주차공간을 찾거나, 교통체증으로 곤경에 빠진다든지, 비싼 돈을 내고 연료탱크를 채워야 한다든지 하는 문제들을 다루지 않아도 될 것입니다. 또한 깨끗한 공기를 마실 수 있을 것이고 장기적으로는 우리 경제에 도움이 될 것입니다.

■ produce 생산하다 gasoline 휘발유 import 수입하다 nowadays 오늘날에는, 요즈음에는 lack 부족, 결핍, ~이 없다 pollution 오염, 공해 take advantage of (좋은 기회[사실]를) 이용하다, 역이용하다, (여자를) 유혹하다 get stuck 걸리다, 끼다 fill up 충만시키다, 가득 채우다 breathe 숨쉬다, 호흡하다 in the long run 긴 안목으로 보면, 결국은

Practice Test

Topic Card 1

Describe your favorite type of transportation.
당신이 가장 좋아하는 형태의 교통수단을 묘사하세요.

You should say:

what it is
그것이 무엇인지

how often you use it
얼마나 자주 이용하는지

why you like it
왜 그것을 좋아하는지

and explain the advantages and disadvantages of this transportation.
그리고 이러한 교통수단의 장점과 단점을 설명하세요.

Personal Answer

_____

_____

_____

_____

Standard Answer

I like using the subway. I use it everyday to go to school, or to go to my grandmother's house. I like using the subway because it is very safe and is always on time, but it gets too packed during rush hour.

저는 지하철을 이용하는 것을 좋아합니다. 저는 매일 통학할 때 또는 할머니 댁에 갈 때 지하철을 이용합니다. 지하철은 안전하고 늘 시간을 잘 맞추기 때문에 좋아하지만 교통 정체 시간에는 너무 복잡합니다.

Advanced Answer

My favorite type of transportation is the subway. I take full advantage of it because it is the fastest way to go from point A to point B in my town. The subway is usually punctual, and it is less likely to have an accident. The only fact that I don't like about the subway is that I have to avoid using it during rush hour because it gets overcrowded.

제가 좋아하는 교통수단은 지하철입니다. 지하철은 저희 동네의 A 지점에서 B 지점까지 갈 때 가장 빠른 교통수단이기 때문에 저는 그것을 최대한 잘 활용합니다. 항상 시간을 잘 지키고 사고가 날 가능성이 적습니다. 제가 지하철을 좋아하지 않는 한 가지 사실은 교통 정체 시간 동안에는 너무 복잡하기 때문에 이용을 피해야 한다는 것입니다.

on time 시간에 맞게, 정각에   pack 채워 넣다, 가득 채우다   rush hour 러시아워, 출퇴근 시간의 혼잡한 시간, 교통 혼잡 시간   take full advantage of ~을 최대한 활용하다   from point A to point B A 지점에서 B 지점까지   punctual 시간을 잘 지키는   less likely to ~할 가능성이 적은   avoid ~ing 피하다, 예방하다   overcrowded (좁은 곳에) 사람을 너무 많이 수용하다, 혼잡하게 하다

Part 2

Topic Card 2

Describe your journey to school or work.

학교나 직장에 가는 길을 묘사하세요.

You should say:

what forms of transportation are involved
어떤 형태의 교통수단을 이용하는지

how much time it takes
시간이 얼마나 걸리는지

whether it is enjoyable or not
그 시간이 즐거운지 아닌지

and how you would make your journey more pleasant if you could.
그리고 할 수만 있다면 어떻게 당신의 여정을 더 즐겁게 만들 수 있을지

🔊 **Personal Answer**

_____

_____

_____

_____

🔊 **Standard Answer**

I take the bus and the subway to my work every day. It usually takes me about 45 minutes to get to work. I usually go after the rush hour, so I don't worry about traffic jams. Being on time is very important to me, so I rely on the subway the most. I usually listen to music, or read books on the subway. It makes commuting go faster.

저는 매일 버스와 지하철을 타고 일하러 갑니다. 보통 45분 정도 걸립니다. 저는 보통 교통 혼잡 시간 후에 출근하기 때문에 교통체증을 염려하지 않습니다. 시간을 맞추는 것은 저에게 매우 중요하므로 저는 지하철에 가장 의존합니다. 저는 지하철에서 음악을 듣거나 책을 읽습니다. 이는 통근시간을 더 짧게 느끼도록 만들어줍니다.

━● Advanced Answer

I take the subway to my work everyday because it is the most convenient and the fastest way to get to my office. It takes me about one hour, which is a bit too long, so I try to spend my time wisely by reading newspapers or books. I also listen to some soothing music to relax on the road because I have a very demanding job. I think the subway is a very reliable source of transportation because of its punctuality, since we live in such a rapid society.

저는 매일 지하철로 출근하는데 그 이유는 지하철이 가장 편리하고 빠른 방법이기 때문입니다. 직장까지는 지하철로 약 한 시간 정도 걸리는데 너무 오래 걸리기 때문에 저는 신문이나 책을 읽음으로써 시간을 잘 활용하려고 노력합니다. 또한 저는 과중한 직업을 가지고 있기 때문에 통근할 때 마음을 진정시켜주는 음악을 듣기도 합니다. 우리는 급변하는 사회에서 살고 있는데, 지하철은 시간을 엄수하기 때문에 교통수단 중 매우 신뢰할 만하다고 생각합니다.

━● pleasant 즐거운, 유쾌한 rely on 의지하다, 신뢰하다, 믿다 commute 통근하다, 통학하다 wisely 현명하게 soothing 달래는, 위로하는, 진정하는 relax 늦추다, 풀리다, 나른해지다 demanding (사람이) 요구가 지나친, (일이) 큰 노력을 요하는 reliable 믿을 수 있는, 확실한 source 원천, 근원, 출처 punctuality 시간엄수, 꼼꼼함 rapid 빠른 *pl.* 급류, 여울

 *Practice Test*

Part 3

Question 1

Tell me about the advantages and disadvantages of public transportation.

대중 교통의 장단점에 대해서 말하세요.

• **Brainstorming Note**

주제: 대중 교통의 장단점
세부 사항: 1. 가솔린과 보험에 관련된 지출의 감소   2. 대중 교통 이용 시 불편점
관련 어휘: public transportation / gasoline / sexual harassment

 Personal Answer

 Model Answer

Well, one of the main advantages of public transportation is saving money on gasoline. Gasoline in my country is very expensive because it is imported from abroad. If you use public transportation, you do not have to worry about maintaining your car. However, there are some bad things about public transportation. First of all, many women in my country suffer from sexual harassment on crowded subways and buses. Secondly, you might be robbed or pick pocketed and lose valuable belongings. Lastly, there is no privacy in public transportation, and you have to watch out for your behavior and consider other people's comfort, which can be a bit nerve wracking.

글쎄요, 대중 교통수단의 주요 장점 중 하나는 가솔린에 드는 돈을 아끼는 것입니다. 우리나라에서는 휘발유가 외국에서 수입되기 때문에 굉장히 비쌉니다. 대중 교통을 이용하면 자가용을 유지하는 것에 대해 걱정할 필요가 없습니다. 하지만 대중 교통의 나쁜 면도 있습니다. 첫 번째로는 복잡한 지하철이나 버스 안에서 성희롱을 당해본 한국의 많은 여성들에게는 더욱 그렇습니다. 두 번째로, 강도를 당하거나 소매치기를 당해서 귀중품들을 분실할 수 있습니다. 마지막으로 대중 교통에서는 프라이버시가 없으며, 행동을 조심해야 하고 다른 사람들의 편안함을 고려해야 하는데 이런 것들은 사람을 성가시게 할 수 있습니다.

---

import 수입하다 **as for** ~에 관한 한은, ~은 어떠냐 하면 **quote** (남의 말을) 인용하다, (시세를) 매기다, 견적하다 **maintain** 지속하다, 유지하다 **hassle** 혼전, 혼란, 싸움 **sexual harassment** 성희롱 **pick pocket** 소매치기, 소매치기하다 **valuable** 값비싼, 귀중한 *pl.* 귀중품 **watch out for** 망보다, 경계하다 **nerve wracking** 신경을 괴롭히는, (몹시) 신경질나게 하는

Do you think getting to work is easier or more difficult than it used to be?

출근하는 것이 예전보다 더 쉽다고 생각합니까 아니면 더 어렵다고 생각합니까?

• Brainstorming Note

주제: 출근의 용이성 여부
세부 사항: 1. 대중 교통수단의 발전   2. 버스와 지하철 노선의 증설
관련 어휘: public transportation / transfer / bus and subway lines

▬◐ Personal Answer

▬◐ Model Answer

I think getting to work has become easier than it used to be in the past because public transportation in our country has developed miraculously. There are more bus lines and subway lines, so people don't have to transfer as many times as they used to.

우리나라의 대중 교통수단이 기적적으로 발전했기 때문에 출근하는 것이 예전보다 더 쉬워졌다고 생각합니다. 버스와 지하철의 노선이 더 많아져서 예전처럼 여러 번 환승할 필요가 없습니다.

◐ miraculously 기적적으로

Practice Test

Question 3

Do you think public transportation in your area is adequate? Why or why not?

당신의 생활영역 내에서 대중 교통이 충분하다고 생각합니까? 그 이유는 무엇입니까?

● Brainstorming Note

주제: 대중 교통 시설의 충분성 여부
세부 사항: 1. 대중 교통 시설의 부족   2. 정부 조치의 필요성
관련 어휘: transportation system / availability / rush hours / safe commute

---

Personal Answer

Model Answer

Certainly not. There are not enough buses and subways, which is causing many problems in my city. The transportation system itself is probably the best that fits our city, but the availability isn't enough, especially during rush hours. Many people get hurt, robbed, or even sexually harassed. The government should provide more transportation during rush hours so that our citizens can have an enjoyable and safe commute.

절대 그렇지 않습니다. 버스나 지하철이 충분하지 않아서 저희 도시에 많은 문제점들이 야기되고 있습니다. 교통수단 체계 그 자체는 아마도 저희 도시에 가장 알맞지만 유용성은 충분하지 않은데 특별히 교통 혼잡 시간 때에는 더 심합니다. 많은 사람들이 다치고, 소매치기 당하거나 심지어 성희롱까지 당합니다. 정부는 우리 시민들이 즐겁고 안전한 통근을 할 수 있도록 더 많은 교통수단을 제공해야 합니다.

---

adequate 적당한, 알맞은 fit 알맞다, 적합하다 availability 유효성, 유용성 government 정부 enjoyable 즐거운, 재미있는, 유쾌한

Do you think cars are safer than they used to be?

차가 예전보다 더 안전해졌다고 생각합니까?

● Brainstorming Note

주제: 자동차의 안전성 여부
세부 사항: 1. 자동차의 안전장치 부착   2. 역주행시 사용되는 안전장치
관련 어휘: safety features / rear camera / driving in reverse

Personal Answer

Model Answer

Of course. The cars nowadays have many safety features such as air bags and anti-lock break systems. In the past, the cars equipped with such features were quite pricy, but you can find cars with both features and side air bags at a reduced price. Another safety feature is the rear camera that allows you to see the rear of the car on the screen while you are driving in reverse. This feature has saved many children who are not tall enough to be seen by the drivers.

물론입니다. 요즘의 차들은 에어백과 앤티록식 브레이크 장치와 같은 많은 안전장치들을 보유하고 있습니다. 과거에는 이러한 장치들을 구비한 차가 아주 비쌌지만 요즘은 그런 장치뿐만 아니라 사이드 에어백과 같은 다른 장치들을 갖춘 차들을 훨씬 저렴한 가격에 찾을 수 있습니다. 또 다른 안전장치는 역주행을 하는 동안 화면상에서 차의 후방을 볼 수 있도록 해주는 후방 카메라 입니다. 이 장치는 운전자들이 볼 수 없는 키 작은 많은 어린이들을 보호해 왔습니다.

safety feature 안전장치 anti-lock break 앤티록식 브레이크 장치 reverse 반대의, 거꾸로

Practice Test

Question 5

How has transportation in your town changed over the last twenty-five years?

지난 25년 동안 당신이 살고 있는 지역의 교통수단은 어떻게 변해왔습니까?

• Brainstorming Note

주제: 지역 교통수단의 변화
세부 사항: 1. 지하철 노선의 증설 과정   2. 현재 지하철 노선 상황
관련 어휘: development of subway system / subway lines / continue to develop

---

Personal Answer

Model Answer

There has been a lot of development since twenty-five years ago. The development of our subway system is a good example. The first subway line was established in 1970, which was followed by the second line in 1984. The third and the fourth lines were set up in 1985 and more lines continued to develop for the convenience of our citizens. As of 2007, there are 10 different subway lines available in Seoul, and it is continuing to develop.

지난 25년 동안 많은 발전이 있었습니다. 우리 지하철의 발달이 좋은 예입니다. 최초의 지하철은 1970년에 설립되었고, 1984년에는 2호선이 생겼습니다. 3호선과 4호선은 1985년에 착수되었고 시민들의 편리함을 위하여 더 많은 노선들이 계속 개발되고 있습니다. 2007년 현재, 서울에는 10개의 다른 노선들이 있고 계속 개발 중에 있습니다.

---

development 발달, 성장, 발전 establish 설립하다 set up 세우다, 시작하다, 창설하다, 범죄를 꾸미다

● Model Answers p.427

1 What are some advantages and disadvantages of having a private car?

자가용을 소유하는 것의 장단점은 무엇입니까?

━━▢ Personal Answer

2 Can you compare public and private transportation?

대중 교통수단과 개인 교통수단을 비교해 주시겠습니까?

━━▢ Personal Answer

3 How have methods of transportation in your country been improved?

교통수단의 방법들이 당신의 나라에서 어떻게 향상되어 왔습니까?

━━▢ Personal Answer

4 What kinds of public transportation are available in your country?

당신의 나라에서 이용할 수 있는 대중 교통은 어떤 것들이 있습니까?

━━▢ Personal Answer

5 What kind of transportation will there be in the future?

미래에는 어떤 종류의 교통수단이 있을까요?

━━▢ Personal Answer

Check Vocabularies & Phrases

- ☐ **journey** 여행, 여정
- ☐ **directly** 곧장, 직접적으로, 즉시로
- ☐ **chic** 멋, 세련된, 맵시 있는
- ☐ **Porsche** 포르셰《독일제 스포츠카》
- ☐ **Lamborghini** 람보르기니 《이탈리아의 스포츠카 혹은 그 제조회사》
- ☐ **be into** 푹 빠지다
- ☐ **sport utility vehicle** 스포츠 범용차
- ☐ **go camping** 캠핑가다
- ☐ **come in handy** 쓸 데가 있다, 여러모로 편리하다, 곧 쓸 데가 있다
- ☐ **off-road** 일반 포장도로를 벗어난
- ☐ **rear** 뒤, 후부
- ☐ **get stuck** 걸리다. (구멍 등에) 빠지다
- ☐ **edge** 가장자리, 끝
- ☐ **panic** 공포, 미친 듯한, 공포에 질리다
- ☐ **be equipped with** ~을 갖추고 있다
- ☐ **four-wheel drive** 사륜 구동
- ☐ **fan** 팬, 광《fanatic의 단축형》
- ☐ **ever since** 그 후 내내, ~한 후로, 줄곧
- ☐ **incident** 일어난 일, 사건
- ☐ **convenient** 편리한
- ☐ **be interested in** ~에 관심있다
- ☐ **carsick** 차멀미
- ☐ **dangerous** 위험한
- ☐ **occur** 일어나다
- ☐ **rank** 계급, 분류하다
- ☐ **rate** 비율
- ☐ **be afraid of** ~를 두려워하다, 무서워하다

- ☐ **pricy** 비싼, 돈이 드는
- ☐ **be designed to** 고안되다, 설계되다. 도모하다
- ☐ **transfer from A to B** A에서 B로 전달하다, 전가하다, 옮겨타다
- ☐ **jam-packed** 빽빽하게 넣은, 콩나물 시루처럼 꽉 찬
- ☐ **produce** 생산하다
- ☐ **gasoline** 휘발유
- ☐ **import** 수입하다
- ☐ **nowadays** 오늘날에는, 요즘에는
- ☐ **lack** 부족, 결핍, ~이 없다
- ☐ **pollution** 오염, 공해
- ☐ **take advantage of** (좋은 기회[사실]를) 이용하다, 역이용하다, (여자를) 유혹하다
- ☐ **get stuck** 걸리다, 끼다
- ☐ **fill up** 충만 시키다, 가득 채우다
- ☐ **breathe** 숨 쉬다, 호흡하다
- ☐ **in the long run** 긴 안목으로 보면, 결국은
- ☐ **on time** 시간에 맞게, 정각에
- ☐ **pack** 채워 넣다, 가득 채우다
- ☐ **rush hour** 러시아워, 출퇴근 시간의 혼잡한 시간, 교통 혼잡 시간
- ☐ **take full advantage of** ~을 최대한 활용하다
- ☐ **from point A to point B** A 지점에서 B 지점까지
- ☐ **punctual** 시간을 잘 지키는
- ☐ **less likely to** ~할 가능성이 적은
- ☐ **avoid ~ing** 피하다, 예방하다
- ☐ **overcrowded** (좁은 곳에) 사람을 너무 많이 수용하다, 혼잡하게 하다

- [ ] **pleasant** 즐거운, 유쾌한
- [ ] **rely on** 의지하다, 신뢰하다, 믿다
- [ ] **commute** 통근하다, 통학하다
- [ ] **wisely** 현명하게
- [ ] **soothing** 달래는, 위로하는, 진정하는
- [ ] **relax** 늦추다, 풀리다, 나른해지다
- [ ] **demanding** (사람이) 요구가 지나친, (일이) 큰 노력을 요하는
- [ ] **reliable** 믿을 수 있는, 확실한
- [ ] **source** 원천, 근원, 출처
- [ ] **punctuality** 시간엄수, 꼼꼼함
- [ ] **rapid** 빠른 *pl.* 급류, 여울
- [ ] **insurance** 보험
- [ ] **import** 수입하다
- [ ] **as for** ~에 관한 한은, ~은 어떠냐 하면
- [ ] **quote** (남의 말을)인용하다, (시세를) 매기다, 견적하다
- [ ] **maintain** 지속하다, 유지하다
- [ ] **hassle** 혼전, 혼란, 싸움
- [ ] **sexual harassment** 성희롱
- [ ] **pick pocket** 소매치기, 소매치기 하다
- [ ] **valuable** 값비싼, 귀중한 *pl.* 귀중품
- [ ] **watch out for** 망보다, 경계하다
- [ ] **nerve wracking** 신경을 괴롭히는, (몹시) 신경질 나게 하는
- [ ] **miraculously** 기적적으로
- [ ] **adequate** 적당한, 알맞은
- [ ] **fit** 알맞다, 적합하다
- [ ] **availability** 유효성, 유용성

- [ ] **government** 정부
- [ ] **enjoyable** 즐거운, 재미있는, 유쾌한
- [ ] **safety feature** 안전장치
- [ ] **anti-lock break** 앤티록식 브레이크 장치
- [ ] **reverse** 반대의, 거꾸로
- [ ] **development** 발달, 성장, 발전
- [ ] **establish** 설립하다
- [ ] **set up** 세우다, 시작하다, 창설하다, 범죄를 꾸미다

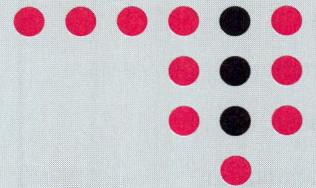

Chapter 7

Your Country and Culture

Chapter 7에 나오는 Part별 질문 미리보기

•Part 1   Questions

1. What are some important festivals in your country?
2. Can you tell me something about your customs?
3. Do you like to travel in your country?
4. What kind of climate does your country have?
5. What is the biggest celebration in your country?

•Part 2   Topic Cards

1. Describe a beautiful place to visit in your country.
   You should say:
   where it is
   how to get there
   what there is to do there
   and why you recommend this place.

2. Describe a festival in your country.
   You should say:
   what it is
   when it is
   why you like/dislike this festival
   and how this festival is celebrated.

•Part 3   Questions

1. What things do you like most about your own culture?
2. What changes does your country really need?
3. What are the benefits for your country of people returning from abroad?
4. What is the best way to make sure that children grow up knowing about their cultural past?
5. What are some of the main industries in your country?

Warm-up

01 벚꽃축제가 한국의 여러 다른 장소들에서 매년 봄에 열립니다.

The Cherry Blossom Festival is _____ in different parts of Korea _____ spring each year.

02 그들은 가족이나 사랑하는 사람들과 함께 떨어지는 꽃잎들 사이를 걷습니다.

They take a _____ with their family or _____ ones under the _____ blossoms.

03 우리 도시에서 축제로 유명한 장소가 여의도에 있습니다.

The _____ site for this _____ in my town is in Yeoui-Do.

04 당신은 연장자가 먼저 식사를 시작할 때까지 기다려야 합니다.

You have to _____ for the _____ person to _____ eating first.

05 당신은 식사가 다 끝날 때까지 앉아 있어야 합니다.

You have to be _____ throughout the _____ meal.

06 우리는 연세가 많으신 분께 행복하고 건강한 삶을 기원하며 큰절을 올립니다.

We pay a big _____ to the elderly to _____ them a happy and a _____ life.

07 한국의 여행 문화가 다른 나라처럼 잘 발전되어 있지는 않습니다.

The _____ industry in Korea isn't as _____ as ones in other countries.

08 한국의 여행은 아주 재미있고 자체의 아름다움을 간직하고 있습니다.

I think _____ in Korea is very _____ and has its own _____.

09 우리나라는 4계절이 매우 뚜렷합니다.

There are four very _____ seasons in my _____.

10 세계의 다른 지역들과 비교하면 그렇게 건조하다고 생각하지 않습니다.

I _____ think it's too dry _____ to other parts of the world.

11 가족들이 집에 모여서 잔치를 벌이고 가정사에 대한 얘기를 나눕니다.

Family members _____ at one's house and have a _____, and talk about family _____.

12 우리는 부모나 친지의 집에 인사드리러 가야 합니다.

We must go to our _____ house and _____ house to say _____.

13 우리는 우리가 아는 사람들과 좋은 시간이 되기를 기원하며 선물을 주고받습니다.

We also _____ presents with our _____ during this celebration to _____ each other a happy holiday.

14 그곳에 가는 가장 빠르고 편리한 방법은 한 시간 정도 소요되는 비행기로 이동하는 것입니다.

The fastest and most _____ way to ___ there is by airplane which _____ about one hour.

15 그것은 세계가 한국에 대해 배울 수 있는 가장 좋은 기회입니다.

It is a good _____ for the world to _____ more about Korea.

16 그것은 한국의 오페라가 세계에 알려지고 인정받을 수 있는 좋은 기회입니다.

It is a good _____ for Korean _____ to be known to the world and get _____.

17 우리 문화 중에서 제가 제일 좋아하는 것은 존경입니다.

The _____ I like the most about my _____ is _____.

18 저는 독일 사람들이 교통법규를 얼마나 자발적으로 잘 지키는지를 보고 놀랐습니다.

I was very _____ to see how the _____ voluntarily abide by their _____ laws.

19 부모는 아이들이 가능한 한 많은 책을 읽도록 권고해야 합니다.

Parents should _____ their children to ____ as many books as _____.

20 한국의 핸드폰이 기능뿐만 아니라 디자인으로도 유명합니다.

Korean cellular phones are _____ for their design as ____ as their function.

Answer

01 held, during	11 gather, feast, affairs
02 walk, loved, falling	12 parents', relatives', hello
03 famous, festival	13 exchanges, acquaintances, wish
04 wait, older, start	14 convenient, get, takes
05 seated, entire	15 chance, learn
06 bow, wish, healthy	16 opportunity, opera, recognized
07 tourism, developed	17 thing, culture, respect
08 traveling, exciting, beauty	18 surprised, Germans, traffic
09 distinctive, country	19 recommend, read, possible
10 don't, compared	20 famous, well

Warm-up

Speak up-step1

■ 인칭 변화가 가능한 경우와 인칭 변화가 가능하지 않은 경우의 각각의 연습 순서대로 말해보세요.

1. 인칭 변화가 가능한 경우: 다음의 인칭 변화 순서대로 연습하는 것이 효과적입니다.

◼▶ 5단계 인칭 변화 연습 순서

Statement	Question	No Answer	Yes Answer
(1) you	(1) you	(1) I	(1) I
(2) he	(2) he	(2) he	(2) he
(3) we ▶▶	(3) we ▶▶	(3) we ▶▶	(3) we
(4) she	(4) she	(4) she	(4) she
(5) they	(5) they	(5) they	(5) they

▶ 주의 1 지금부터 나오는 문장은 반드시 큰 소리로 읽어주세요.

▶ 주의 2 아래의 문장들은 빈칸 채워 넣기의 연습이 아니고 바로 입으로 말할 수 있게 하는 스피킹 연습이므로 머뭇거림 없이 말할 수 있을 때까지 연습해야 합니다.

• 밑줄친 부분을 5단계 인칭 변화에 따라 바꾸어 주세요.

Ex 1. The famous site for this festival is in <u>my</u> town.

Statement (평서문)

(1) you   The famous site for this festival is in <u>your</u> town.

(2) he   The famous site for this festival is in <u>his</u> town.

(3) we   _____.

(4) she   _____.

(5) they   _____.

Question (의문문)

(1) you   Is the famous site for this festival in <u>your</u> town?

(2) he   Is the famous site for this festival is in <u>his</u> town?

(3) we   _____?

(4) she   _____?

(5) they   _____?

No Answer (부정문)

(1) I   No, the famous site for this festival isn't in <u>my</u> town.

(2) he   No, _____ .

(3) we   No, _____ .

(4) she   No, _____ .

(5) they   No, _____ .

Yes Answer (긍정문)

(1) I   Yes, the famous site for this festival is in <u>my</u> town.

(2) he   Yes, _____ .

(3) we   Yes, _____ .

(4) she   Yes, _____ .

(5) they   Yes, _____ .

2. 인칭 변화가 가능하지 않은 경우: 다음의 순서대로 연습해주세요.

Statement ▶▶ Question ▶▶ No Answer ▶▶ Yes Answer

Ex 2. The festival is held in different parts of Korea during spring each year.

Statement (평서문)

The festival is held in different parts of Korea during spring each year.

Question (의문문)

Is the festival held in different parts of Korea during spring each year?

No Answer (부정문)

No, the festival isn't held in different parts of Korea during spring each year.

Yes Answer (긍정문)

Yes, the festival is held in different parts of Korea during spring each year.

Warm-up

■ 밑줄이 있는 문장들은 아래 인칭 변화가 가능한 경우의 5단계 인칭 변화 연습 순서를 따라 하시고 밑줄이 없는 문장은 인칭 변화가 가능하지 않은 경우의 연습 순서대로 하세요.

1. 인칭 변화가 가능한 경우

🔴 5단계 인칭 변화 연습 순서

Statement	Question	No Answer	Yes Answer
(1) you	(1) you	(1) I	(1) I
(2) he	(2) he	(2) he	(2) he
(3) we ▶▶	(3) we ▶▶	(3) we ▶▶	(3) we
(4) she	(4) she	(4) she	(4) she
(5) they	(5) they	(5) they	(5) they

2. 인칭 변화가 가능하지 않은 경우

Statement ▶▶	Question ▶▶	No Answer ▶▶	Yes Answer

▶주의 1   큰 소리로 읽어 주세요.

▶주의 2   첫 문장을 먼저 외우고 나서 그 다음부터는 문장을 보지 말아야 합니다.

▶주의 3   외워진 문장을 위의 문장 변화 연습 순서만 보고 말할 수 있어야 합니다.

• 밑줄 친 부분의 단어는 인칭 변화가 가능합니다.

01   The festival is held in different parts of Korea during spring each year.

02   I take a walk with my family under the falling blossoms.

03   The famous site for this festival is in my town.

04   You have to wait for the older person to start eating first.

05   You have to be seated throughout the entire meal.

06 We pay a big bow to the elderly to wish them a happy life.

07 The tourism industry in Korea isn't as developed as ones in other countries.

08 I think traveling in Korea has its own beauty.

09 There are four distinctive seasons in my country.

10 I don't think it's too dry compared to other parts of the world.

11 We gather at our house and have a feast, and talk about family affairs.

12 I must go to my parents' house and relatives' house to say hello.

13 We exchange presents with our acquaintances during this celebration.

14 The most convenient way to get there is by airplane.

15 It is a good chance for the world to learn more about Korea.

16 It is a good opportunity for Korean opera to be known to the world.

17 The thing I like the most about my culture is respect.

18 I am very surprised to see how the Germans abide by their traffic laws.

19 I should recommend my children to read as many books as possible.

20 Cellular phones are famous for their design as well as their function.

● 정답은 www.nexusbook.com에서 확인하실 수 있습니다.

Part 1

Question 1

What are some important festivals in your country?

당신의 나라에는 어떤 중요한 축제가 있습니까?

Personal Answer

_____

_____

Standard Answer

Chuseok and Seollal are important festivals in my country. Chuseok is Korean Thanksgiving Day, and Seollal is Lunar New Year Day. They are national holidays, and many local festivals are held in different cities. People wear traditional Korean clothes and visit their relatives.

우리나라에서는 추석과 설날이 중요한 축제입니다. 추석은 한국의 추수감사절이고 설날은 음력 새해입니다. 이 날들은 국경일이며 여러 도시에서 지역축제가 열립니다. 사람들은 한복을 입고 친척들을 방문합니다.

Advanced Answer

Actually, there aren't many festivals in Korea. The only festival that I can think of is the Cherry Blossom Festival, which is held in different parts of Korea during spring each year. People visit the festival to enjoy the beautiful scenery of cherry blossoms in full bloom. They take a walk with their loved ones under the falling blossoms, or have pictures taken with them. A famous site for this festival in my town is in Yeouido, which is located in the center of Seoul by the Han River.

사실 한국에는 축제가 많지 않습니다. 제가 생각할 수 있는 유일한 축제는 벚꽃축제인데 매년 봄에 한국의 여러 곳에서 열립니다. 사람들은 활짝 핀 벚꽃의 아름다운 경치를 즐기기 위하여 축제 행사장을 방문합니다. 그들은 가족들과 떨어지는 벚꽃 아래에서 산책하거나 사진을 찍습니다. 이 축제로 유명한 장소는 여의도인데 서울 중심부의 한강 옆에 위치하고 있습니다.

Thanksgiving Day 추수감사절 **lunar** 달의, 태음의 **be held in** 열리다, 개최하다 **cherry blossom** 벚꽃 **scenery** 풍경, 배경 **full bloom** 만발한 **take a walk** 산책 나가다 **loved one** 가장 사랑하는 사람, 연인 *pl.* 가족, 친척 **be located in** ~에 위치하다

Can you tell me something about your customs?

당신의 나라의 관습에 대해서 말해주시겠습니까?

Personal Answer

Standard Answer

There are many customs and restrictions about eating. At the beginning of a meal, you have to wait for the older person to start eating first. In addition, you have to be seated throughout the entire meal because leaving the table before an older person is very rude.

식습관에 관한 많은 관습과 규제가 있습니다. 식사를 시작할 때 연장자가 먼저 먹기 시작할 때까지 기다려야만 합니다. 게다가 연장자보다 먼저 식탁을 떠나는 것은 매우 무례하기 때문에 식사가 끝날 때까지 앉아있어야 합니다.

Advanced Answer

The main custom in my country is bowing. When we say hello to others, we bow to each other. Shaking hands is very common nowadays, but it's not a traditional Korean custom. We bow to our teachers, bosses, older people, or to others we do not know very well. We also have a different bow which is called "Keunjul." We pay a big bow to the elderly in order to pay respect to them on major holidays and to wish them a happy and a healthy life.

우리나라의 주된 관습은 인사하는 것입니다. 다른 사람들에게 인사를 할 때 우리는 서로 목례를 합니다. 악수를 하는 것은 요즘 매우 흔하지만 한국의 전통 관습은 아닙니다. 우리는 선생님, 상사들, 연장자들, 또는 우리가 잘 모르는 사람들에게 목례를 합니다. 우리는 또한 '큰절'이라고 불리는 또 다른 인사가 있는데 중요한 명절에 연세가 많은 분들께 만수무강을 빌고 존경을 표현하기 위해서 큰절을 올립니다.

custom 풍습, 관습 restriction 제한, 구속 throughout 완전히, ~ 동안 rude 버릇없는, 무례한 bowing 절을 하는 shake hands with ~와 악수를 하다 pay a big bow to 큰절을 하다 the elderly 중장년층 in order to ~하기 위하여 pay respect to ~에게 존경을 표하다

Question 3

Do you like to travel in your country?

당신의 나라에서 여행하는 것을 좋아합니까?

▬▶ Personal Answer

_____

_____

▬▶ Standard Answer

I like traveling in Korea very much. There are many interesting places such as Bulguksa and Jeju Island. Korea is not spacious, but it has its own beauty. The mountains in Korea are also beautiful during the fall with their autumnal tints.

저는 한국에서 여행하는 것을 매우 좋아합니다. 한국에는 불국사나 제주도 같은 흥미로운 곳이 많이 있습니다. 한국은 작지만 고유의 아름다움을 가지고 있습니다. 한국의 산들은 단풍이 드는 가을에 매우 아름답습니다.

▬▶ Advanced Answer

Korea is a wonderful place to travel around. There are many mountains and historical sites. The mountains in Korea are not high, but they are very famous during fall seasons for their beautiful scarlet maple leaves. As for historical sites, there is a very famous Buddhist temple called Bulguksa, which was built in the Shilla Dynasty. It is located in Kyungju province and many Koreans visit there during their school years or with their family. The tourism industry in Korea isn't as developed as the ones in other countries, but I think traveling in Korea is very exciting and it has its own beauty.

한국은 여행을 하기에 매우 좋은 곳입니다. 많은 산들과 역사적인 장소가 있습니다. 한국의 산들이 높지는 않지만 가을에는 아름다운 단풍잎들로 매우 유명합니다. 역사적인 장소로는 신라시대에 지어진 불국사라고 불리는 절이 있습니다. 경주지역에 위치하고 있으며 많은 한국인들이 학창시절에 또는 가족과 함께 그곳을 방문합니다. 한국에서의 관광산업은 다른 나라들만큼 발전하지는 않았지만 한국에서 여행하는 것은 매우 흥미롭고 그 고유의 아름다움을 가지고 있다고 생각합니다.

▬▶ spacious 넓은 autumnal tints 단풍 famous for ~로 유명한 scarlet 주홍색 maple 단풍나무 Buddhist 불교의 dynasty 왕조

What kind of climate does your country have?

당신의 나라의 기후는 어떻습니까?

Personal Answer

Standard Answer

There are four very distinctive seasons in my country. Spring and fall are usually breezy and cool. Summer is very hot and humid. There is a rainy season during the summer for 2 to 3 weeks. Winter is very cold and dry and the temperature often falls below zero.

우리나라는 매우 뚜렷한 사계절이 있습니다. 봄과 가을은 늘 산들바람이 불고 시원합니다. 여름은 매우 덥고 습합니다. 여름에 2주에서 3주 동안은 우기가 있습니다. 겨울은 매우 춥고 건조하며 종종 영하로 떨어집니다.

Advanced Answer

While spring and fall are easy to cope with, summer and winter are very extreme. During spring and fall, the weather is very nice and breezy. On the other hand, summer is very hot and humid, especially during the monsoon season, which occurs in July and August. Winter in Korea is very cold, and it's drier than in other seasons, but I don't think it's too dry compared to other parts of the world.

봄과 가을은 견디기 쉬운 반면 여름은 매우 덥고 겨울은 매우 춥습니다. 봄과 가을 동안에는 날씨가 매우 좋고 산들바람이 붑니다. 반면에 여름, 특별히 7월에서 8월에 있는 우기 동안에는 매우 덥고 습합니다. 한국의 겨울은 매우 춥고 다른 계절과 비교해 건조하지만 제 생각으로는 세계의 다른 지역들과 비교했을 때 그리 건조하다고는 생각하지 않습니다.

distinctive 특유의 breezy 산들바람이 부는 humid 습기 있는, 눅눅한 rainy season 우기 temperature 온도 below zero 영도 이하 cope with 대항하다, 대처하다 extreme 극심한 on the other hand 반면에 monsoon 《구어》 호우 cf. the monsoon 몬순, 인도의 우기 occur 일어나다, 발생하다 compared to ~와 비교해서

 *Practice Test*

Question 5

What is the biggest celebration in your country?

당신의 나라에서 가장 큰 축제는 무엇입니까?

▬▭ **Personal Answer**

▬▬ **Standard Answer**

The biggest celebration in my country is Chuseok. It is Korean Thanksgiving Day. During the Chuseok holidays, many people go back to their hometown or visit their relatives. Family members and relatives gather at one's house and have a feast, and talk about family affairs.

우리나라에서 가장 큰 축제는 추석입니다. 추석은 한국의 추수감사절입니다. 추석 명절 동안에는 많은 사람들이 고향을 방문하거나 친척들을 방문합니다. 가족들과 친지들은 한 집에 모여서 맛있게 음식을 먹고 집안일에 대해 이야기합니다.

Advanced Answer

There are many big celebrations in my country, but I must say that the biggest one is Seollal, which is the Lunar New Year Day. Our ancestors used to use the lunar calendar, and celebrating the Lunar New Year Day has become our tradition. During this holiday, we must go to our parents' house and relatives' house to say hello, and pay them big bows to wish them a long, happy, and healthy life. We spend quality time with our family members and relatives by having a feast or playing traditional games. We also exchange presents with our acquaintances during this celebration to wish each other a happy holiday.

우리나라에는 큰 축제가 여럿 있지만 가장 큰 것은 음력 새해인 설날입니다. 우리 조상들은 음력을 사용했으며 음력 새해를 기리는 것이 우리의 전통이 되었습니다. 명절 기간 동안 우리는 인사를 드리기 위해서 부모님댁과 친척집에 가서 오랫동안 행복하고 건강한 생활을 하시기를 바라면서 큰절을 올립니다. 우리는 가족과 친척들과 좋은 시간을 보냅니다. 또한 명절 기간 동안 서로 즐거운 명절을 보내길 바라는 의미에서 지인들과 선물을 교환합니다.

celebration 축하, 축전 feast 축하연, 잔치, 향연 family affairs 집안일, 가사 ancestor 조상 lunar calendar 태음력 quality time 가장 재미있고 가치 있는 시간 exchange 교환하다, 환전하다, 교환 acquaintance 아는 사람, 아는 사이《친구처럼 친하지는 않지만 알고 지내는 사이》

Practice Test

Part 2

Topic Card 1

Describe a beautiful place to visit in your country.

당신의 나라에서 방문할 수 있는 아름다운 장소를 묘사하세요.

You should say:

where it is
어디에 있는지

how to get there
그곳에 어떻게 가는지

what there is to do there
그곳에서 할 수 있는 것이 무엇인지

and why you recommend this place.
그리고 왜 당신이 그곳을 추천하는지

Personal Answer

_____

_____

_____

_____

Standard Answer

I will tell you about Jeju Island. It is located in the southern part of Korea. You can take a plane there. It takes about one hour. You can see many palm trees and strangely shaped volcanic rocks there. It feels like a foreign country. You can climb up to Halla Mountain, or visit beautiful beaches in Jeju. You can also go on a city tour with a motorcycle. I recommend this place because it is very clean and people in Jeju are very nice.

제주도에 대해 말씀드리겠습니다. 제주도는 한국의 남쪽에 자리잡고 있습니다. 비행기로 갈 수 있습니다. 약 한 시간 정도 걸립니다. 그곳에서 많은 야자수와 희한한 형태의 화산암들을 볼 수 있습니다. 마치 외국처럼 느껴집니다. 한라산에서 등산을 하거나 제주도의 아름다운 해변을 방문할 수 있습니다. 또한 오토바이로 도시 관광을 할 수도 있습니다. 제주도는 매우 아름답고 제주도 사람들은 매우 친절하기 때문에 저는 이곳을 추천합니다.

●■ Advanced Answer

I would like to recommend Jeju Island, which is located in the southern part of Korea. It is a volcanic island with undisturbed nature; the scenery there is great. The fastest and the most convenient way to get there is by airplane which takes about one hour. There are many activities that you can enjoy, such as horse riding, swimming, climbing, and touring around the city. I especially would like to recommend horse riding there because you can enjoy nature with spectacular scenery while riding a horse.

저는 한국 남쪽에 있는 제주도를 추천합니다. 제주도는 파괴되지 않은 자연을 가진 화산섬으로 경치가 대단합니다. 가장 빠르고 편리하게 가는 방법은 비행기를 타고 가는 것인데 한 시간 정도 걸립니다. 사람들은 그곳에서 승마, 수영, 등산, 도시여행과 같은 많은 활동들을 즐길 수 있습니다. 저는 그곳에서 특히 승마를 추천하고 싶은데 그 이유는 승마를 하면서 장관의 경치를 즐길 수 있기 때문입니다.

●■ recommend 추천하다 be located in ~에 위치하다 palm tree 야자나무 volcanic rock 화산암 climb 오르다, 등반하다, 기어오르다 go on a tour 여행을 떠나다, 유람 길에 오르다 motorcycle 오토바이 undisturbed 방해받지 않은, 평정한 horse riding 승마 spectacular 구경거리의, 장관의

Topic Card 2

Describe a festival in your country.
당신의 나라에서 열리는 축제에 대하여 묘사하세요.

You should say:

what it is
무엇인지

when it is
언제 하는지

why you like/dislike this festival
이 축제를 왜 좋아하는지/싫어하는지

and how this festival is celebrated.
그리고 이 축제가 어떻게 거행되는지

Personal Answer

_____

_____

_____

_____

Standard Answer

We have the Seoul Opera Festival. It is held in spring and fall every year. This festival started in 1998 and has been very popular among music lovers. Festival organizers invite famous musicians from around the world for this festival. I like this festival because it is a good chance for the world to learn more about Korea.

우리는 서울 오페라 페스티벌을 엽니다. 매년 봄과 가을에 열립니다. 이 축제는 1998년에 시작되었고 음악 애호가들 사이에서 인기가 매우 높습니다. 축제 주최측은 세계의 유명한 음악가들을 초청합니다. 이 페스티벌은 세계가 한국을 더 잘 알 수 있는 기회이므로 저는 이 축제를 좋아합니다.

One of the festivals in my country is the Seoul Opera Festival which is held twice a year in the spring and fall. It first started in 1998 to celebrate the birth of the Korean government 50 years ago as well as the 50th anniversary of Korean opera. It is an international opera festival where famous opera singers and musicians are invited from all over the world. Many folk tales are done in opera, and performed in front of audiences worldwide. It is a good opportunity for Korean opera to be known to the world and get recognized.

우리나라의 축제 중 하나는 매년 봄과 가을, 일 년에 두 번씩 열리는 서울 오페라 페스티벌입니다. 이것은 한국 정부의 탄생과 한국 오페라 50주년을 축하하기 위하여 1998년에 처음 시작되었습니다. 그것은 국제적인 오페라 축제이며 전 세계의 유명한 오페라 가수와 음악가들이 초대됩니다. 많은 민화가 오페라로 만들어지고 전 세계의 관중들 앞에서 상연됩니다. 이것은 한국 오페라가 세계에 알려지고 인식되는 좋은 기회입니다.

opera 오페라, 가극 musician 음악가 anniversary 기념일, 기념제 folk tale 민화, 민간 설화, 전설 perform 공연하다, 상연하다 audience 관중 opportunity 기회 be known to ~에게 알려지다 get recognized 인지되다, 인식되다

Practice Test

Question 1

What things do you like most about your own culture?

당신의 문화 중에서 가장 마음에 드는 것은 무엇입니까?

● Brainstorming Note

주제: 당신의 문화 중 가장 선호하는 것
세부 사항: 1. 우리문화 중 존중에 관한 배경   2. 남을 존중하는 것이 중요한 이유
관련 어휘: respect /   taught to be respectful / coexist / harsh

Personal Answer

Model Answer

The thing I like the most about my culture is respect. Since we are very young, we are taught to be respectful by our parents and grandparents. I think it is a very important thing to learn because we live in a society where all kinds of people coexist, and if we do not respect each other, our society will become harsher than it is now.

우리나라의 문화 중에서 가장 마음에 드는 것은 존중입니다. 우리는 어릴 때부터 부모님과 조부모님으로부터 공손한 사람이 되도록 가르침을 받습니다. 우리는 많은 종류의 사람들과 공존하는 사회에서 살고 있고 만약 우리가 서로 존중하지 않는다면 우리 사회는 지금보다 더 무정한 사회가 될 것이기 때문에 저는 존중하는 마음을 배우는 것이 매우 중요하다고 생각합니다.

respect 존경, 존중, 존경하다, 소중히 여기다   **respectful** 경의를 표하는, 공손한, 정중한   **grandparent** 조부, 조모   **coexist** 공존하다
harsh 거친, 무자비한, 무정한, 가혹한

Question 2

What changes does your country really need?

당신의 나라가 정말로 필요로 하는 것은 어떤 변화입니까?

• **Brainstorming Note**

주제: 국가의 필수적인 변화

세부 사항: 1. 한국 교통법규 변화의 필요성   2. 교통법규 강화의 이유

관련 어휘: protect the lives / regulations / enforce the traffic laws / traffic victims

Personal Answer

Model Answer

In my opinion, the traffic laws really need to change to protect the lives of citizens in my country. There are many regulations which are not being followed by the majority of people. When I went to Germany, I was very surprised to see how the Germans voluntarily abide by their traffic laws very well. I think that the Korean government should enforce the traffic laws and raise the fines so that no innocent people in my country become traffic victims.

제 소견으로는 교통법규가 우리나라 시민들의 생명을 보호하기 위하여 정말로 변화될 필요가 있다고 생각합니다. 우리나라에는 대다수의 사람들이 따르지 않는 많은 규정들이 있습니다. 제가 독일에 갔을 때 저는 독일인들이 얼마나 자발적으로 교통법규를 지키는지를 보고는 놀랐습니다. 한국 정부는 교통법을 강화하고 벌금을 인상함으로써 더는 무고한 교통사고 희생자가 발생하지 않도록 해야 합니다.

protect 보호하다   citizen 시민   regulation 규칙, 규정, 법규   majority 대다수, 과반수, 대부분   be surprised to ~에 놀라다   voluntarily 자발적으로   abide by 지키다, 엄수하다   enforce 실시하다, 강요하다, 집행하다   fine 벌금, 과료   innocent 순진한, 결백한, 무해한   victim 희생자, 피해자

Practice Test

Question 3

What are the benefits for your country of people returning from abroad?

외국으로 이주했던 사람들이 다시 돌아올 때 당신의 나라가 얻을 수 있는 이익은 무엇입니까?

• Brainstorming Note

주제: 이민자들이 귀국할 때 생기는 영향
세부 사항: 1. 유용한 지식의 국내 반입   2. 지식을 활용한 교육
관련 어휘: useful knowledge / educating next generation / a big plus to the
            country

▬● Personal Answer

▬● Model Answer

People who have received an education in foreign countries can bring useful knowledge to our country. In addition, they can use their knowledge in educating the next generation, so it will be a big plus to our country.

외국에서 교육을 받은 사람들은 우리나라에 유용한 지식을 가져올 수 있습니다. 게다가 그들은 그들의 지식을 이용해서 다음 세대를 가르칠 수도 있습니다. 따라서 그것은 우리나라에 큰 도움이 될 것입니다.

▬● generation 동시대의 사람들, 세대

What is the best way to make sure that children grow up knowing about their cultural past?

어린이들이 자랄 때 그들의 문화배경에 대해 더 많이 배울 수 있도록 하는 가장 좋은 방법은 무엇입니까?

● Brainstorming Note

주제: 아이들에게 가르칠 문화에 관한 효과적인 교육 방법
세부 사항: 1. 독서가 아이들에게 미치는 영향   2. 교육에 대한 부모의 역할
관련 어휘: cultural past / culture and history / recommend children to read

Personal Answer

Model Answer

I think the best way to make sure that children grow up knowing about their cultural past is reading books about it. Many books nowadays are designed for children to help them understand their culture and history without making them lose interest. Parents should recommend their children to read as many books as possible when they are still young.

제 의견으로는 아이들이 문화에 관하여 더 많이 알게 만드는 가장 좋은 방법은 독서입니다. 요즘에는 책들이 어린이 들로 하여금 그들의 문화와 역사에 관하여 쉽게 이해할 수 있고 동시에 흥미를 잃지 않도록 만들어져 있습니다. 부모 들은 자녀들이 어릴 때 가능한 한 많은 책을 읽도록 권고해야 합니다.

be designed for ~을 위해 만들어 지다, ~을 위해 설계되다 recommend 추천하다, 권고하다

Practice Test

Question 5

What are some of the main industries in your country?

당신의 나라에서 주요 산업은 무엇입니까?

● Brainstorming Note

주제: 국가 주요 산업들
세부 사항: 1. 국내 휴대폰의 장점   2. 다른 주요 산업들
관련 어휘: cellular phones /   design and function / other main industries

▨ Personal Answer

_____

_____

_____

_____

● Model Answer

One of the main industries in my country is cellular phones which are favored by many people from all over the world. Korean cellular phones are famous for their design as well as their function. Last year, the best and the second best selling cellular phones in the United States were by Korean companies. Other main industries include car manufacturing, shipbuilding, and Internet technology. Korea is known to be number one in the IT business as well.

우리나라의 주요 산업 중 하나는 전 세계 사람들이 선호하는 휴대폰입니다. 한국의 휴대폰은 기능뿐만 아니라 디자인으로도 유명합니다. 작년에 미국에서 1, 2위로 많이 판매된 핸드폰은 한국산입니다. 다른 주요 산업들은 자동차 제조업, 선박 제조업, 그리고 인터넷 산업입니다. 또한 한국은 IT 산업에서 세계 1위로 알려져 있습니다.

industry 산업, 공업, 산업계 **cellular phone** 휴대폰 **favor** 소중히 하다, 편애하다 **function** 기능 **include** 포함하다 **manufacturing** 제조업의, 제조 (공업) *cf.* manufacturing industry 제조공업 **shipbuilding** 조선, 조선술 **as well** 게다가, 더욱이, 그 위에

Model Answers p.428

1 How do you feel about patriotism?

애국심에 대해서 어떻게 생각합니까?

🔊 Personal Answer

2 Do you think that it is useful to maintain your culture's traditional stories such as myths and folk tales?

신화나 민화와 같은 전통 이야기를 유지하는 것이 유용하다고 생각합니까?

🔊 Personal Answer

3 What big changes will happen in your country over the next ten years?

다가오는 10년 동안 당신의 나라에 어떤 큰 변화가 있을까요?

🔊 Personal Answer

4 What are some problems your country faces currently?

현재 당신의 국가가 직면하고 있는 문제들은 무엇입니까?

🔊 Personal Answer

5 Why do people in your country emigrate?

당신의 나라에서 사람들이 왜 이민을 가나요?

🔊 Personal Answer

Check Vocabularies & Phrases

- [ ] **Thanksgiving Day** 추수감사절
- [ ] **lunar** 달의, 태음의
- [ ] **be held in** 열리다, 개최하다
- [ ] **cherry blossom** 벚꽃
- [ ] **scenery** 풍경, 배경
- [ ] **full bloom** 만발한
- [ ] **take a walk** 산책 나가다
- [ ] **loved one** 가장 사랑하는 사람, 연인
  pl. 가족, 친척
- [ ] **be located in** ~에 위치하다
- [ ] **custom** 풍습, 관습
- [ ] **restriction** 제한, 구속
- [ ] **throughout** 완전히, 처음부터 끝까지, ~ 동안
- [ ] **rude** 버릇없는, 무례한
- [ ] **bowing** 절을 하는, 인사를 하는
- [ ] **shake hands with** ~와 악수를 하다
- [ ] **pay a big bow to** 큰절을 하다
- [ ] **the elderly** 중장년층, 초로의 사람들
- [ ] **in order to** ~할 목적으로, ~하기 위하여
- [ ] **pay respect to** ~에 관심을 갖다, ~에게 존경을 표하다
- [ ] **spacious** 넓은, 훤히 트인
- [ ] **autumnal tints** 단풍
- [ ] **famous for** ~로 유명한
- [ ] **scarlet** 주홍색, 진홍색
- [ ] **maple** 단풍나무
- [ ] **Buddhist** 불교도, 부처의, 불교의
- [ ] **dynasty** 왕조, 왕가
- [ ] **distinctive** 특유의, 특이한

- [ ] **breezy** 산들바람의, 산들바람이 부는
- [ ] **humid** 습기있는, 눅눅한
- [ ] **rainy season** 우기
- [ ] **temperature** 온도
- [ ] **below zero** 영도 이하
- [ ] **cope with** 대항하다, 대처하다
- [ ] **extreme** 극심한
- [ ] **on the other hand** 반면에
- [ ] **monsoon** 《구어》호우
  cf. the monsoon 몬순, 계절풍, 인도의 우기
- [ ] **occur** 일어나다, 생기다, 발생하다
- [ ] **compared to** ~와 비교해서
- [ ] **celebration** 축하, 축전
- [ ] **feast** 축하연, 잔치, 향연
- [ ] **family affairs** 집안일, 가사
- [ ] **ancestor** 조상
- [ ] **lunar calendar** 태음력
- [ ] **quality time** 가장 재미있고 가치 있는 시간
- [ ] **exchange** 교환하다, 환전하다, 교환
- [ ] **acquaintance** 아는 사람, 아는 사이
  《친구처럼 친하지는 않지만 알고 지내는 사이》
- [ ] **recommend** 추천하다
- [ ] **be located in** ~에 위치하다
- [ ] **palm tree** 야자나무
- [ ] **volcanic rock** 화산암
- [ ] **climb** 오르다, 등반하다, 기어오르다
- [ ] **go on a tour** 여행을 떠나다, 유람 길에 오르다
- [ ] **motorcycle** 오토바이
- [ ] **undisturbed** 방해 받지 않은, 평정한

- [ ] **horse riding** 승마
- [ ] **spectacular** 구경거리의, 장관의
- [ ] **opera** 오페라, 가극
- [ ] **musician** 음악가
- [ ] **anniversary** 기념일, 기념제
- [ ] **folk tale** 민화, 민간 설화, 전설
- [ ] **perform** 공연하다, 상연하다
- [ ] **audience** 관중
- [ ] **opportunity** 기회
- [ ] **be known to** ~에게 알려지다
- [ ] **get recognized** 인지되다, 인식되다
- [ ] **respect** 존경, 존중, 존경하다, 소중히 여기다
- [ ] **respectful** 경의를 표하는, 공손한, 정중한
- [ ] **grandparent** 조부, 조모
- [ ] **coexist** 공존하다
- [ ] **harsh** 거친, 무자비한, 무정한, 가혹한
- [ ] **protect** 보호하다
- [ ] **citizen** 시민
- [ ] **regulation** 규칙, 규정, 법규
- [ ] **majority** 대다수, 과반수, 대부분
- [ ] **be surprised to** ~에 놀라다
- [ ] **voluntarily** 자발적으로
- [ ] **abide by** 지키다, 엄수하다
- [ ] **enforce** 실시하다, 강요하다, 집행하다
- [ ] **fine** 벌금, 과료
- [ ] **innocent** 순진한, 결백한, 무해한
- [ ] **victim** 희생자, 피해자
- [ ] **generation** 동시대의 사람들, 세대

- [ ] **be designed for** ~을 위해 만들어 지다, ~을 위해 설계되다
- [ ] **recommend** 추천하다, 권하다
- [ ] **industry** 산업, 공업, 산업계
- [ ] **cellular phone** 휴대폰
- [ ] **favor** 소중히 하다, 편애하다
- [ ] **function** 기능
- [ ] **include** 포함하다
- [ ] **manufacturing** 제조업의, 제조 (공업)
  cf. manufacturing industry 제조 공업
- [ ] **shipbuilding** 조선, 조선술
- [ ] **as well** 게다가, 더욱이, 그 위에

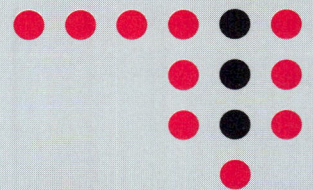

Chapter 8

Communication

Chapter 8에 나오는 Part별 질문 미리보기

•Part 1   Questions

1. Who do you talk to the most in a day?
2. How do you keep in touch with your family and friends?
3. How do people in your country communicate with each other?
4. When was the first time you owned a mobile phone?
5. Do you often text message?

•Part 2   Topic Cards

1. Describe your preferred form of communication.
   You should say:
   what it is
   why you use it
   how long you have been using it
   and why you prefer this method of communication.

2. Describe a mobile phone you have used/seen.
   You should say:
   who makes it
   what it is like
   how much it usually costs
   and what convenience mobile phones provide people.

•Part 3   Questions

1. What is the most remarkable advantage of mobile phone?
2. How did people contact each other before the telephone was invented?
3. What inconvenience may the use of mobile phones cause?
4. Should the use of mobile phones be banned in public places?
5. What difficulties can arise when people communicate without being able to see each other, by telephone or e-mail for example?

Warm-up

01 사람들이 서로 대화를 나누는 수단은 그들이 선호하는 방법에 달려 있습니다.

The way people _____ with each other _____ on their preferences.

02 그는 제게 삶에 대한 충고를 해주고 제가 하는 것을 격려해 주려고 노력합니다.

He gives me good _____ about life, and tries to be _____ of what I do.

03 저는 가족과 친구에게 전화로 연락을 취합니다.

I keep in _____ with my family and friends by _____ them.

04 저는 전화로 그들과 얘기를 나눌 수 밖에 없습니다.

I have ___ choice but to talk to them ___ the phone.

05 전화로 그들과 얘기를 나누는 것은 비용이 많이 듭니다.

It _____ me a lot to talk to them on the _____.

06 어떤 사람들은 컴퓨터와 인터넷에 쉽게 접근할 수 있는 환경이 조성되어 있습니다.

_____ people have easy _____ to computers and the Internet.

07 핸드폰을 처음 구입한 때는 고등학생 때였습니다.

The ____ time I owned a mobile phone was _____ I was in ____ school.

08 그것은 사람들과 연락을 주고받을 수 있는 효과적인 방법입니다.

It is an _____ way to keep in touch _____ people.

09 그들이 무엇인가를 하고 있을 때 그들을 방해하지는 않는지 걱정할 필요가 없습니다.

I don't have to worry about _____ them directly _____ they are in the middle of something.

10 저는 아주 오랫동안 전화를 사용해왔습니다.

I have been using a phone for as _____ as I can _____.

11 제가 인터넷에 연결되어 있는 한 비용이 하나도 안 듭니다.

It doesn't cost me anything ___ long ___ I have an Internet _____.

12 저는 외국에 있는 누군가와 추가 비용 없이 얘기를 나눌 수 있습니다.

I can ____ to someone overseas without _____ cost.

13 핸드폰의 가장 큰 장점은 어디서든 전화통화를 할 수 있다는 점입니다.

The most remarkable _____ of the mobile phone is having access to a phone _____.

14 사람들은 전화를 걸기 위해 공중전화를 찾아야 합니다.

People had to ____ for a phone booth to ____ a call.

15 공중전화를 찾아서 누군가와 통화를 해야 하는 것은 성가신 일이었습니다.

It was a hassle to ____ a pay phone and also to get in ____ with the person.

16 전화가 발명되기 전에는 편지로 서로 연락을 주고받았습니다.

People _____ each other by writing and _____ letters before the telephone was _____.

17 누구든 최소한 한 번쯤은 그런 장소들에서 사람들이 시끄럽게 통화하는 것을 경험했을 것입니다.

_____ has had to cope with loud _____ in such places at ____ once in their life time.

18 핸드폰 사용이 대중 장소에서는 금지되어야 합니다.

The ____ of mobile phones should be _____ in public places.

19 핸드폰 사용의 금지는 많은 사람들에게 불편함을 초래할 것입니다.

_____ the use of mobile phones will ____ too much _____ to the majority of people.

20 저는 사람들과 얼굴을 맞대고 있지 않을 땐 말을 항상 조심하려고 합니다.

I always try to be _____ about ____ I say when I am ___ face-to-face with the person.

Answer

01	communicate, depends	11	as, as, connection
02	advice, supportive	12	talk, extra
03	touch, calling	13	advantage, anywhere
04	no, on	14	look, make
05	costs, phone	15	find, touch
06	Some, access	16	contacted, sending, invented
07	first, when, high	17	Everyone, conversations, least
08	effective, with	18	use, banned
09	bothering, when	19	Banning, cause, inconvenience
10	long, remember	20	careful, what, not

Warm-up

Speak up-step1

■ 인칭 변화가 가능한 경우와 인칭 변화가 가능하지 않은 경우의 각각의 연습 순서대로 말해보세요.

1. 인칭 변화가 가능한 경우: 다음의 인칭 변화 순서대로 연습하는 것이 효과적입니다.

5단계 인칭 변화 연습 순서

Statement	Question	No Answer	Yes Answer
(1) you	(1) you	(1) I	(1) I
(2) he	(2) he	(2) he	(2) he
(3) we	(3) we	(3) we	(3) we
(4) she	(4) she	(4) she	(4) she
(5) they	(5) they	(5) they	(5) they

▶ 주의 1 지금부터 나오는 문장은 반드시 큰 소리로 읽어주세요.

▶ 주의 2 아래의 문장들은 빈칸 채워 넣기의 연습이 아니고 바로 입으로 말할 수 있게 하는 스피킹 연습이므로 머뭇거림 없이 말할 수 있을 때까지 연습해야 합니다.

• 밑줄친 부분을 5단계 인칭 변화에 따라 바꾸어 주세요.

Ex 1. I keep in touch with my family by calling them.

Statement (평서문)

(1) you   You keep in touch with your family by calling them.

(2) he   He keeps in touch with his family by calling them.

(3) we   We _____.

(4) she   She _____.

(5) they   They _____.

Question (의문문)

(1) you   Do you keep in touch with your family by calling them?

(2) he   Does he keep in touch with his family by calling them?

(3) we   _____?

(4) she   _____?

(5) they   _____?

No Answer(부정문)

(1) I   No, I don't keep in touch with <u>my</u> family by calling them.

(2) he   No, _____.

(3) we   No, _____.

(4) she   No, _____.

(5) they   No, _____.

Yes Answer(긍정문)

(1) I   Yes, I keep in touch with <u>my</u> family by calling them.

(2) he   Yes, _____.

(3) we   Yes, _____.

(4) she   Yes, _____.

(5) they   Yes, _____.

2. 인칭 변화가 가능하지 않은 경우: 다음의 순서대로 연습해주세요.

Statement ▶▶ Question ▶▶ No Answer ▶▶ Yes Answer

Ex 2. It is an effective way to keep in touch with people.

Statement(평서문)

It is an effective way to keep in touch with people.

Question(의문문)

Is it an effective way to keep in touch with people?

No Answer(부정문)

No, it isn't an effective way to keep in touch with people.

Yes Answer(긍정문)

Yes, it is an effective way to keep in touch with people.

Speak up-step2

■ 밑줄이 있는 문장들은 아래 인칭 변화가 가능한 경우의 5단계 인칭 변화 연습 순서를 따라 하시고 밑줄이 없는 문장은 인칭 변화가 가능하지 않은 경우의 연습 순서대로 하세요.

1. 인칭 변화가 가능한 경우

🔴▶ 5단계 인칭 변화 연습 순서

Statement		Question		No Answer		Yes Answer
(1) you		(1) you		(1) I		(1) I
(2) he		(2) he		(2) he		(2) he
(3) we	▶▶	(3) we	▶▶	(3) we	▶▶	(3) we
(4) she		(4) she		(4) she		(4) she
(5) they		(5) they		(5) they		(5) they

2. 인칭 변화가 가능하지 않은 경우

Statement	▶▶	Question	▶▶	No Answer	▶▶	Yes Answer

▶주의 1　큰 소리로 읽어 주세요.
▶주의 2　첫 문장을 먼저 외우고 나서 그 다음부터는 문장을 보지 말아야 합니다.
▶주의 3　외워진 문장을 위의 문장 변화 연습 순서만 보고 말할 수 있어야 합니다.

• 밑줄 친 부분의 단어는 인칭 변화가 가능합니다.

01　The way people communicate with each other depends on their free time.

02　My father tries to be supportive of what I do.

03　I keep in touch with my family by calling them.

04　I have no choice but to talk to them on the phone.

05　It costs me a lot to talk to them on the phone.

216

06 I have easy access to computers and the Internet.

07 The first time I owned a mobile phone was when I was in high school.

08 It is an effective way to keep in touch with people.

09 I don't have to worry about bothering them.

10 I have been using a phone for as long as I can remember.

11 It doesn't cost me anything as long as I have an Internet connection.

12 I can talk to someone overseas without extra cost.

13 The most remarkable advantage of the mobile phone is having access to a phone anywhere.

14 I had to look for a phone booth to make a call.

15 It is a hassle to find a payphone to make a call.

16 People contacted each other by sending letters before the telephone was invented.

17 I had to cope with loud conversations in public places.

18 The use of mobile phones should be banned in public places.

19 Banning the use of mobile phones will cause too much inconvenience.

20 I always try to be careful about what I say.

● 정답은 www.nexusbook.com에서 확인하실 수 있습니다.

Practice Test

Part 1

Question 1

Who do you talk to the most in a day?

당신은 하루 중에 누구와 가장 많이 이야기를 합니까?

Personal Answer

Standard Answer

I talk to my sister the most in a day. My sister and I get along very well, and we enjoy talking to each other very much. I talk to her on my mobile phone and also talk to her when I get home. We like talking about our jobs, schools, or about our boyfriends.

저는 언니와 가장 많이 이야기를 합니다. 언니와 저는 사이가 매우 좋고 우리는 서로 대화하는 것을 좋아합니다. 저는 휴대폰으로 언니와 통화하고 집에 와서도 이야기를 합니다. 우리는 일, 학교, 그리고 남자친구에 관하여 이야기하는 것을 좋아합니다.

Advanced Answer

I usually talk to my father most of the day because we work together. Unlike other Korean fathers, he is very generous and understanding, so I find it easy to talk to him. I tell him everything that happens around me, including my relationship with my girlfriend. He gives me good advice about life, and tries to be supportive of what I do.

저는 아버지와 함께 일을 하기 때문에 대부분 아버지와 이야기를 가장 많이 나눕니다. 다른 한국의 아버지들과는 달리 저희 아버지는 아주 관대하시고 이해심이 많으셔서 대화하기가 쉽습니다. 저는 아버지께 여자친구와의 관계를 포함해서 저에게 일어나는 모든 일을 말씀드립니다. 아버지는 저에게 삶에 대해서 조언해 주시고 제가 하는 일을 격려해 주시려고 노력하십니다.

get along 사이좋게 지내다 generous 후한, 관대한 supportive of ~를 격려하는

How do you keep in touch with your family and friends?

가족이나 친구들과 어떻게 연락을 유지합니까?

Personal Answer

Standard Answer

I keep in touch with my family and friends by calling them. I am not into using computers or writing letters, so I have no choice but to talk to them on the phone. It costs me a lot but it's not too bad because I can hear their voices.

저는 가족이나 친구들에게 전화로 연락을 합니다. 저는 컴퓨터를 이용하거나 편지를 쓰는 것을 좋아하지 않기 때문에 전화 외에는 그들과 연락할 방법이 없습니다. 비용은 많이 들지만 그들의 목소리를 들을 수 있어서 그렇게 나쁘지 않습니다.

Advanced Answer

I usually keep in touch with my family on the phone. I'd rather talk to them in person, but it is very hard to get everyone together at the same place these days since our work hours are very different. I keep in touch with my friends by sending text messages from my mobile phone. It is not the most efficient way because text messages sometimes get lost during transmission. However, it is certainly the cheapest and the coolest way to connect to each other among young people.

저는 대부분 가족과 통화를 합니다. 직접 얼굴을 보면서 이야기하면 좋겠지만 요즘에는 각자 근무시간이 다르기 때문에 한 장소에 모든 사람이 모이는 것은 참 힘듭니다. 저는 친구들과 문자메시지를 주고받습니다. 문자메시지는 가끔 전달과정에서 분실되기도 하기 때문에 가장 효과적인 방법은 아닙니다. 그러나 젊은이들 사이에서는 연락하기에 확실히 가장 저렴하고 근사한 방법입니다.

keep in touch 연락을 지속하다   into 《구어》 ~에 관심을 가지고, 열중하여   have no choice but to ~하지 않을 수 없다   would rather ~하는 편이 낫겠다   in person 실물로, 자기 스스로   efficient 효과가 있는   get lost 길을 잃다 《속어》 자취를 감추다   transmission 전달   cool 시원한 《속어》 멋진, 근사한

Practice Test

Question 3

How do people in your country communicate with each other?

당신의 나라에서 사람들은 서로 어떻게 의사소통을 합니까?

🔊 **Personal Answer**

🔊 **Standard Answer**

I think the way people in my country communicate with each other depends on their preferences. Some people have easy access to computers and the Internet, so they prefer using e-mails or instant messaging. Some prefer using the phone because it is fast and efficient. Others use text messaging to communicate with each other.

제 생각에는 사람들이 서로 의사소통하는 방법은 그들의 선호도에 달려있는 것 같습니다. 어떤 사람들은 컴퓨터와 인터넷을 쉽게 접할 수 있으므로 전자메일이나 메신저를 사용하는 것을 선호합니다. 어떤 이들은 전화를 사용하는 것을 좋아하는데 그 이유는 빠르고 효과적이기 때문입니다. 다른 사람들은 문자메시지를 사용하여 서로 의사소통을 합니다.

🔊 **Advanced Answer**

People in my country like text messaging because it's fun to use and quite cheap. They also like using the Internet to connect to each other. The most popular form of Internet communication among young Koreans is the personal webpage called "Cyworld." It's a place where you can become a member and create your own webpage. People can visit your website to look at the pictures you have uploaded, and leave notes on your guest book.

우리나라 사람들은 문자메시지를 애용하는데 그 이유는 재미있고 꽤 저렴하기 때문입니다. 또한 인터넷을 사용하여 서로 연결하는 것을 좋아합니다. 한국의 젊은이들 사이에서 가장 인기있는 인터넷을 통한 방법은 싸이월드라고 불리는 개인 홈페이지입니다. 싸이월드는 사람들이 회원이 될 수 있고 개인 홈페이지를 개설할 수 있는 곳입니다. 사람들은 당신이 올려 놓은 사진들을 보기 위해 방문할 수 있고 방명록에 글을 남길 수 있습니다.

🔊 **communicate** 의사를 소통하다 **depend on** ~에 달려있다 **preference** 더 좋아함, 선택 **have easy access to** ~에게 접근할 수 있다 **guest book** 숙박부, 방명록, 내방자 명단

220

Question 4

When was the first time you owned a mobile phone?

당신은 언제 처음으로 휴대폰을 가졌습니까?

Personal Answer

Standard Answer

I got my first mobile phone five years ago. Mobile phones started becoming very popular among Koreans about seven years ago. They used to be very expensive back then, but nowadays, they are getting cheaper and have more functions.

저는 5년 전에 처음으로 휴대폰을 샀습니다. 휴대폰은 7년 전쯤 한국인들 사이에서 매우 유명해지기 시작했습니다. 그 당시에는 휴대폰이 매우 비쌌지만 요즘은 값이 점점 저렴해지고 있고 더 많은 기능이 추가되고 있습니다.

Advanced Answer

The first time I owned a mobile phone was when I was in high school. My father gave it to me on my birthday. He told me that we live in a dangerous world and wanted me to have a phone for emergency situations. Thankfully, I have never had to use it in such situations, but it has brought such convenience to my life that I don't think I could live without it.

제가 휴대폰을 처음 가졌던 것은 고등학생 때였습니다. 저의 아버지께서 제 생일날 휴대폰을 선물로 주셨습니다. 아버지께서는 우리가 위험한 세상에서 살고 있다고 말씀하시면서 위험한 순간을 대비하기 위해 제가 전화를 소지하길 바라셨습니다. 감사하게도 저는 위기 상황에서 휴대폰을 사용할 필요가 없었습니다. 하지만 휴대폰은 저의 삶에 편리함을 가져왔고 그것이 없이는 살 수 없을 것 같습니다.

function 기능 dangerous 위험한 emergency 비상사태, 위급 thankfully 고맙게도, 감사하여 convenience 편의, 편리

Question 5

Do you often text message?

문자 메시지를 자주 보냅니까?

▬▭ Personal Answer

▬▭ Standard Answer

No, I don't. Text messaging is very hard for me because it is a new technology that I am not used to. My daughter uses it everyday, though. She text messages her friends all day long, and sometimes I get very mad at her. I think text messaging is a cheap way to communicate with each other, but I am not very interested in it.

아니요. 문자 메시지를 보내는 것은 저에게 익숙하지 않은 새로운 기술이기 때문에 매우 어렵습니다. 하지만 제 딸은 문자 메시지를 매일 사용합니다. 하루 종일 친구들과 문자 메시지를 보내서 저는 가끔 화가 납니다. 저는 문자 메시지를 보내는 것이 서로 의사소통을 하기에 저렴한 방법이라고 생각하지만 관심은 없습니다.

Advanced Answer

Yes. Text messaging in Korea is much cheaper than making a call, and so many young people enjoy that instead. I text message many people throughout the day because it is an effective way to keep in touch. I don't have to worry about bothering them directly when they are in the middle of something. The bad side is that it's not as reliable as making a call because text messages often get lost in progress.

네. 한국에서는 문자 메시지를 보내는 것이 전화하는 것보다 더 저렴하기 때문에 많은 젊은이들이 전화 통화 대신 문자 메시지를 보내는 것을 좋아합니다. 저는 많은 사람들에게 하루 내내 문자 메시지를 보내는데 왜냐하면 문자 메시지는 사람들이 무엇인가를 하고 있는 동안 직접적으로 그들을 방해할 염려 없이 교류할 수 있는 효과적인 방법이기 때문입니다. 안 좋은 점이라면 문자 메시지는 가끔 진행 중에 자취를 감추기 때문에 전화 통화만큼 신뢰성이 높지는 않다는 점입니다.

text message 문자 메시지를 보내다, 문자 메시지 be used to ~에 익숙해져 있다   though 하긴 ~이지만, ~에도 불구하고 all day long 하루 종일, 진종일   mad 《구어》 《몹시》 화난 be interested in ~에 흥미가 있다 make a call 전화를 걸다 instead of ~ 대신에 throughout 처음부터 끝까지, ~ 동안, ~ 내내 in the middle of ~의 도중에 reliable 신뢰성이 높은, 믿을 수 있는

Practice Test

Topic Card 1

Describe your preferred form of communication.
당신이 선호하는 형태의 의사소통에 대하여 묘사하세요.

You should say:

what it is
그것이 무엇인지

why you use it
왜 그것을 사용하는지

how long you have been using it
얼마나 오랫동안 사용해왔는지

and why you prefer this method of communication.
그리고 왜 이 방법을 선호하는지

📼 **Personal Answer**

📼 **Standard Answer**

I like talking on the phone. I use it every day to say hello to my family and my best friends and to hear their voices. I have been using a phone as long as I can remember. I like using the phone because it is very fast and convenient.

저는 전화로 얘기하는 것을 좋아합니다. 저는 가족에게 또한 제일 친한 친구들에게 매일 안부 인사를 하고 그들의 목소리를 듣기 위하여 전화를 사용합니다. 저는 아주 오래 전부터 전화를 사용해 왔습니다. 전화는 매우 빠르고 편리해서 저는 전화로 얘기하는 것을 좋아합니다.

●● Advanced Answer

My preferred form of communication is instant messaging. I was first introduced to it when I was in college, and I have been using it almost every day. I use it to talk to my friends who are online, or to make an online call to my family. I like this method because it doesn't cost me anything as long as I have an Internet connection, and I can talk to someone overseas at no extra cost.

제가 선호하는 의사소통의 형태는 인스턴트 메시지(컴퓨터 즉석교신)입니다. 저는 대학생이었을 때 처음 그것을 알게 되었고 거의 매일 사용해오고 있습니다. 저는 온라인상에서 친구들과 이야기하거나 가족과 온라인 통화를 하기 위해 그것을 이용합니다. 제가 이 방법을 좋아하는 이유는 인터넷 연결이 되어 있는 한 비용이 들지 않기 때문이고 추가 비용 없이 해외에 있는 사람과 이야기할 수 있기 때문입니다.

●● **as long as** ~만큼 오래, ~하는 동안, ~하는 한 **preferred** 선취권 있는, 발탁의, 우선의 **cost** n. 비용 v. (비용이) 들다

Practice Test

P a r t   2

Topic Card 2

Describe a mobile phone you have used/seen.
당신이 사용했던 / 본적이 있는 휴대폰을 묘사하세요.

You should say:

who makes it
어떤 회사가 제조하는지

what it is like
모양이나 성능이 어떤지

how much it usually costs
보통 가격이 얼마인지

and what convenience mobile phones provide people.
휴대폰이 사람들에게 어떤 편리함을 제공하는지

Personal Answer

Standard Answer

Two years ago, I bought a slim black phone by Motorola. It didn't cost me anything because the phone company gave it to me for free. It usually costs about $300, so I was very happy that I didn't have to pay any money. People use mobile phones every day for many reasons. They take care of their business or talk to their family members on the phone.

저는 2년 전에 모토로라사(社)에서 만든 작은 검정색 휴대폰을 샀습니다. 전화기 회사에서 그것을 무료로 주었기 때문에 비용이 전혀 들지 않았습니다. 그 전화기는 보통 300달러 정도인데 저는 돈을 한 푼도 내지 않아도 되어서 너무 기분이 좋았습니다. 사람들은 매일 여러 이유로 휴대폰을 사용합니다. 그들은 전화로 일을 처리하거나 가족들과 이야기를 합니다.

▬● Advanced Answer

I have been using a mobile phone from Samsung for a year now. It is a silver phone with many features such as a phone camera, games, and an mp3 player. When I purchased the phone, I paid about 500,000 Won, which is about $500. It was a bit expensive for a mobile phone, but I have been very satisfied with it. Mobile phones are very important in people's lives nowadays, and have made their lives convenient. People communicate with each other more often these days, and have been staying close to each other.

저는 일 년 동안 삼성에서 나온 휴대폰을 사용하고 있습니다. 그 휴대폰은 카메라, 게임, 엠피쓰리와 같은 많은 성능을 가진 은색 전화기입니다. 제가 그 휴대폰을 구입했을 때 50만원 정도였는데 미화로는 500달러입니다. 휴대폰 가격으로는 꽤 비쌌지만 저는 매우 만족하고 있습니다. 휴대폰은 요즘 사람들의 생활에서 매우 중요하고 또한 생활을 편리하게 만들었습니다. 요즘에는 사람들이 서로 더 많이 의사소통을 하기 때문에 더욱 친근해지고 있습니다.

▬● for free 《구어》 무료로 feature 특징, 용모 purchase 사다, 구입하다 be satisfied with ~에 만족하다

 Part 3

Question 1

What is the most remarkable advantage of mobile phones?

휴대폰의 가장 주목할 만한 이점은 무엇입니까?

> ● **Brainstorming Note**
>
> 주제: 휴대폰의 장점
> 세부 사항: I. 시간, 장소의 제약을 벗어남   2. 많은 일들을 동시에 할 수 있음
> 관련 어휘: have access to / phone booth / hassle / changed everything

Personal Answer

_____

_____

_____

Model Answer

The most remarkable advantage of mobile phones is having access to a phone anywhere. Before the invention of mobile phones, people had to look for a phone booth to make a call while they were on the road. It was a hassle to find a payphone and also to get in touch with the person. Mobile phones have changed everything. You can talk to your friends, or run errands while you are on the go.

휴대폰의 가장 주목할 만한 이점은 어디서든 전화할 수 있다는 점입니다. 휴대폰이 발명되기 전에는 사람들이 전화를 걸기 위해 공중전화박스를 찾아야 했습니다. 공중전화를 찾고 누군가와 통화를 한다는 것은 성가신 일이었습니다. 휴대폰은 모든 것을 바꾸어 놓았습니다. 사람들은 이동 중에 친구들과 이야기를 하거나 볼일을 볼 수 있습니다.

remarkable 두드러진, 주목할 만한, 놀랄만한 have access to ~에게 접근(출입)할 수 있다, ~을 면회할 수 있다 phone booth 공중전화박스 hassle 《with》 시간과 노력을 들이다 payphone(=pay telephone) 《미》 공중전화(박스) you (일반적으로) 사람, 당신 run errands 심부름하다, 용건을 보다 cf. errands 심부름, 용건, 용무 on the go 끊임없이 활동하여, 아주 바쁜, 줄곧 일하여

How did people contact each other before the telephone was invented?

전화가 발명되기 전에는 사람들이 서로 어떻게 연락을 했습니까?

• Brainstorming Note

주제: 전화가 발명되기 전의 통신 수단
세부 사항: 1. 편지, 전보의 사용   2. 구 통신 수단의 애로점
관련 어휘: letters / telegrams / urgent messages / invention of telephone

Personal Answer

Model Answer

People contacted each other by writing and sending letters before the telephone was invented. They also used telegrams to send urgent messages. Those two forms of communication have almost disappeared since the invention of telephones. Communicating before the invention of the telephone was very difficult and took a very long time.

전화가 발명되기 전에는 사람들이 편지를 써서 보내며 연락을 했습니다. 그들은 또한 급한 소식을 전하기 위해서 전보를 이용했습니다. 이 두 가지의 통신 방법은 전화가 발명되면서 거의 사라졌습니다. 전화가 발명되기 전의 의사소통은 매우 어려웠고 시간이 많이 걸렸습니다.

telegrams 전보, 전신 urgent 긴급한, 다급한, 촉박한 invention 발명, 발명품

Practice Test

Question 3

What inconvenience may the use of mobile phones cause?

휴대폰 사용이 초래하는 불편한 점은 무엇입니까?

• **Brainstorming Note**

주제: 휴대폰 사용의 단점
세부 사항: 1. 주위 사람들에게 줄 수 있는 피해   2. 소음으로 겪는 불편
관련 어휘: proper etiquette / discomfort / a loud conversation

Personal Answer

Model Answer

When a mobile phone is not used with proper etiquette, it can cause discomfort to people around the user. There are a large number of people using mobile phones everywhere on the streets, in shops and restaurants, or on public transportation. I am certain that everyone has suffered from and has coped with a loud conversation in such places at least once in their lifetime.

휴대폰이 적절한 예의를 가지고 사용되지 않을 때에는 주위에 있는 사람들에게 불편함을 초래할 수 있습니다. 거리와 상점, 식당 그리고 대중 교통수단에서 휴대폰을 사용하는 많은 사람들이 있습니다. 사람들이 그런 장소에서 평생에 한 번쯤은 시끄러운 통화 때문에 불편을 겪었던 적이 있었을 것이라고 확신합니다.

---

inconvenience 불편, 불편한 것, 귀찮은 일, 폐가 되는 일 proper 적당한, 고유의 etiquette 예의(범절), 에티켓 discomfort 불쾌, 불안, 귀찮은 일 suffer from 괴로워하다, 고민하다, 고생하다 cope with 극복하다, 참다, 대항하다, 맞서다

Should the use of mobile phones be banned in public places?

휴대폰의 사용이 공공장소에서 금지되어야 할까요?

• Brainstorming Note

주제: 공공장소에서의 휴대폰 사용 제한
세부 사항: 1. 대다수 사람들의 불편 초래 가능성   2. 휴대폰 사용 예절에 대한 준수
관련 어휘: banning / inconvenient / considerate / abide by mobile etiquette

---

▬▬▶ Personal Answer

▬▬▶ Model Answer

I don't think that the use of mobile phones should be banned in public places because too many people rely on mobile phones these days. Banning the use of mobile phones will be too inconvenient for the majority of people. Moreover, what good is a mobile phone when it can't be used in public places? Instead of banning the use of it, I think that the mobile users should be considerate and respect others by abiding by mobile etiquette.

요즘에는 너무나 많은 사람들이 휴대폰에 의존하기 때문에 휴대폰 사용이 금지되어서는 안 된다고 생각합니다. 휴대폰 사용을 금지하는 것은 대다수의 사람들에게 아주 많은 불편함을 초래할 것입니다. 게다가 공공장소에서의 사용이 허용되지 않는다면 휴대폰이 무슨 소용이 있을까요? 저는 휴대폰 사용을 금지하는 대신 휴대폰 사용자가 사용 예절을 지킴으로써 다른 사람들을 배려하고 존중해야 한다고 생각합니다.

---

ban 금지, 금지하다 rely on 의지하다, 기대하다 majority 대부분, 과반수 moreover 게다가, 더욱이 what good is 도대체 무슨 소용이 있을까요? *cf.* good 이용, 소용 considerate 이해심이 있는, 사려 깊은, 신중한 abide by (규칙이나 약속을) 지키다, 준수하다

 *Practice Test*

Question 5

What difficulties can arise when people communicate without being able to see each other, by telephone or e-mail for example?

사람들이 서로를 볼 수 없이 전화나 이메일로 의사소통을 할 때 생길 수 있는 어려움들은 무엇입니까?

• Brainstorming Note

주제: 전화 또는 이메일을 통한 의사소통의 단점
세부 사항: 1. 상대를 오해할 수 있는 가능성   2. 과거에 있었던 개인적인 경험
관련 어휘: misunderstand / instant messenger / facial expression / careful

Personal Answer

_____

_____

_____

Model Answer

People can easily misunderstand one another when they can't see each other while talking because the meanings of words can change depending on the situation. For instance, I once was talking to a friend using an instant messenger. I made a joke to him and suddenly he became angry with me for being rude. He simply misunderstood me because he wasn't able to see my facial expression. From then on, I always try to be careful about what I say when I am not face-to-face with the person.

서로를 볼 수 없을 때 대화를 하면 상황에 따라서 단어들의 의미가 달라질 수 있기 때문에 사람들은 서로가 오해할 수 있습니다. 예를 들어 저는 한번 인스턴트 메신저를 사용하여 친구와 대화를 나누고 있었습니다. 그에게 농담을 했고 그는 저의 무례함에 갑자기 화를 냈습니다. 단순히 친구가 제 얼굴 표정을 볼 수 없었기 때문에 저를 오해했던 것입니다. 그일 이후로 저는 상대방과 얼굴을 보지 않고 말을 할 때에는 늘 조심하려고 노력합니다.

arise 일어나다, 생기다 **misunderstand** 오해하다 **make a joke** 농담하다 **rude** 무례한, 버릇없는 **facial** 얼굴의《미 · 구어》얼굴 마사지, 미안술 **face-to-face** 정면으로 마주보는, 얼굴을 보고

More Questions

1 Do you think telecommunications companies in your country or in your host country are charging unreasonable fees for the mobile phone service they provide?

당신의 국가나 지금 살고 있는 나라의 통신회사들이 이동통신 서비스에 대하여 부당한 요금을 부과한다고 생각합니까?

💬 Personal Answer

---

2 How do people in your country communicate with authorities in emergency situations?

당신의 국가에서는 사람들이 긴급 상황에 공공기관에 어떻게 연락을 합니까?

💬 Personal Answer

---

3 When should children be allowed to own a cellular phone?

어린이들이 휴대폰을 언제 소유하도록 해야 할까요?

💬 Personal Answer

---

4 What is your opinion on Internet chat rooms?

인터넷 채팅방에 대해서 어떻게 생각하세요?

💬 Personal Answer

---

5 In what ways will technology affect how people communicate in the future?

기술은 사람들이 미래에 의사소통하는 방법에 있어 어떤 영향을 미칠까요?

💬 Personal Answer

Check Vocabularies & Phrases

- [ ] **get along** 사이좋게 지내다
- [ ] **generous** 후한, 관대한
- [ ] **supportive of** ~를 격려하는
- [ ] **keep in touch** 연락하다, 연락을 지속하다
- [ ] **into** 《구어》~에 관심을 가지고, 열중하여
- [ ] **have no choice but to** ~하지 않을 수 없다
- [ ] **would rather** 오히려 ~ 하고 싶다, ~하는 편이 낫겠다
- [ ] **in person** 실물로, 자기 스스로
- [ ] **efficient** 능률적인, 효과가 있는
- [ ] **get lost** 길을 잃다 《속어》 자취를 감추다 《구어》 냉큼 꺼져버려, 나가!
- [ ] **transmission** 전달
- [ ] **cool** 시원한 《속어》 멋진, 근사한
- [ ] **communicate** 전달하다, 의사를 소통하다
- [ ] **depend on** 의존하다, ~에 달려있다
- [ ] **preference** 더 좋아함, 선택
- [ ] **have easy access to** ~에게 접근할 수 있다, ~을 면회할 수 있다
- [ ] **efficient** 능률적인, 효과가 있는
- [ ] **upload** 소프트웨어 등을 소형컴퓨터에서 대형컴퓨터로 전송하다, 화물이나 연료를 채우다
- [ ] **guest book** 숙박부, 방명록, 내방자 명단
- [ ] **function** 기능
- [ ] **dangerous** 위험한
- [ ] **emergency** 비상사태, 위급
- [ ] **thankfully** 고맙게도, 감사하여
- [ ] **convenience** 편의, 편리
- [ ] **text message** 문자 메시지를 보내다, 문자 메시지

- [ ] **be used to** ~에 익숙해져 있다
- [ ] **though** 하긴 ~이지만, ~에도 불구하고
- [ ] **all day long** 하루 종일, 진종일
- [ ] **mad** 《구어》 (몹시) 화난
- [ ] **be interested in** ~에 흥미가 있다
- [ ] **make a call** 전화를 걸다
- [ ] **instead of** ~ 대신에
- [ ] **throughout** 처음부터 끝까지, ~ 동안, ~ 내내
- [ ] **in the middle of** ~의 도중에
- [ ] **reliable** 신뢰성이 높은, 믿을 수 있는
- [ ] **as long as** ~만큼 오래, ~하는 동안, ~하는 한
- [ ] **preferred** 선취권 있는, 발탁의, 우선의
- [ ] **cost** n. 비용 v. (비용이) 들다
- [ ] **for free** 《구어》 무료로
- [ ] **feature** 특징, 용모
- [ ] **purchase** 사다, 구입하다
- [ ] **be satisfied with** ~에 만족하다
- [ ] **remarkable** 두드러진, 주목할 만한, 놀랄만한
- [ ] **have access to** ~에게 접근〔출입〕할 수 있다, ~을 면회할 수 있다
- [ ] **phone booth** 공중전화박스
- [ ] **hassle** 《with》 시간과 노력을 들이다
- [ ] **payphone(=pay telephone)** 《미》 공중전화 (박스)
- [ ] **you** (일반적으로) 사람, 당신
- [ ] **run errands** 심부름하다, 용건을 보다 *cf.* errands 심부름, 용건, 용무
- [ ] **on the go** 끊임없이 활동하여, 아주 바쁜, 줄곧 일하여
- [ ] **telegrams** 전보, 전신

- ☐ **urgent** 긴급한, 다급한, 촉박한

- ☐ **invention** 발명, 발명품

- ☐ **inconvenience** 불편, 불편한 것, 귀찮은 일, 폐가 되는 일

- ☐ **proper** 적당한, 고유의

- ☐ **etiquette** 예의(범절), 에티켓

- ☐ **discomfort** 불쾌, 불안, 귀찮은 일

- ☐ **suffer from** 괴로워하다, 고민하다, 고생하다

- ☐ **cope with** 극복하다, 참다, 대항하다, 맞서다

- ☐ **ban** 금지, 금지하다

- ☐ **rely on** 의지하다, 기대하다

- ☐ **majority** 대부분, 과반수

- ☐ **moreover** 게다가, 더욱이

- ☐ **what good is** 도대체 무슨 소용이 있을까요?
  cf. good 이용, 소용

- ☐ **considerate** 이해심이 있는, 사려 깊은, 신중한

- ☐ **abide by** (규칙이나 약속을) 지키다, 준수하다

- ☐ **arise** 일어나다, 생기다

- ☐ **misunderstand** 오해하다

- ☐ **make a joke** 농담하다

- ☐ **rude** 무례한, 버릇없는

- ☐ **facial** 얼굴의《미 · 구어》얼굴 마사지, 미안술

- ☐ **face-to-face** 정면으로 마주보는, 얼굴을 보고

Chapter 9

People

Chapter 9에 나오는 Part별 질문 미리보기

•Part 1 Questions

1. Do you like meeting new people?
2. Do you want to become famous?
3. Do you have many friends? Are they casual acquaintances or close friends?
4. Is it hard to make friends in your country?
5. Do you often spend time with friends?

•Part 2 Topic Cards

1. Describe someone you admire.
   You should say:
   how you knew / heard about this person
   what this person is like
   what is special about this person
   and why you admire this person.

2. Describe an old person you know.
   You should say:
   who it is
   how you know this person
   what this person is like
   and why this person is special to you

•Part 3 Questions

1. How do old people enjoy their lives these days?
2. Why are friends important?
3. What kind of people do young people in your country generally admire now?
4. What are the advantages and disadvantages of being famous?
5. How do you make guests feel welcome?

Warm-up

01 저는 이런 종류의 사람들을 만나는 것을 싫어합니다만 저는 대체적으로 사교적입니다.

I dread _____ these kinds of people, but _____ I am a _____ person.

02 많은 돈을 자선 단체에 기부하기를 원하는데 다른 사람들도 같은 방식으로 기부할 수 있을 것입니다.

I can _____ a large amount of money to a _____ organization so that people can be encouraged to do the same.

03 저는 다양한 문화를 가진 다른 나라 출신의 사람들을 더 많이 만나기를 기대합니다.

I am looking _____ to meeting more people _____ different countries with different cultures.

04 모든 사람들이 바쁘기 때문에 우리나라에서 친구를 사귀는 것은 어렵습니다.

It is very _____ to make friends in my country _____ everyone _____ to be busy.

05 사람들이 다른 사람들에게 관심을 가지지 않는 것을 선호하는 것처럼 보입니다.

People seem to _____ not to be _____ with others.

06 당신은 다른 사람들과 사이좋게 지내는 것이 쉽다고 느낄 것입니다.

You will find it _____ to get _____ with them.

07 저는 제 친구와 자주 시간을 보내지 않습니다.

I don't get to _____ time with my friends _____.

08 저는 종종 일이 끝난 후 친구들과 같이 외출하면서 시간을 보냅니다.

I spend _____ with my friends often by going ___ with them after _____.

09 그는 전 생애를 우리나라의 발전을 위해 공헌했습니다.

He _____ his entire life to the _____ of our country.

10 그는 우리나라 역사상 가장 훌륭한 대통령들 중에 한 사람이었다고 생각합니다.

I think he was _____ of the best presidents in the _____ of our country.

11 제가 가장 존경하는 사람은 아버지입니다.

The person I _____ the most __ my father.

12 그녀는 7명의 자녀들을 직접 돌보아야 했습니다.

She had to _____ care of her seven children all by _____.

13

제가 그렇게 훌륭한 할머니를 모신 것이 자랑스럽습니다.

I am very _____ to have _____ a wonderful grandmother.

14

그들은 대개 그들의 손자, 손녀들을 돌보는 것을 좋아합니다.

They usually take joy in _____ after their _____.

15

당신들은 삶의 즐거움과 슬픔을 서로 나눌 수 있습니다.

You can _____ the joy and the _____ of your life with each other.

16

유명한 사람들은 TV에 나오며 많은 돈을 법니다.

_____ make a lot of money by _____ on TV.

17

어떤 유명 인사들은 우리나라의 젊은이들에게 나쁜 영향을 미칩니다.

Some celebrities have a bad _____ on the _____ people of my country.

18

유명해지는 것의 주요 장점은 많은 돈을 벌 수 있다는 점입니다.

The main _____ of being famous is being able to _____ a lot of money.

19

저는 필요한 것들을 그들에게 제공하기 위해 최선을 다하고 있습니다.

I ___ my best to _____ necessary things to them.

20

저는 다른 사람의 집에 손님으로 있는 것이 얼마나 어려운지를 이해합니다.

I _____ how hard it is to be a _____ at someone else's home.

Answer

01 meeting, usually, sociable	11 admire, is
02 donate, charity	12 take, herself
03 forward, from	13 proud, such
04 hard, because, seems	14 looking, grandchildren
05 prefer, concerned	15 share, sorrow
06 easy, along	16 Celebrities, appearing
07 spend, often	17 influence, young
08 time, out, work	18 advantage, make
09 contributed, development	19 try, provide
10 one, history	20 understand, guest

Warm-up

Speak up-step1

■ 인칭 변화가 가능한 경우와 인칭 변화가 가능하지 않은 경우의 각각의 연습 순서대로 말해보세요.

1. 인칭 변화가 가능한 경우: 다음의 인칭 변화 순서대로 연습하는 것이 효과적입니다.

━● 5단계 인칭 변화 연습 순서

Statement	Question	No Answer	Yes Answer
(1) you	(1) you	(1) I	(1) I
(2) he	(2) he	(2) he	(2) he
(3) we ▶▶	(3) we ▶▶	(3) we ▶▶	(3) we
(4) she	(4) she	(4) she	(4) she
(5) they	(5) they	(5) they	(5) they

▶ 주의 1 지금부터 나오는 문장은 반드시 큰 소리로 읽어주세요.

▶ 주의 2 아래의 문장들은 빈칸 채워 넣기의 연습이 아니고 바로 입으로 말할 수 있게 하는 스피킹 연습이므로 머뭇거림 없이 말할 수 있을 때까지 연습해야 합니다.

• 밑줄친 부분을 5단계 인칭 변화에 따라 바꾸어 주세요.

Ex 1. I dread meeting these kinds of people.

Statement(평서문)

(1) you   You dread meeting these kinds of people.

(2) he   He dreads meeting these kinds of people.

(3) we   We _____.

(4) she   She _____.

(5) they   They _____.

Question(의문문)

(1) you   Do you dread meeting these kinds of people?

(2) he   Does he dread meeting these kinds of people?

(3) we   _____?

(4) she   _____?

(5) they   _____?

No Answer (부정문)

(1) I   No, I don't dread meeting these kinds of people.

(2) he   No, _____.

(3) we   No, _____.

(4) she   No, _____.

(5) they No, _____.

Yes Answer (긍정문)

(1) I   Yes, I dread meeting these kinds of people.

(2) he   Yes, _____.

(3) we   Yes, _____.

(4) she   Yes, _____.

(5) they Yes, _____.

2. 인칭 변화가 가능하지 않은 경우: 다음의 순서대로 연습해주세요.

Statement ▶▶ Question ▶▶ No Answer ▶▶ Yes Answer

Ex 2. Celebrities make a lot of money by appearing on TV.

Statement (평서문)

Celebrities make a lot of money by appearing on TV.

Question (의문문)

Do celebrities make a lot of money by appearing on TV?

No Answer (부정문)

No, celebrities don't make a lot of money by appearing on TV.

Yes Answer (긍정문)

Yes, celebrities make a lot of money by appearing on TV.

Warm-up

■ 밑줄이 있는 문장들은 아래 인칭 변화가 가능한 경우의 5단계 인칭 변화 연습 순서를 따라 하시고 밑줄이 없는 문장은 인칭 변화가 가능하지 않은 경우의 연습 순서대로 하세요.

1. 인칭 변화가 가능한 경우

🔴● 5단계 인칭 변화 연습 순서

Statement	Question	No Answer	Yes Answer
(1) you	(1) you	(1) I	(1) I
(2) he	(2) he	(2) he	(2) he
(3) we ▶▶	(3) we ▶▶	(3) we ▶▶	(3) we
(4) she	(4) she	(4) she	(4) she
(5) they	(5) they	(5) they	(5) they

2. 인칭 변화가 가능하지 않은 경우

Statement ▶▶	Question ▶▶	No Answer ▶▶	Yes Answer

▶주의 1 큰 소리로 읽어 주세요.
▶주의 2 첫 문장을 먼저 외우고 나서 그 다음부터는 문장을 보지 말아야 합니다.
▶주의 3 외워진 문장을 위의 문장 변화 연습 순서만 보고 말할 수 있어야 합니다.

• 밑줄 친 부분의 단어는 인칭 변화가 가능합니다.

01 I dread meeting these kinds of people.

02 I can donate a large amount of money to a charity organization.

03 I am looking forward to meeting more people from different countries with different cultures.

04 It is very hard to make friends in my country.

05 I am always concerned with my mother.

06 I find it easy to get along with my brother.

07 I don't get to spend time with my friends often.

08 I spend time with my friends by going out with them after work.

09 I contributed my entire life to the development of my country.

10 He is one of the best presidents in the history of our country.

11 The person I admire the most is my father.

12 I had to take care of my seven children all by myself.

13 I am very proud to have such a wonderful grandmother.

14 I usually take joy in looking after my grandparents.

15 I can share the joy and the sorrow of my life with my friends.

16 Celebrities make a lot of money by appearing on TV.

17 Some celebrities have a bad influence on the young people of my country.

18 The main advantage of being famous is being able to make a lot of money.

19 I try my best to provide necessary things to them.

20 I understand how hard it is to be a guest at someone else's home.

● 정답은 www.nexusbook.com에서 확인하실 수 있습니다.

Practice Test

Part 1

Question 1

Do you like meeting new people?

당신은 새로운 사람들을 만나는 것을 좋아합니까?

🔊 **Personal Answer**

🔊 **Standard Answer**

Yes, I like meeting new people very much. Getting to know new people is very exciting because everyone has different personalities and preferences. I learn many things by meeting new people, and that's why I like it.

네, 저는 새로운 사람들을 만나는 것을 매우 좋아합니다. 각각의 사람들은 다른 성격과 선호도를 가지고 있기 때문에 새로운 사람들을 알아간다는 것은 매우 흥미로운 일입니다. 저는 새로운 사람들을 만남으로써 많은 것을 배우기 때문에 새로운 사람들을 만나는 것을 좋아합니다.

🔊 **Advanced Answer**

I meet new people every day because I am a hairdresser. I usually enjoy meeting them, but sometimes it can be energy consuming because there are many strange people out there. The other day, one of my customers started yelling at me for suggesting a different hair style. I was considering the condition of her hair, which was very damaged, and decided that it was not wise for her to have it permed. When I told her about my opinion, she got very offended, and told me that I was rude. I dread meeting these kinds of people, but usually I am a sociable person.

저는 미용사이기 때문에 매일 새로운 사람들을 만납니다. 저는 보통 새로운 사람들을 만나는 것을 좋아하지만 이 세상에는 이상한 사람들도 많기 때문에 가끔은 힘겨운 일이 되기도 합니다. 얼마 전에는 제 고객 중 한 명이 제가 다른 머리스타일을 권했다며 호통을 치기 시작했습니다. 저는 매우 손상된 그녀의 머리 상태를 고려하여 파마를 하는 것이 현명하지 않다고 결정했습니다. 제 의견을 그녀에게 말했더니 그녀는 화를 냈고 제가 무례하다고 말했습니다. 저는 그런 종류의 사람들을 만나는 것을 꺼리지만 대부분의 경우에는 사교적입니다.

🔊 get to know 가까워지다 preference 선호, 선택 hairdresser 미용사 energy consuming 힘겨운, 에너지를 소비하는 the other day 일전에, 그저께 yell at ~에게 호통치다 suggest 제안하다 perm 《구어》 n. 파마 v. 파마를 하다 offend 성나게 하다, 불쾌하다 dread 무서워하다

244

Do you want to become famous?

당신은 유명해지고 싶습니까?

Personal Answer

Standard Answer

Definitely. I would like to become famous because I could use my fame and money for a good cause. For example, I could donate a large amount of money to a charity organization and encourage others to do the same. I could also participate in campaigns for saving young adults from drug and alcohol abuse.

그럼요. 명성과 돈을 좋은 곳에 쓸 수 있기 때문에 유명해지고 싶습니다. 예를 들면, 많은 돈을 자선단체에 기부할 수 있고 그렇게 함으로써 다른 사람들도 그렇게 하도록 권장할 수 있습니다. 또한 청소년들을 약물 및 알코올 남용으로부터 구하는 캠페인에 참여할 수도 있을 것입니다.

Advanced Answer

Not really, because I greatly value my privacy. There are many famous people whose personal lives are revealed to the public and are criticized harshly for what they have or have not done. It is a consequence of their fame, but in my opinion, one's life should be kept private. That's why becoming famous doesn't interest me at all.

별로 그렇지 않습니다. 왜냐하면 저는 제 사생활에 대해 아주 중요하게 생각하기 때문입니다. 세상에는 사생활이 대중에 노출되고 그들이 하거나 하지 않았던 행동에 대하여 가혹하게 비평을 받는 많은 유명인들이 있습니다. 그런 것이 명성에 뒤따르는 결과이긴 하지만 제 생각으로는 사생활은 보호되어야 한다고 생각합니다. 그것이 제가 유명해지는 것에 대해 전혀 관심이 없는 이유입니다.

fame 명성, 평판 donate 기부하다 charity 자선, 자비 campaign (사회적) 운동, 캠페인 abuse n. 남용 v. 남용하다 privacy 사생활 criticize 비평하다, 비난하다 harshly 거칠게, 가혹하게 consequence 결과, 중요성 private 사적인 at all 조금도 (…이 아니다)

Question 3

Do you have many friends? Are they casual acquaintances or close friends?

당신은 친구가 많습니까? 그들은 그냥 아는 사람들입니까 아니면 친한 친구들입니까?

Personal Answer

Standard Answer

I'm quite new to the area I live in. I moved here from overseas, so I don't have many friends yet. I have a few friends from my class who I spend time talking to, but that's about it. I am looking forward to meeting more people from different countries with different cultures.

저는 제가 살고 있는 곳에 이사온 지 얼마 되지 않았습니다. 저는 외국에서 이주해 와서 아직은 친구들이 많지 않습니다. 저는 반에서 이야기를 나누는 친구가 몇몇 있지만 그뿐입니다. 저는 다른 문화를 가진 다른 나라 출신의 많은 사람들을 만날 것을 기대하고 있습니다.

Advanced Answer

I have many casual acquaintances because I have lived in my hometown for many years, but I have only a few good friends who I keep in touch with on a regular basis. I keep in touch with my acquaintances once in a while, but I call my good friends almost every week to see how they are doing.

저는 오랫동안 고향에서 살았기 때문에 가볍게 알고 지내는 사람은 많지만 정기적으로 만나는 좋은 친구들은 몇 되지 않습니다. 저는 지인들과는 가끔씩 소식을 주고받지만 친구들에게는 그들이 어떻게 지내는지 알기 위해 거의 매주 연락합니다.

casual 우연의, (우정[관계] 등이) 표면적인, 평상복의   acquaintance 아는 사람[사이]   spend time ~ing ~하는 데에 시간을 보내다
that's about it 대충 그렇다   be looking forward to ~ing ~하기를 기대하다   on a regular basis 정기적으로

Is it hard to make friends in your country?

당신의 나라에서 친구를 사귀는 것이 어렵습니까?

Personal Answer

Standard Answer

I think it is very hard to make friends in my country because everyone seems to be busy. Nowadays, we don't even know who our neighbors are because we are living in an individualistic society. People do not want to be concerned with others nor be a concern to others.

우리나라에서는 모두들 바빠 보이기 때문에 친구를 사귀는 것이 힘듭니다. 요즘 우리는 개인주의적 사회에서 살기 때문에 우리의 이웃이 누구인지조차 모릅니다. 사람들은 다른 사람들에게 관심을 두거나 다른 사람들이 자신에게 관심을 두는 것을 원하지 않습니다.

Advanced Answer

It may seem hard to make friends in my country at first because everyone is occupied with their own lives. Koreans are also shy at first, which makes it hard for people to get to know each other. However, once you get to know them, you will find it easy to get along with them because Koreans are very hospitable and helpful towards people they care about.

모든 사람들이 그들의 삶에 얽매여 있어서 우리나라에서 친구를 사귀는 것은 어려워 보일 수 있습니다. 한국인들은 처음에 수줍음을 타기 때문에 친해지는 것이 어려울 수 있습니다. 그러나 일단 알고 나면 친해지는 것이 아주 쉬운데 그들이 좋아하는 사람들에게는 매우 친절하고 도움을 주려고 하기 때문입니다.

individualistic 개인주의적 be concerned with ~에 관심이 있다 be a concern to ~에게 관심의 대상이 되다, 걱정거리가 되다 be occupied with ~하기에 바쁘다, ~에 얽매이다 get along with ~와 사이좋게 지내다 hospitable 대접이 좋은, 친절한

Question 5

Do you often spend time with friends?

당신은 자주 친구들과 시간을 보냅니까?

Personal Answer

_____

_____

_____

_____

_____

Standard Answer

I work very long hours, so I don't get to spend time with my friends often. I meet them only once a month because I work on most weekends. When I meet them, we usually have a meal together so that we can catch up with our lives. We also enjoy having a couple of beers and relaxing.

저는 장시간 일을 하기 때문에 친구들과 보낼 시간이 별로 없습니다. 저는 대부분 주말에도 일을 하기 때문에 한 달에 한 번만 친구들과 만납니다. 우리는 보통 함께 식사를 하면서 서로의 지난 생활에 대해서 이야기합니다. 우리는 또한 맥주 몇 잔을 마시면서 편안한 시간을 갖는 것을 좋아합니다.

▬● Advanced Answer

Yes, I do. I spend time with my friends often by going out with them after work. We meet for a couple of beers after work, or for dinner. There are a few restaurants and pubs that we always go to, so the owners of those places give us free drinks and food sometimes. We see each other twice a week, but when there is a special occasion such as someone's birthday or wedding, we see each other more often. I once ended up meeting my friends every day of that week because of my birthday, my friend's birthday, and another friend's graduation party. I love spending time with my friends because they are always supportive of me.

네. 저는 일이 끝나고 가끔씩 친구들과 나가서 시간을 보냅니다. 우리는 일이 끝나고 맥주 한두 잔을 마시거나 저녁식사를 하기 위해 만납니다. 우리가 늘 가는 식당과 주점이 몇 곳 있는데 그곳의 주인들은 때때로 공짜로 음료수나 음식을 제공합니다. 우리는 일주일에 두 번 정도 만나지만 생일이나 결혼식과 같은 특별한 일이 있을 경우에는 더 자주 만납니다. 한 번은 제 생일과 친구의 생일, 그리고 다른 한 친구의 졸업파티 때문에 그 주에 친구들을 매일 보게 되었습니다. 친구들은 항상 저를 격려해주기 때문에 저는 그들과 함께 시간을 보내는 것을 좋아합니다.

▬●   catch up with 따라잡다   end up ~ing 마침내 ~하게 되다   supportive of ~를 격려하는

Part 2

Topic Card 1

Describe someone you admire.
당신이 동경하는 사람을 묘사하세요.

You should say:

how you knew/heard about this person
당신은 이 사람을 어떻게 알게 되었는지 / 이 사람에 대해 어떻게 들었는지

what this person is like
이 사람이 어떤 사람인지

what is special about this person
이 사람의 무엇이 특별한지

and why you admire this person.
그리고 이 사람을 왜 동경하는지

◼️◻️ Personal Answer

◼️◼️ Standard Answer

I admire Mr. Park Jung Hee, the fifth president of Korea. He was born the son of a poor peasant, but he was a hard working person, and contributed his entire life to the development of our country. Unlike other famous people, he had no greed for money, so everything that he did was for the well-being of our country. Korea was a very poor, undeveloped country after the war, and he started a lot of movements such as Saemaeul Undong, which was a movement to develop the Korean countryside. Though he is blamed by many people for the extermination of whoever was in his way, I think he was one of the best presidents in the history of our country.

저는 한국의 5대 박정희 전 대통령을 동경합니다. 그는 가난한 농부의 아들로 태어났지만 매우 근면한 사람이었고 우리나라의 발전을 위해서 자신의 모든 삶을 바쳤습니다. 다른 유명한 사람들과는 달리 그는 돈에 대한 욕심이 없었고 그가 했던 모든 것은 우리나라의 부흥을 위한 것이었습니다. 한국은 전쟁 후 매우 가난한 후진국이었고 그는 한국의 농촌을 발전시키기 위해 새마을 운동과 같은 많은 운동들을 시작했습니다. 비록 그가 독재를 했다는 것으로 많은 사람들의 비난을 샀지만 저는 그가 우리나라의 역사상 가장 훌륭한 대통령 중 한 명이라고 생각합니다.

● Advanced Answer

The person I admire the most is my father. He is a very loving father who tries to put himself in our shoes and understand us. Ever since we were young, my father has spent a lot of time connecting with us so that we don't yield to the temptation of smoking or drinking. Unlike my mother, he has never been strict with us at all, so he's always been a good friend to my brothers and me. I hope to be a father like him someday.

제가 가장 동경하는 사람은 아버지입니다. 아버지는 우리들의 입장에서 생각하시고 우리를 이해하려고 노력하시는 매우 인자한 아버지입니다. 어릴 때부터 아버지께서는 우리와 많은 시간을 보내시며 친하게 지내오셨고 우리가 술과 담배와 같은 유혹에 빠지지 않도록 도와주셨습니다. 어머니와는 달리 아버지께서는 우리에게 한 번도 엄격하게 대하지 않으셨고 늘 저와 형제들에게 좋은 친구가 되어주셨습니다. 저는 나중에 그분과 같은 아버지가 되고 싶습니다.

admire 감탄하다, 경애하다, 동경하다 peasant 농부, 소작인 contribute 기부하다, 공헌하다 greed 욕망, 탐욕, well-being 복지, 안녕, 번영, 행복 movement 운동, 움직임 extermination 박멸, 근절, 전멸 on one's way ~의 길에 막아선 yield to ~에 빠지다, 승복하다, 기권하다 temptation 유혹

Topic Card 2

Describe an old person you know.
당신이 알고 있는 나이든 사람을 묘사하세요.

You should say:

who it is
누구인지

how you know this person
이 사람을 어떻게 아는지

what this person is like
이 사람은 어떤 사람인지

and why this person is special to you.
그리고 왜 이 사람이 당신에게 특별한지

🔊 **Personal Answer**

_____

_____

_____

_____

🔊 **Standard Answer**

I will tell you about my grandmother. She is my maternal grandmother. She is 90 years old but is very healthy. She lives alone and takes care of the housework by herself. My aunts and uncles want her to live with them, but she refuses to do so because she is a very independent woman. Her husband, my grandfather, passed away when I was very young, so she had to take care of her seven children all by herself. She is very diligent and wise, and I learn a lot from her. She is very special because she is a good role model for everyone.

저희 할머니에 대해서 말씀드리겠습니다. 그분은 저의 외할머니입니다. 할머니께서는 90세이시지만 매우 건강하십니다. 할머니는 홀로 사시고 혼자서 집안일을 돌보십니다. 저희 이모들과 삼촌들은 할머니께서 그분들과 함께 사시길 원하지만 외할머니는 매우 독립적인 여성이셔서 이를 거절하십니다. 할머니의 남편인 외할아버지는 제가 어렸을 때 돌아가셨기 때문에 할머니께서는 혼자 일곱 명의 자녀를 모두 돌보셔야 하셨습니다. 외할머니는 매우 부지런하시고 현명하셔서 저는 그분에게서 많은 것을 배웁니다. 할머니는 모든 사람들에게 좋은 역할모델이 되시기 때문에 매우 소중한 분이십니다.

Advanced Answer

I would like to tell you about my maternal grandmother, who is 90 years old. She lives alone at a house nearby my apartment. She is a very healthy and diligent lady, and takes care of the housework all by herself. My aunts and uncles have been asking her to move in with them, but she refuses to do so because she is very independent and hates to be a burden on her children. My grandfather passed away a long time ago during the Korean War, may his soul rest in peace, and my grandmother took care of her seven children all by herself. She sometimes tells me stories about her life, especially about her life during the Korean War and after her husband's death and I always find her stories very interesting. She has been a good role model, and I am very proud to have such a wonderful grandmother.

90세이신 저희 외할머니에 대해서 말씀드리겠습니다. 할머니께서는 제가 사는 아파트 근처에서 홀로 사십니다. 매우 건강하시고 부지런한 분이시며 모든 집안일을 혼자서 돌보십니다. 이모들과 삼촌들은 같이 살자고 권유하시지만 할머니께서는 매우 독립적이시고 자식들에게 짐이 되는 것을 싫어하시기 때문에 그렇게 하는 것을 거절하십니다. 저희 외할아버지께서는 오래 전 한국전쟁 중에 돌아가셨기 때문에 할머니께서는 혼자 일곱 명의 자녀들을 돌보셔야 했습니다. 할머니께서는 가끔씩 저에게 할머니의 옛날 이야기를 해주시고 저는 언제나 그것을 흥미롭게 듣습니다. 그녀는 좋은 역할모델이 되어주셨으며 저는 그런 훌륭한 할머니가 계시다는 것이 매우 자랑스럽습니다.

maternal 모계의, 어머니의 refuse 거절하다 pass away 죽다, 세상을 떠나다 diligent 근면한, 부지런한 role model 역할모델, 본이 되는 사람 be a burden on ~의 부담이 되다 may one's soul rest in peace 고이 잠드소서! ~의 명복을 빕니다. 《죽은 사람에 대해서 언급할 때 자주 사용하는 말》 proud to 자부심이 있는, 자랑으로 여기는

Practice Test

Question 1

How do old people enjoy their lives these days?

노인분들은 요즘 그들의 삶을 어떻게 즐깁니까?

• **Brainstorming Note**

주제: 노인분들의 여가시간 사용
세부 사항: 1. 손자들을 돌봄   2. 노인정에서의 여가 사용
관련 어휘: spare time / look after / the elderly / popular games

Personal Answer

Model Answer

Old people have a lot of spare time and they usually take joy in looking after their grandchildren. In Korea, there are many halls for the aged called Noinjung, where the elderly can hang out. They enjoy talking to each other about their children and grandchildren, or enjoy watching TV there. They also play a card game called Hwatu, or board games such as Baduk or Jangki, which are very popular games among them.

노인분들은 많은 여가시간을 가지고 있으며 대부분 손자들을 돌보는 것에서 즐거움을 느낍니다. 한국에는 노인분들이 모여서 어울릴 수 있는 노인정이라는 공간이 있습니다. 그분들은 그곳에서 자식들과 손자들에 대해서 서로 이야기를 하거나 TV 보는 것을 즐깁니다. 또한 노인분들 사이에서 매우 유명한 화투라고 불리는 카드게임을 하거나 바둑이나 장기 같은 보드게임을 합니다.

---

take joy in ~하는 데에 즐거움을 느끼다 hang out 모여서 놀다, 어울리다

Why are friends important?

친구가 왜 중요합니까?

• Brainstorming Note

주제: 친구의 중요성
세부 사항: 1. 친구와 즐거움과 슬픔을 공유   2. 친구의 존재 이유
관련 어휘: joys and sorrows / supportive / share burden

Personal Answer

Model Answer

Friends are important because you can share the joys and the sorrows of your life with each other. When my friends bring good news to me, I am happy for them, and when they share their sorrow, I try to be supportive and share their burden. True friends are always there for you, so that's why friends are important.

친구가 중요한 이유는 서로의 삶에서 즐거움이나 슬픔을 공유할 수 있기 때문입니다. 제 친구가 제게 좋은 소식을 가지고 올 때 저는 매우 기쁘고 그들이 슬픔을 나눌 때 저는 그들을 격려해주고 그들의 짐을 나누려고 노력합니다. 참된 친구는 언제나 당신을 위해 있으며 그것이 친구가 중요한 이유입니다.

sorrow 슬픔 burden 무거운 짐

Practice Test

Question 3

What kind of people do young people in your country generally admire now?

당신의 나라에서 일반적으로 젊은 사람들이 어떤 사람을 존경합니까?

• Brainstorming Note

주제: 젊은이들이 존경하는 사람
세부 사항: 1. 유명인들에 대한 존경   2. 유명인들이 미치는 나쁜 영향
관련 어휘: celebrities / admirable / bad influence / bad example

Personal Answer

Model Answer

Young people in my country generally admire celebrities because of their looks and wealth. Celebrities make a lot of money by appearing on TV or in movies, and most of them try to be good role models for the young generation of our country. Although they are usually admirable, some of the celebrities have a bad influence on the young people of my country because they set a bad example with their personal lives, such as having divorces, living extravagantly, and having plastic surgery.

우리나라의 젊은 사람들은 일반적으로 외모나 부 때문에 유명인들을 존경합니다. 유명인들은 TV 또는 영화에 나오면서 많은 돈을 벌고 그들의 대부분은 우리나라의 젊은 세대들에게 좋은 역할 모델이 되기 위하여 노력합니다. 비록 그들 대부분은 존경스럽지만 몇몇 유명인들은 이혼, 사치 그리고 성형수술 같은 개인적인 삶에서 나쁜 본보기를 보이기 때문에 우리나라의 젊은이들에게 나쁜 영향을 줍니다.

celebrity 명사, 유명인 looks 외모 wealth 부, 재산 appear 나타나다, 출연하다 admirable 칭찬할만한, 감탄할만한 have a bad influence on ~에 악영향을 끼치다 set an example ~에게 본을 보이다 divorce 이혼, 이혼하다 extravagantly 사치스럽게, 낭비하여 plastic surgery 성형, 성형외과

What are the advantages and disadvantages of being famous?

유명해지는 것의 장단점은 무엇입니까?

• Brainstorming Note

주제: 유명인사가 되는 것의 장단점
세부 사항: 1. 부와 명성을 획득할 수 있음   2. 공공장소에서의 행동의 제약
관련 어휘: fame / develop their businesses / look up to you / no privacy

Personal Answer

Model Answer

The main advantage of being famous is being able to make a lot of money. Many celebrities use their fame to develop their businesses and it is an effective way to enlarge their companies. Another advantage is that people look up to you because you are famous, and they try to resemble you. I am not famous, but I am sure it is probably one of the greatest feelings that a person can have. However, there are disadvantages as well. Famous people usually have no privacy because people will easily recognize them in public places, so they have to watch out for their behavior. If I became a famous celebrity, I would be followed by many paparazzi practically anywhere and anytime, which can be very nerve wracking.

유명해지는 것의 주요 이점은 많은 돈을 벌 수 있다는 점입니다. 많은 유명인들은 그들의 명성을 이용하여 사업을 발전시키고 이것은 그들의 회사를 확장시키는데 효과적인 방법입니다. 또 다른 이점은 사람들은 당신이 유명하기 때문에 당신을 존경하고 당신을 본받으려 합니다. 저는 유명하지 않지만 아마도 그것은 사람이 느낄 수 있는 가장 좋은 기분 중 하나라고 확신합니다. 그러나 나쁜 점도 있습니다. 유명인들은 사람들이 늘 공공장소에서 쉽게 알아보기 때문에 행동을 주의해야 합니다. 만약 당신이 유명해 진다면 많은 파파라치가 실제로 언제 어디든 따라다닐 것이고 그것이 매우 신경을 거슬리게 할 수도 있습니다.

enlarge 크게 하다 look up to ~을 쳐다보다, 존경하다 resemble ~을 닮다, 공통점이 있다 recognize 인정하다, 알아보다 watch out for 조심하다, 주의하다 paparazzi 파파라치《유명인을 쫓아다니는 프리랜서 사진사》 practically 실제로, 사실상 nerve wracking 신경을 괴롭히는

Practice Test

Question 5

How do you make guests feel welcome?

당신은 어떻게 손님들이 환대를 받는다고 느끼게 합니까?

● Brainstorming Note

주제: 손님들이 환대를 느끼게 하는 방법
세부 사항: 1. 손님들에게 필요한 것들을 파악하고 제공
　　　　　2. 손님들 접대에 대한 생각
관련 어휘: provide necessary things / put up with rude guests /
　　　　　appreciative of what I do / enjoy having guests

Personal Answer

Model Answer

When I have guests over, I try my best to provide necessary things to them. I ask them what kind of food they like, and also what things they need during their stay. I myself have been a guest many times, so I understand how hard it is to be a guest at someone else's home. Sometimes, I'm put in a situation where I have to put up with rude guests, but usually, my guests are appreciative of what I do for them, so I enjoy having guests at my house.

저희 집에 손님이 오면 저는 그들에게 필요한 것을 제공하기 위하여 최선을 다합니다. 저는 그들에게 어떤 음식을 좋아하는지, 또한 그들이 머무는 동안 필요한 것이 무엇인지 물어봅니다. 저 자신이 여러 번 손님이 되어본 적이 있기 때문에 누군가의 집에서 손님이 되는 것이 얼마나 힘든지 이해합니다. 때때로 저는 무례한 손님들을 대하면서 참아야만 하는 상황에 놓일 때도 있지만 대부분 제 손님들은 제가 그들을 위해서 하는 일에 대해서 감사하게 생각하기 때문에 저는 집에서 손님들을 맞이하는 것을 좋아합니다.

---

make a person welcome ~을 환영하다 try one's best 최선을 다하다, 전력을 다하다 put up with ~을 참다 be appreciative of ~을 감사하다

● Model Answers p.431

More Questions

1 How do you deal with a difficult classmate / colleague / boss?

당신은 어려운 급우, 동료, 또는 상사들을 어떻게 대합니까?

🔊 Personal Answer

2 Do you think colleagues should be friends?

당신은 직장 동료들이 친구가 되어야 한다고 생각합니까?

🔊 Personal Answer

3 What do you think is the most important quality in a person?

사람에게 가장 중요한 자질이 무엇이라고 생각합니까?

🔊 Personal Answer

4 What quality is necessary in a person to do well in a group?

한 집단에서 한 사람이 성공하기 위해 필요한 자질은 무엇입니까?

🔊 Personal Answer

5 What quality do you dislike in a person?

사람에게서 당신이 싫어하는 기질은 무엇입니까?

🔊 Personal Answer

Check Vocabularies & Phrases

- [ ] **get to know** 가까워지다
- [ ] **preference** 선호, 선택
- [ ] **hairdresser** 미용사
- [ ] **energy consuming** 힘겨운, 에너지를 소비하는
- [ ] **the other day** 일전에, 그저께
- [ ] **yell at** ~에게 소리를 지르다, ~에게 호통치다
- [ ] **suggest** 제안하다
- [ ] **perm** 《구어》파마(=permanent wave), 파마를 하다 *cf.* get one's hair permed 파마시술을 받다, perm A's hair A의 머리를 파마해주다
- [ ] **offend** 성나게 하다, 불쾌하다
- [ ] **dread** 무서워하다, 염려하다, 꺼리다
- [ ] **sociable** 사교적인
- [ ] **fame** 명성, 평판
- [ ] **donate** 기부하다
- [ ] **charity** 자선, 자비
- [ ] **encourage** 격려하다
- [ ] **campaign** (사회적) 운동, 캠페인
- [ ] **abuse** n. 남용 v. 남용하다
- [ ] **privacy** 사생활, 프라이버시
- [ ] **criticize** 비평하다, 비난하다
- [ ] **harshly** 거칠게, 가혹하게
- [ ] **consequence** 결과, 결말, 중요성
- [ ] **private** 사적인, 사립의, 비밀의
- [ ] **at all** 조금도 (…이 아니다)
- [ ] **casual** 우연의, (우정[관계] 등이) 표면적인, 가벼운, 평상복의
- [ ] **acquaintance** 아는 사람[사이]
- [ ] **overseas** 해외(로부터)의

- [ ] **spend time ~ing** ~하는 데에 시간을 보내다
- [ ] **that's about it** 대충 그렇다
- [ ] **be looking forward to ~ing** ~하기를 기대하다, 손꼽아 기다리다
- [ ] **on a regular basis** 정기적으로
- [ ] **individualistic** 개인주의적
- [ ] **be concerned with** ~에 관심이 있다.
- [ ] **be a concern to** ~에게 관심의 대상이 되다, 걱정거리가 되다
- [ ] **be occupied with** ~하기에 바쁘다, ~에 얽매이다
- [ ] **get along with** ~와 사이좋게 지내다
- [ ] **hospitable** 대접이 좋은, 친절한
- [ ] **catch up with** 따라잡다
- [ ] **end up ~ing** 마침내 ~하게 되다
- [ ] **supportive of** ~를 격려하는
- [ ] **admire** 감탄하다, 경애하다, 동경하다
- [ ] **peasant** 농부, 소작인
- [ ] **contribute** 기부하다, 공헌하다
- [ ] **greed** 욕망, 탐욕,
- [ ] **well-being** 복지, 안녕, 번영, 행복
- [ ] **movement** 운동, 움직임
- [ ] **extermination** 박멸, 근절, 전멸
- [ ] **on one's way** ~의 길에 막아선
- [ ] **yield to** ~에 빠지다, 승복하다, 기권하다
- [ ] **temptation** 유혹
- [ ] **maternal** 모계의, 어머니의
- [ ] **refuse** 거절하다
- [ ] **pass away** 죽다, 세상을 떠나다

- [ ] **diligent** 근면한, 부지런한
- [ ] **role model** 역할모델, 본이 되는 사람
- [ ] **be a burden on** ~의 부담이 되다
- [ ] **may one's soul rest in peace** 고이 잠드소서! ~의 명복을 빕니다. 《죽은 사람에 대해서 언급할 때 자주 사용하는 말》
- [ ] **proud to** 자부심이 있는, 자랑으로 여기는
- [ ] **take joy in** ~하는 데에 즐거움을 느끼다
- [ ] **hang out** 모여서 놀다, 어울리다
- [ ] **sorrow** 슬픔
- [ ] **burden** 무거운 짐
- [ ] **celebrity** 명사, 유명인
- [ ] **looks** 외모
- [ ] **wealth** 부, 재산
- [ ] **appear** 나타나다, 출연하다
- [ ] **admirable** 칭찬할만한, 감탄할만한
- [ ] **have a bad influence on** ~에 악영향을 끼치다
- [ ] **set an example** ~에게 본을 보이다
- [ ] **divorce** 이혼, 이혼하다
- [ ] **extravagantly** 사치스럽게, 낭비하여
- [ ] **plastic surgery** 성형, 성형외과
- [ ] **enlarge** 크게 하다, 커지다
- [ ] **look up to** ~을 쳐다보다, 존경하다
- [ ] **resemble** ~을 닮다, 공통점이 있다
- [ ] **recognize** 인정하다, 알아보다
- [ ] **watch out for** 조심하다, 주의하다
- [ ] **paparazzi** 파파라치 《유명인을 쫓아다니는 프리랜서 사진사》
- [ ] **practically** 실제로, 사실상

- [ ] **nerve wracking** 신경을 괴롭히는, (몹시) 신경질 나는
- [ ] **make a person welcome** ~을 환영하다
- [ ] **try one's best** 최선을 다하다, 전력을 다하다
- [ ] **put up with** ~을 참다
- [ ] **be appreciative of** ~을 감사하다

Chapter 10

Environment

Chapter 10에 나오는 Part별 질문 미리보기

• **Part 1**   **Questions**

    1. Do you use a lot of water, electricity, or gas?
    2. Do you recycle?
    3. How is the air quality in your area?
    4. Does your country enforce recycling regulations?
    5. Are you satisfied with the environment you are living in at the moment?

• **Part 2**   **Topic Cards**

    1. Describe an example of serious pollution.
       You should say:
       where it is
       what made you notice it
       what causes such pollution
       what makes you think it is serious
       and what can be done to solve this problem.

    2. Describe a place you have visited with no air pollution.
       You should say:
       where it is
       when you were there
       what you saw there
       why there is no air pollution
       and what you liked about that place.

• **Part 3**   **Questions**

    1. Are there any ways that you personally can contribute to improving the environment?
    2. What are some reasons that rainforests are being destroyed?
    3. What do you think the consequences of global warming will be?
    4. What are the advantages and disadvantages of having nuclear power stations?
    5. What can we do to stop people from wasting useful sources such as water, electricity, or gas?

Say it in English

01 저는 일주일에 세 번 목욕하는 것을 즐깁니다.

I enjoy taking a _____ three times a _____ .

02 저는 요즘 환경문제에 대해 관심이 매우 많습니다.

I am very concerned _____ environmental _____ these days.

03 저는 정부가 곧 시민들에게 더욱 엄한 규정을 부과하기를 기대합니다.

I wish the _____ would enforce stricter _____ on citizens soon.

04 저희 고장의 대기의 질은 그렇게 나쁘지 않습니다.

The air _____ in my town is not too ____ .

05 그들은 대기 중의 나쁜 냄새에 대해 불평을 합니다.

They _____ about the unpleasant _____ of the air.

06 우리에게는 쓰레기를 버리기 전에 분리하는 법규가 있습니다.

We have _____ on separating our _____ before it is thrown away.

07 한국정부는 시민들이 분리수거에 동참하도록 장려하는 재활용에 관한 법안을 시행하고 있습니다.

The Korean government is enforcing laws on _____ by encouraging citizens to _____ their garbage according to the material.

08 우리는 개인 차량을 줄이고 대중 교통수단을 유도하면서 이 문제를 풀 수 있습니다.

We can _____ this problem by limiting _____ vehicles and encouraging public _____ .

09 서울에 있는 사람들은 새로운 형태의 대기오염으로부터 고통을 받아 왔습니다.

People in Seoul have been _____ from a new type of air _____ .

10 그것은 자연 현상이므로 피할 수 없는 상황입니다.

It is a helpless _____ since it is a natural _____ .

11 정부는 사막 지역에 나무를 심어 가면서 이 문제를 풀려고 하고 있습니다.

The government is trying to solve this problem by _____ trees in those _____ areas.

12 캠핑지역은 많은 높은 나무들과 아름다운 야생 꽃들로 둘러싸여 있었습니다.

The _____ ground was _____ by many tall trees and beautiful _____ flowers.

13 그것은 도시로부터 많이 떨어져 있어서 아름다운 자연경관이 손상을 입지 않았습니다.

It was so ___ from any city that its _____ beauty wasn't disturbed.

14 제가 그렇게 자연에 가까이 있었던 것은 새로운 경험이었습니다.

It was a new _____ for me to be so close to _____.

15 당신은 에너지를 아끼기 위해 전기, 물, 가스 등의 사용을 줄일 수 있습니다.

You can ___ down on the use of _____, water and gas to save _____.

16 환경을 개선하기 위해 당신이 할 수 있는 많은 것들이 있습니다.

There are many _____ that you can do to contribute to _____ the environment.

17 적도의 산림지역이 파괴되는 한 가지 이유는 과다인구 때문입니다.

One reason why rain forests are _____ would be _____.

18 원자력 발전소를 만들기 위해서 많은 돈이 듭니다.

A large _____ of money is required in order to build a _____ power station.

19 사람들이 그런 유용한 자료들을 낭비하는 것을 막기 위한 가장 효과적인 방법은 일반인을 위한 교육적인 광고나 캠페인을 여는 것입니다.

The _____ effective way to ____ people from wasting such useful resources is creating _____ public advertisements and campaigns.

20 당신은 사람들을 교육시키기 위해 다른 종류의 매체를 사용할 수 있습니다.

You can ___ the different types of _____ to educate people.

Answer

01	bath, week	11	planting, desert
02	about, issues	12	camping, surrounded, wild
03	government, regulations	13	far, natural
04	quality, bad	14	experience, nature
05	complain, smell	15	cut, electricity, energy
06	laws, garbage	16	things, improving
07	recycling, separate	17	destroyed, overpopulation
08	solve, private, transportation	18	amount, nuclear
09	suffering, pollution	19	most, stop, educational
10	situation, phenomenon	20	use, media

Warm-up

■ 인칭 변화가 가능한 경우와 인칭 변화가 가능하지 않은 경우의 각각의 연습 순서대로 말해보세요.

1. 인칭 변화가 가능한 경우: 다음의 인칭 변화 순서대로 연습하는 것이 효과적입니다.

5단계 인칭 변화 연습 순서

Statement	Question	No Answer	Yes Answer
(1) you	(1) you	(1) I	(1) I
(2) he	(2) he	(2) he	(2) he
(3) we	(3) we	(3) we	(3) we
(4) she	(4) she	(4) she	(4) she
(5) they	(5) they	(5) they	(5) they

▶ 주의 1 지금부터 나오는 문장은 반드시 큰 소리로 읽어주세요.

▶ 주의 2 아래의 문장들은 빈칸 채워 넣기의 연습이 아니고 바로 입으로 말할 수 있게 하는 스피킹 연습이므로 머뭇거림 없이 말할 수 있을 때까지 연습해야 합니다.

• 밑줄친 부분을 5단계 인칭 변화에 따라 바꾸어 주세요.

Ex 1. I enjoy taking a bath three times a week.

Statement(평서문)

(1) you You enjoy taking a bath three times a week.

(2) he He enjoys taking a bath three times a week.

(3) we We _____.

(4) she She _____.

(5) they They _____.

Question(의문문)

(1) you Do you enjoy taking a bath three times a week?

(2) he Does he enjoy taking a bath three times a week?

(3) we _____?

(4) she _____?

(5) they _____?

No Answer (부정문)

(1) I   No, I don't enjoy taking a bath three times a week.

(2) he   No, _____ .

(3) we   No, _____ .

(4) she   No, _____ .

(5) they   No, _____ .

Yes Answer (긍정문)

(1) I   Yes, I enjoy taking a bath three times a week.

(2) he   Yes, _____ .

(3) we   Yes, _____ .

(4) she   Yes, _____ .

(5) they   Yes, _____ .

2. 인칭 변화가 가능하지 않은 경우: 다음의 순서대로 연습해주세요.

Statement ▶▶ Question ▶▶ No Answer ▶▶ Yes Answer

Ex 2. The camping ground was surrounded by many tall trees and flowers.

Statement (평서문)

The camping ground was surrounded by many tall trees and flowers.

Question (의문문)

Was the camping ground surrounded by many tall trees and flowers?

No Answer (부정문)

No, the camping ground wasn't surrounded by many tall trees and flowers.

Yes Answer (긍정문)

Yes, the camping ground was surrounded by many tall trees and flowers.

Speak up-step2

■ 밑줄이 있는 문장들은 아래 인칭 변화가 가능한 경우의 5단계 인칭 변화 연습 순서를 따라 하시고 밑줄이 없는 문장은 인칭 변화가 가능하지 않은 경우의 연습 순서대로 하세요.

1. 인칭 변화가 가능한 경우

➡● 5단계 인칭 변화 연습 순서

Statement		Question		No Answer		Yes Answer
(1) you		(1) you		(1) I		(1) I
(2) he		(2) he		(2) he		(2) he
(3) we	▶▶	(3) we	▶▶	(3) we	▶▶	(3) we
(4) she		(4) she		(4) she		(4) she
(5) they		(5) they		(5) they		(5) they

2. 인칭 변화가 가능하지 않은 경우

Statement	▶▶	Question	▶▶	No Answer	▶▶	Yes Answer

▶주의 1 큰 소리로 읽어 주세요.
▶주의 2 첫 문장을 먼저 외우고 나서 그 다음부터는 문장을 보지 말아야 합니다.
▶주의 3 외워진 문장을 위의 문장 변화 연습 순서만 보고 말할 수 있어야 합니다.

• 밑줄 친 부분의 단어는 인칭 변화가 가능합니다.

01 I enjoy taking a bath three times a week.

02 I am very concerned about environmental issues these days.

03 I wish the government would enforce stricter regulations on citizens soon.

04 The air quality in my town is too bad.

05 They complain about the unpleasant smell of the air.

06 We have laws on separating our garbage before it is thrown away.

07 The government is encouraging citizens to separate their garbage according to the material.

08 We can solve this problem by limiting private vehicles and encouraging public transportation.

09 I have been suffering from a new type of air pollution.

10 It is a helpless situation since it is a natural phenomenon.

11 I am trying to solve this problem by planting trees.

12 The camping ground was surrounded by many tall trees and flowers.

13 It is so far from any city that its natural beauty isn't disturbed.

14 It is a new experience for me to be so close to nature.

15 You can cut down on the use of electricity to save energy.

16 There are many things that you can do to improve the environment.

17 One reason why rainforests are destroyed would be overpopulation.

18 A large amount of money is required in order to build a nuclear power station.

19 The most effective way to stop people from wasting such useful resources is running campaigns.

20 You can use the different types of media to educate people.

● 정답은 www.nexusbook.com에서 확인하실 수 있습니다.

Part 1

Question 1

Do you use a lot of water, electricity, or gas?

당신은 물이나 전기나 가스를 많이 사용합니까?

Personal Answer

Standard Answer

I think I use more electricity, water, and gas than other people my age. I take a shower every morning, and I also enjoy taking a bath three times a week. I blow-dry my hair every day so as not to catch a cold. I cannot stand cold temperatures, so I usually keep my place warm.

저는 제 또래들보다 전기, 물, 가스를 더 많이 사용하는 것 같습니다. 저는 매일 아침 샤워를 하고 일주일에 세 번은 목욕을 즐깁니다. 저는 감기에 걸리지 않기 위해 매일 머리를 드라이어로 말립니다. 저는 차가운 온도를 참지 못하기 때문에 집을 항상 따뜻하게 유지합니다.

Advanced Answer

I am very concerned about environmental issues these days, so I try to reduce my use of water, electricity, and gas. For example, I use less shampoo and soap so that I don't need an excessive amount of water. I also take a shower every other day, and take one in the evening so that I have plenty of time to dry my hair, which can save a lot of electricity. In addition, I usually wear a couple of layers of clothes and turn down my heater. That way, I can save on gas.

저는 요즘 환경문제에 관하여 매우 관심이 많아서 물, 전기, 가스의 사용을 줄이려고 노력합니다. 예를 들면 삼푸와 비누를 적게 사용해서 많은 양의 물이 필요하지 않도록 합니다. 저는 또한 격일로 저녁에 샤워를 해서 머리를 말릴 시간이 충분하도록 하는데 이것이 전기를 많이 절약해줍니다. 또한 저는 늘 여러 겹의 옷을 입고 히터를 줄입니다. 이렇게 함으로써 가스를 절약할 수 있습니다.

take a shower 샤워를 하다 take a bath 목욕하다 blow-dry (머리를) 드라이어로 매만지다 cannot stand ~을 참을 수 없다 be concerned about 관심을 가지다, 걱정하다 environmental 환경의, 주위의 reduce 줄이다, 감소하다 excessive 과도의, 지나친

Do you recycle?

재활용을 합니까?

🔘 Personal Answer

🔘 Standard Answer

Of course. The majority of products these days have plastic or glass packaging, which can produce an extreme amount of waste. Before I throw a container in the garbage, I always check the recycle symbol at the back of the product, and sort it accordingly. I have a garbage can available with different compartments, so it's very easy to recycle.

물론입니다. 요즘 제품의 대부분은 플라스틱이나 유리 포장이 되어 있어서 극심한 양의 쓰레기를 유발합니다. 저는 쓰레기통에 용기를 버리기 전에 늘 제품의 뒷면에 있는 재활용 표시를 확인하고 그것에 따라서 분류합니다. 저는 칸막이가 여러 개 있는 쓰레기통을 가지고 있기 때문에 재활용을 실천하기가 쉽습니다.

🔘 Advanced Answer

I should recycle, but I don't at the moment. Recycling in my country is very meaningless because the government gathers the different types of waste altogether for the final disposal. I wish that the government would enforce stricter regulations on citizens soon.

재활용을 해야 하지만 지금은 하지 않고 있습니다. 우리나라에서는 정부가 쓰레기를 마지막으로 매립할 때 여러 종류의 쓰레기들을 한꺼번에 모으기 때문에 재활용이 무의미합니다. 저는 하루속히 정부가 시민들에게 더 강한 규제를 시행하길 바랍니다.

packaging 짐 꾸리기, 포장, 상자 **extreme** 극도의, 과격한 **container** 그릇, 용기 **symbol** 상징, 기호 **accordingly** 따라서, 적절히 **compartment** 구획, 칸막이 **meaningless** 무의미한, 무익한 **disposal** 처리, 매각 **enforce** 실시하다, 강요하다 **regulation** 규칙, 법규

Question 3

How is the air quality in your area?

당신의 나라에서는 대기의 질이 어떻습니까?

▬▬ Personal Answer

▬▬ Standard Answer

I think that the air quality in my town is not too bad, but my friends who have been studying abroad tell me that it is very poor. When they come to visit, they complain about the unpleasant smell of the air, and about their white clothes getting dirty fast. I have never noticed such problems because I have never been to another country.

제가 생각하기에는 우리 동네의 대기의 질이 그다지 나쁘지 않은 것 같지만 외국에서 공부하고 온 제 친구들은 매우 나쁘다고들 합니다. 그들이 한국을 방문할 때 공기의 불쾌한 냄새와 그들의 흰옷이 빨리 더러워지는 것에 대하여 불평합니다. 저는 다른 나라에 가본 적이 없어서 그런 문제들을 인식해보지 못했습니다.

▬▬ Advanced Answer

Just like other big cities, the air quality in my area is quite poor due to the carbon monoxide produced by cars. In addition, we have been suffering from yellow dust that comes from the deserts of China and Mongolia, which blows nearly a million tons into Seoul every spring. This dust is quite a hazard when it blows in from abroad. It reduces visibility and makes going outside very hazardous for one's health.

다른 대도시들처럼 제가 사는 지역의 공기는 자동차가 만들어내는 일산화탄소로 인하여 상당히 나쁩니다. 게다가 우리는 매년 봄이면 중국과 몽골의 사막에서 서울로 불어오는 백만 톤 정도 되는 황사 때문에 어려움을 겪습니다. 이 먼지가 외국에서 불어올 때에는 상당히 위험합니다. 황사는 사람들의 시야를 가리고 사람들이 외출할 때 건강에 위험을 초래합니다.

unpleasant 불쾌한 carbon monoxide 일산화탄소 yellow dust 황사 hazard 위험 *cf.* hazardous 위험한

Does your country enforce recycling regulations?

당신의 나라에서는 재활용 정책을 실시합니까?

Personal Answer

Standard Answer

Yes. We have laws on separating our garbage before it is thrown away. If you don't separate it, you will be fined 200,000 Won, which is about 200 US Dollars.

네. 우리에게는 쓰레기를 버리기 전에 분리하는 법규가 있습니다. 만약 쓰레기를 분리하지 않으면 20만원의 벌금에 처해지는데 이는 약 미화 200달러 정도 됩니다.

Advanced Answer

Yes. The Korean government is enforcing laws on recycling by encouraging citizens to separate their garbage according to the material. There are special garbage bags for recycling which we can purchase at a supermarket. When this system was introduced for the first time, people complained about the cost of the bags and the inconvenience of having to sort their garbage, but nowadays, they are very cooperative.

네. 한국정부는 시민들이 그들의 쓰레기를 재질에 따라서 분류하도록 장려하는 법안을 실시하고 있습니다. 재활용을 위한 특별한 쓰레기 봉투가 있는데 이 봉투를 슈퍼마켓에서 구입할 수 있습니다. 이 제도가 처음 도입되었을 때에는 사람들이 봉투 가격과 분리수거의 불편함에 대해서 불평했지만 지금은 매우 협조적입니다.

fine 벌금, 과태료, 벌금을 과하다   according to ~에 따라, ~에 의하여   cooperative 협력적인, 협조적인

Question 5

Are you satisfied with the environment you are living in at the moment?

현재 당신이 살고 있는 환경에 만족합니까?

Personal Answer

_____

_____

_____

_____

Standard Answer

I love living in a big city because it is very convenient, but I don't like the quality of the air. There are many cars on the street and they cause air pollution. They are also very noisy, so I want to move to a cleaner and quieter place.

저는 도시에 사는 것이 편리하기 때문에 좋아하지만 대기의 질은 마음에 들지 않습니다. 도로에는 차들이 많고 대기 오염을 유발합니다. 또한 차들이 굉장히 시끄럽기 때문에 저는 좀 더 깨끗하고 조용한 장소로 이사하고 싶습니다.

⬛● Advanced Answer

I am OK with the environment I am living in most of the time, but sometimes, I wish I was living in the countryside. I used to live in a suburb where a herd of deer paid a visit to our backyard in the early mornings or in the late afternoons. I miss living in harmony with nature sometimes because I live in the center of a big city with air pollution and too much noise.

저는 제가 살고 있는 환경에 대해서 대체로 만족하지만 때때로 시골에서 살았으면 합니다. 저는 사슴떼가 이른 아침 이나 오후 늦게 뒷마당을 오가는 시외에서 살았었습니다. 저는 대기오염과 소음이 너무 많은 대도시 중앙에서 살고 있기 때문에 자연과 조화를 이루면서 사는 것이 그립습니다.

be satisfied with ~에 만족하다 suburb 교외, 시외 herd 가축의 떼, 무리 *cf.* a herd of 대량, 다수, (동물의) 떼 pay a visit 방문하다 backyard 뒷뜰 in harmony 조화되어, 한마음으로

Part 2

Topic Card 1

Describe an example of serious pollution.
심각한 오염의 한 예를 묘사하세요.

You should say:

where it is
어디인지

what made you notice it
당신으로 하여금 이것에 주목하게 한 것은 무엇인지

what causes such pollution
그런 오염을 유발하는 것이 무엇인지

what makes you think it is serious
당신으로 하여금 이것이 심각하다고 생각하게 만드는 것이 무엇인지

and what can be done to solve this problem.
이런 문제를 해결하기 위해서 무엇이 시행되어야 하는지

🔊 **Personal Answer**

_____

_____

_____

_____

🔊 **Standard Answer**

Many people own cars in my town, and they are causing air pollution. People notice it when wearing white clothes. They find them dirty at the end of the day. Also, when they blow their nose, a lot of dirt comes out of it. We can solve this problem by limiting private vehicles and encouraging public transportation instead.

저희 동네에서는 많은 사람들이 자가용을 소유하고 있고 그 차들은 대기오염을 유발합니다. 당신이 흰옷을 입어보면 그것을 확인할 수 있습니다. 하루 일과가 끝나고 보면 당신은 옷이 더러워진 것을 발견할 것입니다. 또한 코를 풀 때 당신은 코에서 나오는 많은 불순물을 볼 것입니다. 우리는 개인 차량 운전을 제한하고 대신 대중 교통수단을 장려함으로써 이런 문제를 해결할 수 있습니다.

Recently, people in Seoul have been suffering from a new type of air pollution called Hwangsa, which means the yellow sandy dust. This yellow dust, which contains silicon, aluminum, calcium, potassium, and sodium, flies all the way to Korea and Japan from the deserts in China and creates air pollution. In addition, they can cause serious diseases in our respiratory organs, eyes and skin. It is a helpless situation since it is a natural phenomenon, but the government of Korea and Japan are trying to solve this problem by planting trees in those desert areas.

최근 서울에 있는 사람들은 모래 먼지 현상인 황사라고 불리는 새로운 대기오염의 형태를 겪고 있습니다. 규소, 알루미늄, 칼슘, 인산, 나트륨을 포함한 황사는 중국의 사막에서부터 한국과 일본 전역으로 날아와서 대기오염을 초래합니다. 게다가 황사는 우리의 호흡기관과 눈, 그리고 피부에 심각한 병들을 초래합니다. 이것은 자연적인 현상이기 때문에 어찌할 수 없는 상황이지만 한국과 일본 정부는 그런 사막 지역에 나무를 심는 것으로 이런 문제들을 해결하려고 노력합니다.

blow one's nose 코를 풀다   limit 한정하다, 제한하다   silicon 규소   calcium 칼슘   potassium 칼륨   sodium 나트륨 respiratory 호흡의   helpless 도움이 되지 않는, 어찌할 수 없는   phenomenon 현상

Topic Card 2

Describe a place you have visited with no air pollution.

당신이 방문했던 대기오염이 없는 곳에 대하여 묘사하세요.

You should say:

where it is
그곳이 어디인지

when you were there
그곳에 언제 갔는지

what you saw there
그곳에서 무엇을 봤는지

why there is no air pollution
그곳에 왜 대기오염이 없는지

and what you liked about that place.
그리고 그 장소에 대해서 마음에 드는 부분이 무엇인지

 **Personal Answer**

Standard Answer

I went camping with my family last year. We went to the mountains and camped out there for three days. There were many trees and flowers. It was very beautiful. There was also a lake, and we went fishing there. We caught some fish, and cooked them for dinner. I liked it there very much because it was very far from any cities, and there was no sound of cars or people. It was very peaceful.

저는 작년에 가족과 함께 캠핑을 갔습니다. 저희는 산에 가서 3일 동안 캠핑을 했습니다. 그곳에는 나무와 꽃들이 아주 많았습니다. 그곳은 매우 아름다웠습니다. 또한 호수가 하나 있었는데 우리는 그곳으로 낚시를 하러 갔습니다. 우리는 물고기를 잡아서 저녁식사를 위한 요리를 했습니다. 그곳은 도시에서 멀리 떨어져 있었고 자동차들 또는 사람들의 소리가 없었기 때문에 저는 그곳이 좋았습니다. 그곳은 매우 평온했습니다.

Advanced Answer

When I was in my early twenties, I went camping with my friends in the Rocky Mountains. We drove up the hills for about 4 hours to a small town called Evergreen Springs. The camping ground where we pitched our tents was surrounded by many tall trees and beautiful wild flowers. At night, we were able to hear sounds of wild animals around us, which was quite amazing. We were a bit scared that bears might attack us, though. We found a lake nearby in the morning where we went fishing. We caught many trout and crawfish, and cooked them up for our dinner. The air and the water were very clean because it was so far from a city that its natural beauty wasn't disturbed. I loved it there because it was a new experience for me to be so close to nature. My friends and I have been going back there every summer ever since.

제가 20대 초반이었을 때 저는 친구들과 록키 산맥으로 캠핑을 갔습니다. 우리는 에버그린 스프링스라는 작은 마을을 향해 약 4시간 정도 운전했습니다. 우리가 텐트를 쳤던 캠핑 장소는 매우 높은 나무들과 아름다운 들꽃들로 둘러싸여져 있었습니다. 밤에는 우리 주위에 있는 야생 동물들의 소리를 들을 수 있었는데 참 신기했습니다. 곰이 우리를 습격할까봐 약간 겁이 나기도 했습니다. 아침에 우리는 호수를 발견하고 그곳으로 낚시를 하러 갔습니다. 우리는 송어와 가재를 많이 잡아서 그것들로 저녁식사를 만들었습니다. 그곳은 도심지로부터 아주 멀리 떨어져 있어서 자연의 미(美)가 훼손되지 않았기 때문에 공기와 물이 매우 깨끗했습니다. 그것이 저에게는 자연과 가까워질 수 있는 새로운 경험이었기 때문에 그곳이 너무 좋았습니다. 저와 제 친구들은 그때 이후로 매년 여름이면 그곳을 방문합니다.

pitch a tent 텐트를 치다 attack 공격하다 trout 송어 crawfish 가재 disturb 방해하다

Practice Test

Part 3

Question 1

Are there any ways that you personally can contribute to improving the environment?

환경을 개선시키기 위해 당신이 개인적으로 공헌할 수 있는 어떤 방법들이 있습니까?

• Brainstorming Note

주제: 환경 개선을 위한 개인적인 행동 방법
세부 사항: 1. 재활용을 통해 에너지를 절약   2. 재활용할 수 있는 구체적인 방법들
관련 어휘: environmental activist / save energy / emphasize recycling / improve the environment

---

Personal Answer

Model Answer

My mother is an environmental activist and she always emphasizes recycling. For instance, you can cut an old pair of rubber gloves with a pair of scissors to use them as rubber bands. You can also cut down on the use of electricity, water, and gas to save energy. You can also save many trees by recycling paper. There are many things that you can do to contribute to improving the environment, if you look hard enough.

저의 어머니께서는 환경 운동가이시기 때문에 항상 재활용을 강조하십니다. 예를 들어, 낡은 고무장갑을 가위로 잘라서 고무밴드처럼 사용할 수 있습니다. 또한 전기와 물, 그리고 가스의 사용을 줄임으로써 에너지를 아낄 수 있습니다. 그리고 종이를 재활용함으로써 많은 나무들을 구할 수 있습니다. 만약 당신이 열심히 찾아본다면 당신이 환경을 향상시키기 위하여 할 수 있는 많은 것들이 있을 것입니다.

---

contribute to 공헌하다 **activist** 행동주의자 **emphasize** 강조하다 **scissors** 가위 **cut down on** 줄이다, 절감하다 **look hard** 샅샅이 보다

What are some reasons that rainforests are being destroyed?

다우림 지역이 파괴되는 이유들은 무엇입니까?

● Brainstorming Note

주제: 다우림 지역 파괴의 원인
세부 사항: 1. 인구증가에 의한 주거공간의 부족   2. 새로운 삼림개간에 의한 파괴
관련 어휘: rainforest / overpopulation / living space / deforested

▬▬▢ Personal Answer

▬▬● Model Answer

One reason why rainforests are being destroyed would be overpopulation. There are about 6.5 billion people living on the surface of the Earth, which reduces living space. Therefore, people are deforesting mountains to build new cities and houses. 400,000 square kilometers of the Amazon basin have already been deforested.

다우림 지역이 파괴되는 이유는 인구증가 때문입니다. 지구에는 약 65억 명이 살고 있으며 이것이 주거공간의 부족을 초래합니다. 그래서 사람들은 새로운 도시와 주택을 건설하기 위하여 삼림을 개간합니다. 아마존 분지의 40만 제곱킬로미터가 벌써 파괴되었습니다.

rainforest 다우림 overpopulation 인구과잉 surface 표면 deforest 삼림을 벌채[개간]하다 square 정사각형, 제곱 basin 분지

Practice Test

Question 3

What do you think the consequences of global warming will be?

지구 온난화의 결과가 무엇일 것이라고 생각합니까?

● Brainstorming Note

주제: 지구 온난화의 결과
세부 사항: 1. 바다 표면의 상승   2. 지구 생태계의 파괴가 가능함
관련 어휘: global warming /   sea level rising / melting glaciers / ecosystem

Personal Answer

Model Answer

The most of serious consequence of global warming would be the sea level rising because the glaciers in Greenland are melting. For the past 100 years, the sea level has risen approximately 23 centimeters, and the glaciers are melting about 2 meters every year due to warmer weather. That is 50 billion tons of water being added to the sea. Not only will our living space be reduced, but the ecosystem of the Earth will also be destroyed.

지구 온난화의 가장 심각한 결과는 그린랜드의 빙하가 녹아서 해수면이 상승하는 것입니다. 과거 100년 동안 해수면은 대략 23센티미터가 상승하였고 따뜻한 기후로 인하여 매년 빙하가 2미터씩 녹습니다. 이것은 바닷물에 500억 톤의 물이 추가되는 것입니다. 우리의 주거공간이 줄어들 뿐만 아니라 지구의 생태계도 파괴될 것입니다.

consequence 결과, 결말 glacier 빙하 approximately 대략, 대체로 ecosystem 생태계

What are the advantages and disadvantages of having nuclear power stations?

핵 발전소의 장단점은 무엇입니까?

● Brainstorming Note

주제: 핵 발전소의 장단점
세부 사항: 1. 핵 발전소 연료 사용의 용이성   2. 핵 폐기물 처리의 어려운 점
관련 어휘: hazardous gases / threat to ecosystem / disposing the waste /
          risk of illnesses

Personal Answer

Model Answer

Unlike other types of power stations, nuclear power stations do not require expensive fuel. In addition, nuclear power doesn't produce hazardous gases such as carbon dioxide, so it will not be a threat to our ecosystem. However, there are some disadvantages. A large amount of money is required to build a nuclear power station. Disposing of the waste is also difficult because there is a risk of illnesses or even death caused by exposure to large amounts of radiation.

다른 발전소와는 달리 핵 발전소는 값비싼 연료를 필요로 하지 않습니다. 게다가 원자력 발전은 이산화탄소와 같은 해로운 기체를 만들지 않기 때문에 우리 생태계에 위협을 주지 않습니다. 그러나 나쁜 점들이 있습니다. 핵 발전소를 세우는 데에는 많은 양의 비용이 요구됩니다. 폐기물을 처리하는 것도 어려운 일인데 이것은 많은 양의 방사능으로 인해 생기는 병에 대한 위험이나 심지어는 사망의 위험까지 있기 때문입니다.

nuclear 핵의, 원자핵의 power station 발전소 require 요구하다 carbon dioxide 이산화탄소 dispose 배치하다 risk 위험 exposure 드러남, 노출 radiation 방사, 방사능

Practice Test

Question 5

What can we do to stop people from wasting useful sources such as water, electricity, or gas?

사람들이 전기나 가스와 같은 유용한 자원들을 낭비하는 것을 막기 위하여 우리는 무엇을 할 수 있을까요?

● Brainstorming Note

주제: 자원낭비를 방지하기 위한 방안
세부 사항: 1. 교육적인 대중 광고와 캠페인의 활용   2. 다양한 미디어의 활용
관련 어휘: public advertisements / campaigns / natural resources / different
types of media

● Personal Answer

_____

_____

_____

● Model Answer

I think the most effective way to stop people from wasting such useful resources is creating educational public advertisements and campaigns, so that people become aware of the importance of natural resources. You can use the different types of media to educate people which can be very successful.

사람들이 그런 유용한 자원들을 낭비하는 것을 막는 가장 효과적인 방법은 교육적인 대중 광고들과 캠페인을 만드는 것이라고 생각합니다. 그러면 사람들은 천연자원의 중요성을 알게 됩니다. 사람들을 교육시키기 위하여 여러 형태의 미디어를 사용할 수 있는데 이것은 매우 성공적일 수 있습니다.

● resource 자원 advertisement 광고 campaign 캠페인, (판매를 위한) 광고전 aware of 인식하다, 알다 media 미디어, 언론매체

● Model Answers p.432

More Questions

1 Do you think that environmental pollution will still exist in the future?

미래에도 환경오염이 여전히 존재할 거라고 생각합니까?

🔊 Personal Answer

2 How can pollution be reduced?

오염을 어떻게 줄일 수 있을까요?

🔊 Personal Answer

3 Do you think that stopping global warming is solely up to the government?

지구 온난화를 막는 것이 순전히 정부에게만 달려있다고 생각합니까?

🔊 Personal Answer

4 How will global warming affect your country in the future?

지구 온난화가 미래에 당신의 나라에 어떻게 영향을 미칠까요?

🔊 Personal Answer

5 What are the advantages and disadvantages of using plastic goods?

플라스틱 제품을 사용하는 것의 장단점은 무엇입니까?

🔊 Personal Answer

Check Vocabularies & Phrases

- take a shower 샤워를 하다
- take a bath 목욕을 하다
- blow-dry (머리를) 드라이어로 매만지다
- cannot stand ~을 참을 수 없다
- be concerned about 관심을 가지다, 걱정하다
- environmental 환경의, 주위의
- reduce 줄이다, 감소하다
- excessive 과도의, 지나친
- packaging 짐 꾸리기, 포장, 상자
- extreme 극도의, 과격한
- container 그릇, 용기
- symbol 상징, 기호
- accordingly 따라서, 적절히
- compartment 구획, 칸막이
- meaningless 무의미한, 무익한
- disposal 처리, 매각
- enforce 실시하다, 강요하다
- regulation 규칙, 법규
- unpleasant 불쾌한
- carbon monoxide 일산화탄소
- yellow dust 황사
- hazard 위험 cf. hazardous 위험한
- fine 벌금, 과태료, 벌금을 과하다
- according to ~에 따라, ~에 의하여
- cooperative 협력적인, 협조적인
- be satisfied with ~에 만족하다
- suburb 교외, 시외
- herd 가축의 떼, 무리
  cf. a herd of ~ 대량, 다수, (동물의) 떼

- pay a visit 방문하다
- backyard 뒤뜰
- in harmony 조화되어, 한마음으로
- blow one's nose 코를 풀다
- limit 한정하다, 제한하다
- silicon 규소
- calcium 칼슘
- potassium 칼륨
- sodium 나트륨
- respiratory 호흡의
- helpless 도움이 되지 않는, 어찌할 수 없는
- phenomenon 현상
- pitch a tent 텐트를 치다
- attack 공격하다
- trout 송어
- crawfish 가재
- disturb 방해하다
- contribute to 공헌하다
- activist 행동주의자
- emphasize 강조하다
- scissors 가위
- cut down on 줄이다, 절감하다
- look hard 샅샅이 보다
- rainforest 다우림
- overpopulation 인구과잉
- surface 표면
- deforest 삼림을 벌채[개간]하다
- square 정사각형, 제곱

- [ ] **basin** 분지
- [ ] **consequence** 결과, 결말
- [ ] **glacier** 빙하
- [ ] **approximately** 대략, 대체로
- [ ] **ecosystem** 생태계
- [ ] **nuclear** 핵의, 원자핵의
- [ ] **power station** 발전소
- [ ] **require** 요구하다
- [ ] **carbon dioxide** 이산화탄소
- [ ] **dispose** 배치하다
- [ ] **risk** 위험
- [ ] **exposure** 드러남, 노출
- [ ] **radiation** 방사, 방사능
- [ ] **resource** 자원
- [ ] **advertisement** 광고
- [ ] **campaign** 캠페인, (판매를 위한) 광고전
- [ ] **aware of** 인식하다, 알다
- [ ] **media** 미디어, 언론매체

Chapter 11

Animals / Pets

Chapter 11에 나오는 Part별 질문 미리보기

• Part 1   Questions

    1. Do you like animals?
    2. What kind of animals do you like?
    3. Do you own a pet?
    4. What kind of animals do people in your region like to own as a pet?
    5. What kind of animals do you hate?

• Part 2   Topic Cards

    1. Describe an animal or pet that you have owned.
       You should say:
       what kind of animal it was
       where you got it
       how you looked after it
       and why it was important to you.

    2. Describe a wild animal that can be found in your country.
       You should say:
       where it can be found
       what it looks like
       what you like or dislike about it
       and how people treat wild animals in your country.

• Part 3   Questions

    1. Would you describe your country as an animal-loving country?
    2. Can you name a few endangered wild animals in your country?
    3. Do you believe in animal rights?
    4. What do you think are the benefits of keeping animals in a zoo?
    5. Do you think pets play an important role in a family? Why or why not?

Warm-up

Say it in English

01 저는 동물들을 그렇게 좋아하지 않는데 왜냐하면 동물들이 많은 병균을 옮기기 때문입니다.

I don't like _____ very much because they _____ a lot of germs.

02 소년시절 이래로 저는 동물들을 끔찍이 좋아했었습니다.

Ever since I was a little ____, I have been a big fan of _____.

03 저는 여전히 TV 다큐멘터리들을 자주 시청하면서 관련된 정보들을 습득합니다.

I still _____ many documentaries on TV to keep up with _____ on them.

04 저는 자라면서 주인에게 충실한 개들의 놀라운 이야기들을 들었습니다.

I grew up _____ about amazing stories of _____ dogs.

05 그것이 바로 자연의 섭리입니다.

It's the way _____ is supposed to ___.

06 그것들이 큰 발톱을 가지고 서로 장난질을 할 때 매우 귀엽습니다.

They are so _____ when they are _____ with each other with their big _____.

07 정원이 있는 큰 집을 가질 때까지 개를 키우는 것을 미루겠습니다.

I am going to _____ until I have a house with a garden to _____ a dog.

08 저희 지방의 사람들은 귀엽고 보살피기 쉬운 작은 개들을 좋아합니다.

People in my _____ like small dogs because they are cute and easy to _____ care ___.

09 과거와 비교하면 애완동물들은 가족관계에서 중요한 역할을 합니다.

Pets play an important _____ in a family _____ to the past.

10 저는 사나운 파충류들이 사냥물을 희생시키는 것을 참을 수 없습니다.

I can't stand to look at the _____ of the hunting of vicious _____.

11 그것에게 상추, 당근, 사과를 먹이면서 그것을 돌보았습니다.

I took care of _____ by _____ him lettuce, carrots, and apples.

12 그것이 저의 첫 번째 애완동물이었기 때문에 저에게 매우 중요했습니다.

He was a very important _____ for me because he was my _____ pet.

13 우리는 그것을 뒤뜰에 묻었고 그것을 위해 장례 의식을 치루어 주었습니다.

We _____ him in our backyard, and held a burial _____ for him.

14 저는 토끼를 잘 돌보아 주었고 토끼에게 줄 간식을 이용해서 여러 가지 재주를 가르쳤습니다.

I took good care of him and _____ him to do many tricks by attracting him with treats for _____.

15 우리 집을 방문했던 사람들은 그것이 재주를 부리는 것을 보고 매우 놀라워했습니다.

People who _____ my place were very _____ to see him doing _____.

16 사람들은 과거에 야생동물들을 돌보지 않았던 것 같습니다.

People didn't _____ to care about wild animals in the _____.

17 요즘 야생동물들의 복지에 관심을 보이는 많은 사람들이 있습니다.

There are more people who pay _____ to the well-being of wild animals _____.

18 한국 사람들은 개고기를 먹는다는 이유로 다른 사람들로부터 많은 비난을 받아왔습니다.

Korean people have been _____ by others for _____ dog meat.

19 돈을 벌기 위해 불법적으로 야생동물들 또는 멸종위기에 있는 동물들을 죽이는 많은 밀렵자들이 있습니다.

There are also many poachers who _____ kill wild or endangered animals to make a _____.

20 그것들이 살만한 깨끗한 장소가 없고 숨 쉴 수 있는 깨끗한 공기가 없습니다.

They don't have a _____ place to live in, and clean air to _____.

Answer

01	animals, carry	11	him, feeding
02	boy, animals	12	pet, first
03	watch, information	13	buried, service
04	hearing, loyal	14	trained, rabbits
05	nature, be	15	visited, amazed, tricks
06	cute, playing, paws	16	seem, past
07	wait, own	17	attention, nowadays
08	region, take, of	18	criticized, eating
09	role, compared	19	illegally, profit
10	victims, reptiles	20	clean, breathe

Warm-up

Speak up-step1

■ 인칭 변화가 가능한 경우와 인칭 변화가 가능하지 않은 경우의 각각의 연습 순서대로 말해보세요.

1. 인칭 변화가 가능한 경우: 다음의 인칭 변화 순서대로 연습하는 것이 효과적입니다.

● 5단계 인칭 변화 연습 순서

Statement	Question	No Answer	Yes Answer
(1) you	(1) you	(1) I	(1) I
(2) he	(2) he	(2) he	(2) he
(3) we ▶▶	(3) we ▶▶	(3) we ▶▶	(3) we
(4) she	(4) she	(4) she	(4) she
(5) they	(5) they	(5) they	(5) they

▶ 주의 1 지금부터 나오는 문장은 반드시 큰 소리로 읽어주세요.

▶ 주의 2 아래의 문장들은 빈칸 채워 넣기의 연습이 아니고 바로 입으로 말할 수 있게 하는 스피킹 연습이므로 머뭇거림 없이 말할 수 있을 때까지 연습해야 합니다.

• 밑줄친 부분을 5단계 인칭 변화에 따라 바꾸어 주세요.

Ex 1. I have been a big fan of animals.

Statement(평서문)

(1) you   You have been a big fan of animals.

(2) he   He has been a big fan of animals.

(3) we   We _____ .

(4) she   She _____ .

(5) they   They _____ .

Question(의문문)

(1) you   Have you been a big fan of animals?

(2) he   Has he been a big fan of animals?

(3) we   _____ ?

(4) she   _____ ?

(5) they   _____ ?

No Answer(부정문)

(1) I　　　No, I haven't been a big fan of animals.

(2) he　　No, _____.

(3) we　　No, _____.

(4) she　　No, _____.

(5) they　　No, _____.

Yes Answer(긍정문)

(1) I　　　Yes, I have been a big fan of animals.

(2) he　　Yes, _____.

(3) we　　Yes, _____.

(4) she　　Yes, _____.

(5) they　　Yes, _____.

2. 인칭 변화가 가능하지 않은 경우: 다음의 순서대로 연습해주세요.

Statement　▶▶　**Question**　▶▶　**No Answer**　▶▶　**Yes Answer**

Ex 2. It's the way nature is supposed to be.

Statement(평서문)

It's the way nature is supposed to be.

Question(의문문)

Is it the way nature is supposed to be?

No Answer(부정문)

No, it isn't the way nature is supposed to be.

Yes Answer(긍정문)

Yes, it is the way nature is supposed to be.

Warm-up

■ 밑줄이 있는 문장들은 아래 인칭 변화가 가능한 경우의 5단계 인칭 변화 연습 순서를 따라 하시고 밑줄이 없는 문장은 인칭 변화가 가능하지 않은 경우의 연습 순서대로 하세요.

1. 인칭 변화가 가능한 경우

◼━◼ 5단계 인칭 변화 연습 순서

Statement	Question	No Answer	Yes Answer
(1) you	(1) you	(1) I	(1) I
(2) he	(2) he	(2) he	(2) he
(3) we ▶▶	(3) we ▶▶	(3) we ▶▶	(3) we
(4) she	(4) she	(4) she	(4) she
(5) they	(5) they	(5) they	(5) they

2. 인칭 변화가 가능하지 않은 경우

Statement ▶▶	Question ▶▶	No Answer ▶▶	Yes Answer

▶주의 1 큰 소리로 읽어 주세요.
▶주의 2 첫 문장을 먼저 외우고 나서 그 다음부터는 문장을 보지 말아야 합니다.
▶주의 3 외워진 문장을 위의 문장 변화 연습 순서만 보고 말할 수 있어야 합니다.

• 밑줄 친 부분의 단어는 인칭 변화가 가능합니다.

01 I don't like animals very much because they are noisy.

02 I have been a big fan of animals.

03 I try to keep up with information on TV.

04 I grew up hearing about amazing stories of dogs.

05 It's the way nature is supposed to be.

06 My nephew is so cute when he is smiling at me.

07 I am going to wait until I have a house with a garden.

08 People in my region like small dogs because they are easy to take care of.

09 Pets play an important role in a family compared to the past.

10 I can't stand to look at the victims of the disaster.

11 I took care of him by feeding him lettuce.

12 He was a very important pet for me because he was my first pet.

13 I buried him in my backyard, and held a burial service for him.

14 I took good care of my pet and trained him to do many tricks.

15 I was very amazed to see the monkey doing tricks.

16 He didn't seem to care about wild animals.

17 I pay attention to the well-being of wild animals.

18 He has been criticized by others for eating dog meat.

19 There are many poachers who illegally kill wild animals to make a profit.

20 I don't have a clean place to live in and clean air to breathe.

● 정답은 www.nexusbook.com에서 확인하실 수 있습니다.

Practice Test

Part 1

Question 1

Do you like animals?

동물을 좋아합니까?

🔊 **Personal Answer**

_____

_____

_____

🔊 **Standard Answer**

No. I don't like animals very much because they carry a lot of germs. I am a bit of a clean freak, so I keep my place spotless. Animals are cute, but scientific studies prove that they carry diseases, which is very scary.

아니요. 저는 동물들이 병균을 지니고 있기 때문에 별로 좋아하지 않습니다. 저는 약간 결벽증이 있기 때문에 제가 사는 곳을 먼지 한 점 없이 깨끗하게 합니다. 동물들이 귀엽긴 하지만 과학 연구에 따르면 그들이 병을 옮기고 있다는 것을 증명해주고 있는데 이것은 매우 무서운 일입니다.

🔊 **Advanced Answer**

Ever since I was a little girl, I have been a big fan of animals. In fact, my dream was to become an animal trainer so that I could learn more about them and learn how to take care of them. Obviously, I didn't achieve my dream, but I still watch many documentaries on TV to keep up with the information on them.

저는 아주 어린 소녀였을 때부터 동물광이었습니다. 사실 제 꿈은 동물 사육사가 되어서 동물들에 대해 더 많이 배우고 어떻게 돌보아야 하는지 배우는 것이었습니다. 명백하게도 저는 꿈을 이루지는 못했지만 동물들에 관한 정보를 유지하기 위해서 아직도 텔레비전에서 많은 다큐멘터리를 봅니다.

🔊 **germ** 세균, 병균 **spotless** 오점이 없는, 티 없는 **scientific study** 과학 연구 **obviously** 명백하게도 **achieve** 이루다, 성취하다

What kind of animals do you like?

어떤 종류의 동물을 좋아합니까?

◼▬ Personal Answer

◼▬● Standard Answer

I like dogs the most. They are very cute, and loyal to their owners. I grew up hearing amazing stories of loyal dogs, so I always asked my parents to get me a puppy when I was young. I have had many dogs as pets. I also like cats, rabbits, and gerbils.

저는 개를 가장 좋아합니다. 개들은 귀엽고 주인에게 충성스럽습니다. 저는 어릴 적 충성스러운 개들에 관한 놀랄만한 이야기들을 들으면서 자랐고, 항상 부모님께 강아지를 사달라고 졸랐었습니다. 저는 많은 애완견을 키웠습니다. 저는 또한 고양이, 토끼, 그리고 게르빌루스쥐도 좋아합니다.

◼▬● Advanced Answer

I like all kinds of animals except reptiles. However, my favorite animals are the big cats such as lions, tigers, and leopards. I like them because they are very wild and exotic, and there are many things that we still don't know about them. They may seem vicious, but it's the way nature is supposed to be. I especially like their cubs because they are so cute when they play with each other using their big paws.

저는 파충류를 제외한 모든 종류의 동물을 좋아합니다. 하지만 제가 가장 좋아하는 동물은 사자, 호랑이, 그리고 표범과 같은 큰 고양이과의 동물입니다. 그것들은 매우 사납고 이색적이며 아직도 우리가 그것들에 관하여 모르는 것이 많기 때문에 저는 그것들을 좋아합니다. 그것들은 잔인하게 보일지 모르지만 자연의 한 일부분일 뿐입니다. 저는 특별히 그것들의 새끼들을 좋아하는데 그것들이 발을 가지고 서로에게 장난을 치고 있을 때가 너무 귀엽기 때문입니다.

◼▬ loyal 충성스러운 amazing 놀랄만한, 굉장한 gerbil 게르빌루스쥐 reptile 파충류 exotic 이국적인, 색다른 vicious 광포한, 잔인한 cub (짐승의) 새끼 paw (동물의) 발

Practice Test

Question 3

Do you own a pet?

애완동물을 기릅니까?

▬▭ **Personal Answer**

_____

_____

▬▭ **Standard Answer**

> No, because I live in an apartment in a crowded city, it is hard to own a pet. My neighbors own small dogs, but I think that it is very inhumane because they don't train them properly or take their pets out for a walk. I love animals, especially dogs, but I am going to wait until I have a house with a garden to own a dog.
>
> 아니요, 저는 매우 복잡한 도시의 아파트에서 살고 있기 때문에 기르고 있지 않습니다. 제 이웃들은 작은 개들을 키우고 있지만 애완동물을 제대로 훈련시키지 않거나 산책을 시키지 않기 때문에 제 생각에는 그것이 몰인정한 것처럼 보입니다. 저는 동물, 특히 개를 매우 좋아하지만 개를 키우기 위해서 정원이 있는 집을 소유할 때까지 기다릴 계획입니다.

▬▭ **Advanced Answer**

> Yes. I have a cocker spaniel and a German shepherd. Weero, the cocker spaniel, is male and about two years old, and Joy, the German shepherd, is female and one year old. When we first brought Joy to our home, Weero hated her, but they have grown on each other and now they are best friends. Joy is much bigger than Weero, but she follows him everywhere, which is quite funny to watch. They have very different characteristics, but they are both very good dogs. They are part of our family.
>
> 네. 저는 코커 스패니얼 한 마리와 독일 셰퍼드 한 마리를 키우고 있습니다. 코커 스패니얼인 위로는 수컷인데 두 살 정도이고, 독일 셰퍼드인 조이는 한 살짜리 암컷입니다. 우리가 처음 조이를 집에 데려왔을 때에는 위로가 조이를 싫어했으나 그들은 서로를 점점 좋아하게 되었고 지금은 둘도 없는 친구입니다. 조이는 위로보다 훨씬 더 크지만 위로를 어딘든지 졸졸 쫓아다니는데 그것을 지켜보는 것은 꽤 재미있습니다. 그 둘은 매우 다른 특색을 가지고 있지만 둘 다 좋은 개들 입니다. 그 둘은 저희 가족의 한 구성원입니다.

▬▭ inhumane 몰인정한, 무자비한 grow on 점점 좋아하게 되다, 점점 몸에 배어가다 characteristic 특질, 특색

Question 4

What kind of animals do people in your region like to own as a pet?

당신이 사는 지역의 사람들은 어떤 종류의 동물을 애완동물로 기르기를 좋아합니까?

◼️◼️◻️ Personal Answer

◼️◼️● Standard Answer

People in my region like small dogs because they are cute and easy to take care of. I see many people with Maltese terriers or Shihtzus in my neighborhood.

제가 사는 지역의 사람들은 작은 개들을 좋아하는데 작은 개들이 귀엽고 돌보기 쉽기 때문입니다. 저는 제가 사는 지역에서 몰티즈나 시츄와 함께 있는 사람들을 많이 봅니다.

◼️◼️● Advanced Answer

People in my region like to own small dogs because most of them do not have a garden for big dogs. The most favored small dogs include Malteseterriers, Shihtzus, Yorkshire terriers, and Chihuahuas. They like small dogs because they are cute and cuddly, easy to take care of, and don't require a large space.

제가 사는 지역의 사람들은 작은 개들을 키우는 것을 좋아하는데 그 이유는 대부분의 사람들이 큰 개들을 위한 정원을 가지고 있지 않기 때문입니다. 가장 선호되는 작은 개들 중에는 몰티즈, 시츄, 요크셔테리어, 그리고 치와와가 있습니다. 사람들은 작은 개들이 귀엽고 껴안아주고 싶고, 또한 뛰어다닐 수 있는 넓은 공간을 요구하지 않기 때문에 좋아합니다.

◼️◼️● cuddly 껴안고 싶은

Practice Test

P a r t   1

Question 5

What kind of animals do you hate?

어떤 종류의 동물을 싫어합니까?

Personal Answer

_____

_____

_____

_____

Standard Answer

I hate cats. Some people say that they are good pets, but I don't think they are. They are independent animals, so they are not as affectionate as dogs. Besides, they have very scary eyes, and I hate looking into them.

저는 고양이를 싫어합니다. 어떤 사람들은 고양이가 좋은 애완동물이라고 말하지만 저는 그렇게 생각하지 않습니다. 고양이들은 독립적이라서 개들처럼 애정이 깊지 않습니다. 게다가, 고양이들의 눈은 매우 무섭고 저는 고양이의 눈을 쳐다보는 것을 싫어합니다.

Advanced Answer

I really dislike reptiles because they seem very cold-blooded. Crocodiles are very interesting, yet very merciless toward their prey. I watch many documentaries on animals, but when I see reptiles, I change the channel. I can't stand to look at the vicious reptiles' hunting victims .

파충류들은 매우 냉혈해 보이기 때문에 저는 그것들을 매우 싫어합니다. 악어들은 매우 흥미롭지만 그들의 먹잇감에 대해서는 매우 무자비합니다. 저는 동물에 관한 많은 다큐멘터리를 보는데 파충류가 나오면 채널을 바꿉니다. 저는 파충류들이 사냥물들을 희생시키는 것을 가만히 지켜볼 수가 없습니다.

affectionate 애정이 깊은, 상냥한   look into 들여다보다, 조사하다   cold-blooded 냉혈의, 냉담한   crocodile 크로코다일, 악어, 악어가죽   merciless 무자비한, 무정한, 잔인한   prey 먹이   victim 희생자, 피해자

Practice Test

Part 2

Topic Card 1

Describe an animal or pet that you have owned.

당신이 키웠던 동물이나 애완동물에 대해 묘사하세요.

You should say:

what kind of animal it was
어떤 종류의 동물인지

where you got it
어디서 구했는지

how you looked after it
어떻게 돌보았는지

and why it was important to you.
그리고 왜 그 동물이 당신에게 중요했는지

■▬ Personal Answer

_____

_____

_____

_____

■▬ Standard Answer

I had a bunny when I was young. My parents got him at a pet shop. I took care of him by feeding him lettuce, carrots, and apples. I also cleaned his cage every day. He was very important pet to me because he was my first pet. He died of old age, and I remember crying a lot. We buried him in our backyard, and held a burial service for him. I miss him very much because he was such a gentle rabbit.

저는 어릴 적에 토끼를 키웠습니다. 부모님께서 애완동물 가게에서 사주셨습니다. 저는 그것을 상추, 당근, 그리고 사과를 주면서 돌보았습니다. 또한 매일 토끼장도 청소해 주었습니다. 그 토끼는 저의 첫 애완동물이었기 때문에 매우 소중했습니다. 제 토끼는 노환으로 죽었고 제가 그때 많이 울었던 것을 기억합니다. 우리는 토끼를 뒷마당에 묻었고 장례식을 치러 주었습니다. 매우 온화했던 그 토끼가 저는 무척 그립습니다.

■● Advanced Answer

When I was living in the States, I had a bunny named Snow White. I got him at a pet shop when he was very young, and built a large two-story home with stairs for him, which he liked to go up and down on. There was a special bunny food at the market, and I bought a bag of it every month. I took a good care of him and trained him to do many tricks by persuading him with the rabbit treats. People don't believe that bunnies can do tricks, but they don't know how smart they really are. Snow White was able to understand my commands such as "Up" or "Kiss" and people who visited my place were very amazed to see him doing tricks. My friend also got a bunny because she became very fond of Snow White. When I was away from my family Snow White was a good companion for me.

제가 미국에 살았을 때 스노우 화이트라는 토끼를 키웠습니다. 저는 그것을 아주 어렸을 때 애완동물 가게에서 샀고 계단이 있는 큰 우리를 지어주었는데 스노우 화이트는 그 계단을 오르내리는 것을 좋아했습니다. 슈퍼마켓에서는 토끼들을 위한 특별한 사료가 있었는데 저는 그것을 매달 한 봉지씩 샀습니다. 저는 토끼를 아주 잘 돌보았는데 토끼를 위한 간식을 이용해서 여러 가지 재주를 가르쳤습니다. 사람들은 토끼들이 재주를 부릴 수 있다는 것을 믿지 않는데 토끼들이 얼마나 똑똑한지 모르기 때문에 그렇습니다. 스노우 화이트는 '서' 또는 '뽀뽀'와 같은 저의 명령을 이해할 수 있었고 저의 집을 방문하는 사람들은 스노우 화이트가 재주 부리는 것을 보고 놀랐습니다. 제 친구는 스노우 화이트를 좋아하게 돼서 자신도 토끼를 샀습니다. 제가 가족들에게서 멀리 떨어져 있었을 때 스노우 화이트는 저에게 좋은 벗이 되어주었습니다.

bunny 토끼 lettuce 상추, 양상추 cage 우리, 새장 bury 묻다, 매장하다 burial service 매장식, 장례식 story (건물의) 층 stair 계단 trick 재주, 묘기 treat 한턱내기, 대접, (애완동물의) 간식 command 명령 fond of 좋아하는 companion 친구, 벗

Practice Test

Topic Card 2

Describe a wild animal that can be found in your country.

당신의 나라에서 볼 수 있는 야생동물에 대해 묘사하세요.

You should say:

where it can be found

어디에서 볼 수 있는지

what it looks like

어떻게 생겼는지

what you like or dislike about it

당신이 그 동물에 대해서 좋아하는 점과 싫어하는 점은 무엇인지

and how people treat wild animals in your country.

그리고 당신의 나라에서는 사람들이 야생동물을 어떻게 대하는지

Personal Answer

Standard Answer

There are many snakes in Korea, especially in the mountain areas. They vary in types and sizes. I despise them because they are very dangerous, and some of them are poisonous. People in my country hate snakes. Ironically, snakes are used to make medicines. It is known to give a person a lot of energy, so the older generation use snakes as medicine sometimes.

한국, 특별히 산악지역에는 뱀이 많이 있습니다. 그것들은 종류와 크기에 차이가 있습니다. 뱀은 위험하고 어떤 것들은 독이 있기 때문에 저는 뱀을 끔찍이 싫어합니다. 우리나라 사람들은 뱀을 싫어합니다. 얄궂게도 뱀은 약을 만드는 데 사용됩니다. 뱀은 사람들에게 많은 힘을 주는 것으로 알려져 있어서 나이 드신 분들은 가끔 뱀을 약으로 사용합니다.

▬● Advanced Answer

You can find many wild animals such as deer, wild boars, and rabbits in the Demilitarized Zone between North and South Korea. There are even some Bald Headed Eagles which are the national bird of the United States. A body of a Bald Headed Eagle can be nearly one meter in length, and they have huge wings which can reach up to 2 meters. They are carnivores, so their beaks are very sharp and curved, which makes it easy for them to tear flesh. They feed on dead animals, rats, or rabbits. They are close to extinction and they are very precious, and that's why I like them so much. People didn't seem to care about wild animals in the past, but now, there are more people who pay attention to the well-being of wild animals nowadays.

남한과 북한의 사이에 있는 비무장지대에서는 사슴, 멧돼지, 그리고 토끼와 같은 야생동물들을 볼 수 있습니다. 또한 미국의 국조(國鳥)인 대머리 독수리도 있습니다. 대머리 독수리의 몸은 거의 1미터 정도 되고 날개는 2미터까지 펼쳐집니다. 대머리 독수리는 육식동물이기 때문에 부리가 매우 뾰족하고 구부러져 있어서 살을 뜯어먹기 쉽게 되어 있습니다. 대머리 독수리는 죽은 동물이나 들쥐, 또는 토끼들을 먹고 삽니다. 독수리는 거의 멸종 위기에 놓여 있고 매우 소중하기 때문에 저는 독수리를 많이 좋아합니다. 과거에는 사람들이 야생동물에 관하여 별로 관심이 없었는데 지금은 많은 사람들이 야생동물의 삶에 큰 관심을 두고 있습니다.

▬● treat 대우하다, 취급하다 vary 바꾸다, 바뀌다, 여러 가지이다, 차이가 있다 despise 경멸하다, 혐오하다 poisonous 유독한, 유해한 ironically 얄궂게도, 비꼬아, 반어적으로 demilitarized zone 비무장지대 carnivore 육식동물 beak 부리 flesh (인간이나 동물의) 살 rat 쥐 extinction 멸종 precious 소중한, 귀한 well-being 행복, 안녕, 복지

 *Practice Test*

Question 1

Would you describe your country as an animal-loving country?

당신의 나라를 동물을 사랑하는 국가라고 칭하겠습니까?

● Brainstorming Note

주제: 우리나라의 동물 애호에 대한 현재 위치
세부 사항: 1. 동물 애호국 지위에 대한 장애물   2. 개고기 식용물 선호에 대한 이유
관련 어휘: animal lovers / criticized by others / eating dog meat /
            high in protein

Personal Answer

_____

_____

_____

_____

Model Answer

Not really. It is certain that there are more animal lovers now than in the past, but we still have a long way to go. For a long time, Korean people have been criticized by others for eating dog meat. Eating dog meat is very popular among Koreans because it is very high in protein and is supposed to give a tremendous amount of energy to a weak person. There are also many poachers who illegally kill wild or endangered animals to make a profit.

아니요, 그렇지 않습니다. 확실한 것은 예전보다는 동물 애호가가 더 많지만 우리는 아직도 갈 길이 멉니다. 한국인들은 개고기를 먹는 것에 대해 비난을 많이 받아왔습니다. 개고기를 먹는 것은 한국인들 사이에 유명한데 이는 개고기가 단백질이 높고 몸이 허약한 사람에게 대단한 양의 힘을 주기 때문입니다. 또한 한국에는 이익을 얻기 위하여 야생동물이나 멸종 위기에 처해 있는 동물들을 사냥하는 밀렵꾼들도 있습니다.

criticize 비평하다, 비난하다 protein 단백질 tremendous 거대한, 대단한 poacher 밀렵꾼, 밀렵자 illegally 불법으로 profit 이익

Can you name a few endangered wild animals in your country?

당신의 나라에 있는 멸종 위기에 처한 야생 동물들 몇 마리를 명명해 주시겠습니까?

• Brainstorming Note

주제: 멸종위기에 있는 야생동물
세부 사항: I. 멸종 위기에 있는 호랑이   2. 다른 동물들의 멸종 위기에 대한 이유
관련 어휘: tigers / endangered animals / disappearing from the surface /
            clean places to live in

Personal Answer

Model Answer

There are many, but I can only think of few at the moment. Tigers are one endangered wild animal. There used to be many tigers in the past, but they have been poached for their skin, which can be sold at a very expensive price. Other endangered animals include owls and eagles, which are disappearing from the surface of the Earth rapidly. They don't have clean places to live in, and clean air to breathe, and that's why they are disappearing from Korea at a fast rate.

매우 많지만 지금은 몇 밖에 생각나지 않습니다. 호랑이는 멸종 위기에 놓인 야생동물 중 하나입니다. 옛날에는 호랑이가 많았지만, 가죽 때문에 밀렵을 당했는데 이는 호랑이 가죽이 비싼 값에 매매될 수 있기 때문입니다. 다른 멸종 위기에 놓인 동물들 중에는 올빼미와 독수리가 있는데 지구 표면에서 급속히 사라지고 있습니다. 그것들이 살만한 깨끗한 곳이 없고, 깨끗한 공기를 들이마실 수 없기 때문에 한국에서 빠른 속도로 사라지고 있습니다.

name 명명하다, 지명하다 poach 밀렵하다 rapidly 신속히

Question 3

Do you believe in animal rights?

당신은 동물들의 권리를 믿습니까?

• Brainstorming Note

주제: 동물 권리에 대한 입장
세부 사항: 1. 동물 권리 옹호에 대한 이유   2. 동물 학대 금지를 위한 방안
관련 어휘: organization / living creatures / stricter laws / better life

Personal Answer

Model Answer

Yes. I was a part of an association called "the Dumb Friends League," which is an organization that provides shelters and helps with adoptions for abandoned pets. Animals may be dumb, but they are living creatures with feelings and emotions. They have the right to live in the best environment. We should enforce stricter laws on poaching and animal abuse so that we can provide a better life for animals.

네. 저는 '벙어리 친구들의 연맹'이라는 협회의 일원이었는데 그 연맹은 버려진 애완동물들에게 거주지를 제공하고 그들의 입양을 돕는 단체입니다. 동물들은 벙어리일지 몰라도 느낌과 감정을 가진 살아있는 생물입니다. 동물들은 최적의 환경에서 살 권리가 있습니다. 동물들에게 더 좋은 삶을 제공하기 위하여 우리는 밀렵과 동물 학대에 대하여 더 엄격한 법을 실시해야 합니다.

right 권리, 인권 **association** 협회, 조합 **dumb** 말 못하는, 벙어리의 **league** 연맹, 동맹 **organization** 조직, 단체 **shelter** 피난처, 수용소 **adoption** 채택, 입양, 양자결연 **abandon** 버리다, 유기하다 **creature** 창조물, 생물

What do you think are the benefits of keeping animals in a zoo?

동물들을 동물원에 보유하는 것의 장점들은 무엇이라고 생각합니까?

• Brainstorming Note

주제: 동물원에서 동물들을 보유하는 것의 장점
세부 사항: 1. 인공 환경 제공 및 동물 보호 차원에서의 장점
　　　　　 2. 멸종 위기의 동물 번식 차원에서의 장점
관련 어휘: keeping animals / endangered species / artificial environment / reproduce

Personal Answer

Model Answer

I think the main benefit of keeping animals in a zoo is that we can protect endangered species by providing an artificial environment for them. In addition, experts and scientists can help endangered animals to reproduce and live longer, so I think keeping animals in a zoo brings many benefits to animals as well as to humans.

제 의견으로는 동물들을 동물원에 보유하는 것의 주된 장점은 멸종 위기에 처한 동물들에게 인공 환경을 제공함으로써 그들을 보호할 수 있다는 것입니다. 게다가 전문가들과 과학자들은 멸종 위기의 동물들이 번식할 수 있도록 도와줄 수 있으므로 동물을 동물원에 보유하는 것은 동물들이나 사람들에게 많은 이익을 제공한다고 생각합니다.

protect 보호하다, 보존하다 species 종, 종류 artificial 인공의 expert 전문가 reproduce 생식하다, 번식하다

Practice Test

Question 5

Do you think pets play an important role in a family? Why or why not?

애완동물이 가정에서 중요한 역할을 한다고 생각합니까? 왜 그렇습니까 혹은 왜 그렇지 않습니까?

• Brainstorming Note

주제: 애완동물의 중요성

세부 사항: 1. 가정에서의 애완동물 선호 실태   2. 애완동물 선호의 이유

관련 어휘: important role / small pets / loyal and affectionate / empty home

Personal Answer

_____

_____

_____

Model Answer

Pets play an important role in a family compared to the past. Many people prefer living alone these days, and instead of expanding their families, they prefer to own small pets such as small dogs, cats, or rabbits. I think the reason they prefer to have a pet is because pets are loyal and very affectionate toward their owners. Most people do not like the feeling of coming back to an empty house where there is no one who greets them.

과거에 비해서 애완동물은 가정에서 중요한 역할을 합니다. 요즘에는 많은 사람들이 혼자 사는 것을 선호하며, 자신의 가정을 확장시키는 대신 조그마한 개나 고양이, 또는 토끼와 같은 작은 애완동물들을 키우는 것을 선호합니다. 제 생각으로 사람들이 애완동물을 선호하는 이유는 애완동물이 충성스럽고 애정이 깊기 때문인 것 같습니다. 대부분의 사람들은 아무도 반겨주지 않는 비어있는 집으로 귀가하는 느낌을 싫어합니다.

expand 확장하다, 넓히다 greet 환영하다, 인사하다, 반기다

● Model Answers p.433

More Questions

1 Tell me some of the problems that endangered animals are facing?

멸종 위기에 처한 동물들이 직면하고 있는 문제들에 대해서 이야기해주세요.

🔊 Personal Answer

2 Are animals respected more now than in the past?

요즘에는 동물들이 더 존중을 받습니까?

🔊 Personal Answer

3 What kind of animal cruelty is there in the world?

세계에는 어떤 종류의 동물 학대가 있습니까?

🔊 Personal Answer

4 How can we reduce animal cruelty?

우리는 어떻게 동물 학대를 감소시킬 수 있을까요?

🔊 Personal Answer

5 Do you think it is better for animals to live in the wild than in zoos?

동물들이 야생에서 사는 것이 동물원에서 사는 것보다 더 낫다고 생각합니까?

🔊 Personal Answer

● cruelty 잔인한 행위, 학대, 잔혹

Check Vocabularies & Phrases

- germ 세균, 병균
- spotless 오점이 없는, 티 없는
- scientific study 과학 연구
- obviously 명백하게도
- achieve 이루다, 성취하다
- loyal 충성스러운
- amazing 놀랄만한, 굉장한
- gerbil 게르빌루스쥐
- reptile 파충류
- exotic 이국적인, 색다른
- vicious 광포한, 잔인한
- cub (짐승의) 새끼
- paw (동물의) 발
- inhumane 몰인정한, 무자비한
- grow on 점점 좋아하게 되다, 점점 몸에 배어가다
- characteristic 특질, 특색
- cuddly 껴안고 싶은
- affectionate 애정이 깊은, 상냥한
- look into 들여다보다, 조사하다
- cold-blooded 냉혈의, 냉담한
- crocodile 크로코다일, 악어, 악어가죽
- merciless 무자비한, 무정한, 잔인한
- prey 먹이
- victim 희생자, 피해자
- bunny 토끼
- lettuce 상추, 양상추
- cage 우리, 새장
- bury 묻다, 매장하다

- burial service 매장식, 장례식
- story (건물의) 층
- stair 계단
- trick 재주, 묘기
- treat 한턱내기, 대접, (애완동물의) 간식
- command 명령
- fond of 좋아하는
- companion 친구, 벗
- treat 대우하다, 취급하다
- vary 바꾸다, 바뀌다, 여러 가지이다, 차이가 있다
- despise 경멸하다, 혐오하다
- poisonous 유독한, 유해한
- ironically 얄궂게도, 비꼬아, 반어적으로
- demilitarized zone 비무장지대
- carnivore 육식동물
- beak 부리
- flesh (인간이나 동물의) 살
- rat 쥐
- extinction 멸종
- precious 소중한, 귀한
- well-being 행복, 안녕, 복지
- criticize 비평하다, 비난하다
- protein 단백질
- tremendous 거대한, 대단한
- poacher 밀렵꾼, 밀렵자
- illegally 불법으로
- profit 이익, 이득, 이윤
- name 명명하다, 지명하다

- [ ] **poach** 밀렵하다
- [ ] **rapidly** 신속히
- [ ] **right** 권리, 인권
- [ ] **association** 협회, 조합
- [ ] **dumb** 말 못하는, 벙어리의
- [ ] **league** 연맹, 동맹
- [ ] **organization** 조직, 단체
- [ ] **shelter** 피난처, 수용소
- [ ] **adoption** 채택, 입양, 양자결연
- [ ] **abandon** 버리다, 유기하다
- [ ] **creature** 창조물, 생물
- [ ] **protect** 보호하다, 보존하다
- [ ] **species** 종, 종류
- [ ] **artificial** 인공의
- [ ] **expert** 전문가
- [ ] **reproduce** 생식하다, 번식하다
- [ ] **expand** 확장하다, 넓히다
- [ ] **greet** 환영하다, 인사하다, 반기다
- [ ] **cruelty** 잔인한 행위, 학대, 잔혹

Chapter 12

Food

Chapter 12에 나오는 Part별 질문 미리보기

•Part 1   **Questions**

1. What kind of food do you like?
2. Is there anything you dislike or never eat?
3. What is your favorite meal of the day?
4. What is the most popular food in your country?
5. Are you a good cook?

•Part 2   **Topic Cards**

1. Describe a traditional meal in your country.
   You should say:
   what the meal is
   how it is prepared
   when it is usually eaten
   what the significance or importance of the meal is, if any
   and whether or not you enjoy the traditional food of your country.

2. Describe a special occasion when you had a really enjoyable meal.
   You should say:
   what the occasion was
   who was at the meal
   what you ate
   and why the meal was so enjoyable.

•Part 3   **Questions**

1. How do people in Korea like western-style food?
2. What is your opinion about eating dogs or rare animals?
3. Do you think more about nutrition than taste when you buy food?
4. Do you think traditional foods will retain their popularity?
5. Are you in favor of animals being cloned for food?

Say it in English

01 저는 저의 건강에 대해 매우 염려를 하고 있습니다.

I am very _____ about my _____.

02 저는 그것들을 먹는 것을 멈추어야 했는데 의사가 높은 클레스테롤 수치에 대해 경고했기 때문입니다.

I had to ____ eating them because my doctor _____ me about my high _____.

03 처음엔 제가 좋아하는 음식들을 줄이는 것이 힘들었지만 지금은 그것들이 그렇게 끌리지 않습니다.

It was very hard to ___ down on my _____ foods at first, but I have ___ craving for them now.

04 제 직장과 관련된 최신의 정보들을 따라 잡을 수 있습니다.

I can _____ up with the _____ information regarding my job.

05 적절히 요리하는 법을 배울 기회를 한 번도 가져 본 적이 없습니다.

I have never had an _____ to learn ____ to cook properly.

06 저는 요리에 자질이 있다고 생각하지 않습니다.

I just ____ think I am _____ in cooking.

07 결혼하기 전에 어머니의 요리법 비결을 배우고 싶습니다.

I ____ to learn my mother's _____ of good cooking hopefully before I get _____.

08 저는 먹는 것에 그렇게 까다롭지 않으며 다른 나라의 음식들을 즐깁니다.

I am not too picky about ____ I eat and I enjoy food from _____ countries as well.

09 가게에서 살 수 있는 마른 김을 먼저 물 속에 푹 담가 두어야 합니다.

You first have to ____ the dried seaweed which you can _____ from a store.

10 우리는 미역국이 영양가가 많기 때문에 출산한 산모들에게 미역국을 끓여 줍니다.

We ____ Mee Yeok Gook for women ____ the delivery of her baby because it is very _____.

11 우리 할머니의 생신을 같이 경축할 수 있어서 좋았습니다.

It was nice to _____ my grandmother's _____ together.

12 제 남편이 저희 둘만을 위해 깜짝 식사를 준비했습니다.

My husband _____ a surprise dinner for the ____ of us.

13 저녁 식탁이 꽃으로 아주 멋있게 장식되어 있었습니다.

The dinner table was _____ very nicely with _____.

14 저는 그가 한 번도 요리를 해 본 적이 없기 때문에 그가 스스로 그 모든 것을 했다는 것을 믿을 수 없었습니다.

I could not _____ that he did everything by _____ because he had never cooked before.

15 젊은 세대들은 세계 각지에서 온 음식들을 즐겨 먹습니다.

The young _____ enjoy food from different parts of the _____.

16 우리가 선택할 수 있는 많은 것들이 있고, 우리는 매일 새로운 것들을 시도하는 것을 즐깁니다.

There are _____ that we can _____ from, and we love trying ____ things every day.

17 우리가 거친 비난을 받아 왔기 때문에 그것은 우리에게 논란거리가 되어왔습니다.

It has been a _____ issue for us because we have been getting harsh _____.

18 저는 매달 건강 및 음식에 관한 잡지를 구독하면서 최신의 정보들을 섭렵합니다.

I keep myself up to date by _____ to a health and a diet _____ every month.

19 저는 가까운 미래에 심각한 음식 부족이 생기게 될 거라고 확신합니다.

I am sure that there is going to be a _____ shortage of food in the ____ future.

20 우리는 소나 돼지를 위한 재번식 기술을 발전시키는 것에 전념할 수 있습니다.

We can _____ on developing reproductive _____ for cows or pigs.

Answer

01	concerned, health		11	celebrate, birthday
02	stop, warned, cholesterol		12	prepared, two
03	cut, favorite, no		13	decorated, flowers
04	catch, newest		14	believe, himself
05	opportunity, how		15	generations, world
06	don't, talented		16	many, choose, new
07	hope, secret, married		17	controversial, criticism
08	what, different		18	subscribing, magazine
09	soak, purchase		19	serious, near
10	cook, after, nutritious		20	focus, technology

Warm-up

Speak up-step1

■ 인칭 변화가 가능한 경우와 인칭 변화가 가능하지 않은 경우의 각각의 연습 순서대로 말해보세요.

1. 인칭 변화가 가능한 경우: 다음의 인칭 변화 순서대로 연습하는 것이 효과적입니다.

● 5단계 인칭 변화 연습 순서

Statement	Question	No Answer	Yes Answer
(1) you	(1) you	(1) I	(1) I
(2) he	(2) he	(2) he	(2) he
(3) we ▶▶	(3) we ▶▶	(3) we ▶▶	(3) we
(4) she	(4) she	(4) she	(4) she
(5) they	(5) they	(5) they	(5) they

▶ 주의 1 지금부터 나오는 문장은 반드시 큰 소리로 읽어주세요.

▶ 주의 2 아래의 문장들은 빈칸 채워 넣기의 연습이 아니고 바로 입으로 말할 수 있게 하는 스피킹 연습이므로 머뭇거림 없이 말할 수 있을 때까지 연습해야 합니다.

• 밑줄친 부분을 5단계 인칭 변화에 따라 바꾸어 주세요.

Ex 1. I am very concerned about my health.

Statement(평서문)

(1) you   You are very concerned about your health.

(2) he   He is very concerned about his health.

(3) we   We _____.

(4) she   She _____.

(5) they They _____.

Question(의문문)

(1) you   Are you concerned about your health?

(2) he   Is he concerned about his health?

(3) we   _____?

(4) she   _____?

(5) they _____?

No Answer(부정문)

(1) I   No, I am not concerned about my health.

(2) he   No, _____.

(3) we   No, _____.

(4) she   No, _____.

(5) they   No, _____.

Yes Answer(긍정문)

(1) I   Yes, I am concerned about my health.

(2) he   Yes, _____.

(3) we   Yes, _____.

(4) she   Yes, _____.

(5) they   Yes, _____.

2. 인칭 변화가 가능하지 않은 경우: 다음의 순서대로 연습해주세요.

Statement ▶▶ Question ▶▶ No Answer ▶▶ Yes Answer

Ex 2. The dinner table was decorated very nicely with flowers.

Statement(평서문)

The dinner table was decorated very nicely with flowers.

Question(의문문)

Was the dinner table decorated very nicely with flowers?

No Answer(부정문)

No, the dinner table wasn't decorated very nicely with flowers.

Yes Answer(긍정문)

Yes, the dinner table was decorated very nicely with flowers.

Speak up-step2

■ 밑줄이 있는 문장들은 아래 인칭 변화가 가능한 경우의 5단계 인칭 변화 연습 순서를 따라 하시고 밑줄이 없는 문장은 인칭 변화가 가능하지 않은 경우의 연습 순서대로 하세요.

1. 인칭 변화가 가능한 경우

● 5단계 인칭 변화 연습 순서

Statement	Question	No Answer	Yes Answer
(1) you	(1) you	(1) I	(1) I
(2) he	(2) he	(2) he	(2) he
(3) we ▶▶	(3) we ▶▶	(3) we ▶▶	(3) we
(4) she	(4) she	(4) she	(4) she
(5) they	(5) they	(5) they	(5) they

2. 인칭 변화가 가능하지 않은 경우

Statement	▶▶	Question	▶▶	No Answer	▶▶	Yes Answer

▶주의 1   큰 소리로 읽어 주세요.
▶주의 2   첫 문장을 먼저 외우고 나서 그 다음부터는 문장을 보지 말아야 합니다.
▶주의 3   외워진 문장을 위의 문장 변화 연습 순서만 보고 말할 수 있어야 합니다.

• 밑줄 친 부분의 단어는 인칭 변화가 가능합니다.

01   I am very concerned about my health.

02   I had to stop eating because my doctor warned me about my high cholesterol.

03   It was very hard for me to cut down on my favorite foods at first.

04   I can catch up with the newest information regarding my job.

05   I have never had an opportunity to learn how to cook properly.

06 I am talented in cooking.

07 I hope to learn my mother's secret of good cooking.

08 I am not too picky about what I eat.

09 You can purchase the dried seaweed from a store.

10 We cook Mee Yeok Gook for women after the delivery of her baby.

11 It was nice to celebrate my grandmother's birthday together.

12 My brother prepared a surprise dinner for me.

13 The dinner table was decorated with flowers.

14 I could not believe that he did everything by himself.

15 The young generations enjoy food from different parts of the world.

16 There are many that we can choose from.

17 It has been a controversial issue for us because we have been getting harsh criticism.

18 I keep myself up to date by subscribing to a magazine every month.

19 There is going to be a serious shortage of food in the near future.

20 We can focus on developing reproductive technology.

● 정답은 www.nexusbook.com 에서 확인하실 수 있습니다.

Practice Test

Question 1

What kind of food do you like?

어떤 종류의 음식을 좋아합니까?

🔈 Personal Answer

🔈 Standard Answer

I like salads because I am a vegetarian. I have a salad every day for lunch because it is very healthy for me and it is not a heavy meal. I like my salad with tomatoes, cucumbers, iceberg lettuce, and honey mustard dressing.

저는 채식주의자이기 때문에 샐러드를 좋아합니다. 샐러드는 제 건강에 좋고 부담스러운 음식이 아니기 때문에 저는 매일 점심으로 샐러드를 먹습니다. 저는 샐러드를 먹을 때 토마토, 오이, 양상추 그리고 허니머스터드 소스를 곁들이는 것을 좋아합니다.

🔈 Advanced Answer

I like all kinds of meat, but I especially like prime rib steak with horseradish sauce. It is quite pricy, but tastes very good because it is very tender and juicy. I go to a steakhouse every weekend with my husband and order a prime rib dish with a lobster tail because I also like seafood. Prime rib and seafood make a good pair.

저는 모든 종류의 고기를 좋아하는데 특별히 프라임 립 스테이크를 양고추냉이 소스와 곁들인 것을 좋아합니다. 그것은 꽤 비싸지만 굉장히 연하고 즙이 많기 때문에 매우 맛있습니다. 저는 주말마다 남편과 함께 스테이크 전문점에 가서 제가 해산물을 좋아하기 때문에 바닷가재 꼬리를 곁들인 프라임 립을 주문합니다. 프라임 립과 해산물은 서로 조화를 잘 이룹니다.

🔈 **vegetarian** 채식주의의, 채식주의자 **iceberg lettuce** (잎이 양배추 모양인) 양상추의 일종 **prime rib** 갈비살 《쇠고기의 최상등품》 **horseradish** 양고추냉이 《와사비와 같이 톡 쏘는 소스》 **pricy** 값비싼 **steakhouse** 스테이크 전문점 **lobster** 바닷가재 **seafood** 해물 **make a pair** 짝을 맞추다, 쌍을 이루다

Is there anything you dislike or never eat?

당신이 먹지 못하거나 싫어하는 것이 있습니까?

Personal Answer

Standard Answer

I hate eating spaghetti because I've had a very bad experience. I went out to eat at an Italian restaurant and ordered spaghetti. After eating spaghetti, I got really sick, so I was taken to an emergency room. After a few tests, the doctor told me that I had food poisoning. Spaghetti used to be my favorite food, but not anymore.

저는 스파게티를 먹는 것을 싫어하는데 그 이유는 아주 좋지 않은 경험이 있기 때문입니다. 저는 이탈리안 레스토랑에 가서 스파게티를 주문했던 적이 있습니다. 저는 스파게티를 먹은 후에 속이 매우 불편했고 그래서 응급실로 실려 갔습니다. 몇 가지의 테스트 후에 의사는 제가 식중독에 걸렸다고 말했습니다. 스파게티는 제가 가장 좋아하는 음식이었지만 이제 더는 그렇지 않습니다.

Advanced Answer

I really dislike eating fried food because I am very concerned about my health. I used to consume a lot of greasy food such as French fries, butter, pork chops, and fried chicken, but I had to stop eating them because my doctor warned me about my high cholesterol. I decided to change my diet, so I started eating healthy by consuming lots of vegetables. It was very hard to cut down on my favorite foods at first, but I have no craving for them now.

저는 튀긴 음식을 아주 싫어하는데 그 이유는 제가 건강 의식이 투철하기 때문입니다. 예전에는 감자튀김이나 버터, 폭찹, 그리고 닭튀김과 같은 기름진 음식을 많이 먹었지만 의사가 저의 높은 콜레스테롤 수치에 대해서 경고했기 때문에 그런 음식을 먹는 것을 멈추어야 했습니다. 저는 식습관을 바꾸기로 결정했고, 야채를 많이 섭취함으로써 건강한 식습관을 가지기 시작했습니다. 제가 좋아하는 음식을 줄이는 것이 처음에는 많이 어려웠지만 지금은 구미가 당기지 않습니다.

---

order 주문하다 emergency room (병원의) 응급실 food poisoning 식중독 greasy 기름진 pork chop 돼지 갈빗살 warn 경고하다 cholesterol 콜레스테롤 diet 식습관, 식이요법 cut down on 줄이다, 감소하다 have craving for 열망하다, 갈망하다

Question 3

What is your favorite meal of the day?

당신이 하루에 가장 좋아하는 식사시간은 언제입니까?

Personal Answer

_____

_____

_____

Standard Answer

I like eating lunch because I don't have to spend time cooking. I have a job, so I go out for lunch with my colleagues. I can catch up with the newest information regarding my job, and get to know my colleagues better. That's why lunch is my favorite meal of the day.

저는 점심 먹는 것을 좋아하는데 그 이유는 요리를 하지 않아도 되기 때문입니다. 저는 일을 하기 때문에 직장 동료들과 함께 점심을 먹으러 나갑니다. 제 직업에 관한 새로운 정보를 얻을 수 있고 또한 직장 동료들에 대해서도 더 잘 알 수 있습니다. 이것이 제가 하루 중에 점심식사를 가장 좋아하는 이유입니다.

Advanced Answer

My favorite meal of the day is dinner because it is the only meal that I can have with my family. Everyone in my family has a job, and it is very hard to find time to see them or talk to them. Everyday, my mother cooks a very nice, nutritious dinner so that all of my family members can enjoy it and have quality family time.

제가 가장 좋아하는 식사시간은 저녁식사인데 그 이유는 그 시간만이 가족들과 함께 할 수 있는 유일한 식사시간이기 때문입니다. 가족들 모두가 직장을 다니기 때문에 그들과 마주보며 이야기를 나눌 수 있는 시간을 찾는 것이 매우 어렵습니다. 매일 저희 어머니께서는 맛있고 영양가 있는 저녁식사를 만드셔서 우리 가족이 함께 즐기고 좋은 시간을 가질 수 있게 해 주십니다.

colleague 직장동료 catch up 따라가다, 뒤지지 않다 regarding ~에 관해서 nutritious 영양가 있는

What is the most popular food in your country?

당신의 나라에서 가장 유명한 음식은 무엇입니까?

▬▬○ Personal Answer

▬▬● Standard Answer

The most popular food in my country is Kimchi. It is pickled cabbages and other vegetables in salt and red pepper powder. After we make it, we leave it for a certain time to ferment. Kimchi is like butter in Korean food, and it is very important to us.

우리나라에서 가장 유명한 음식은 김치입니다. 김치는 소금과 고춧가루로 절인 배추와 여러 가지 야채입니다. 김치를 만들고 나서는 발효가 되도록 놓아둡니다. 한국음식에서 김치는 버터와도 같은 존재이며 우리에게 매우 중요합니다.

▬▬● Advanced Answer

The most popular food in my country is Kimchi. Kimchi is a traditional dish of vegetables pickled in salt and usually red pepper powder, which is then left to ferment until the taste is just right. I grew up watching my mother making Kimchi, and it is very hard labor. In the past, every household made their own Kimchi, but nowadays, young housewives buy it at stores because they don't know how to make it. Kimchi has been with Koreans for a very long time, and it is a part of our lives and culture.

우리나라에서 가장 유명한 음식은 김치입니다. 김치는 야채들을 소금으로 절인, 그리고 보통 고춧가루로 절인 후 맛이 알맞을 때까지 두어 발효시키는 야채의 전통 음식입니다. 저는 어머니께서 김치를 만드시는 것을 보며 자랐는데 김치를 만드는 것은 매우 고된 노동입니다. 과거에는 모든 세대가 김치를 만들었지만 근래의 젊은 주부들은 만드는 방법을 모르기 때문에 김치를 상점에서 구입합니다. 김치는 한국인들과 오랜 세월을 함께 해왔으며 우리 삶과 문화의 한 부분입니다.

---

pickled (소금 등으로) 절인 **ferment** 발효하다 **just right** 딱 알맞게 **labor** 노동 **household** 가족, 가구, 세대

Practice Test

Question 5

Are you a good cook?

요리를 잘 합니까?

Personal Answer

_____

_____

_____

_____

_____

Standard Answer

Yes, I am. I like cooking, and I have been cooking for a long time. I first learned how to cook from my mother. She is a very good cook. I often help her cook dinner, and it is very exciting.

네. 저는 요리하는 것을 좋아하며 오랫동안 요리를 해 왔습니다. 저는 처음 요리하는 법을 어머니에게서 배웠습니다. 어머니께서는 요리를 매우 잘 하십니다. 저는 자주 어머니께서 저녁밥을 지으시는 것을 돕는데 매우 흥미롭습니다.

Actually, I am a terrible cook. I have been living alone for a long time, but never had an opportunity to learn how to cook properly. My mother is a very good cook, so I call her when I need cooking advice, but I just don't think I am talented in cooking. I hope to learn my mother's secret of good cooking someday, hopefully before I get married.

사실 저는 요리를 잘 못합니다. 저는 오랫동안 혼자 살고 있지만 제대로 요리하는 법을 배울 기회가 없었습니다. 어머니께서는 요리를 매우 잘 하시기 때문에 제가 요리에 대한 조언이 필요할 때면 어머니께 전화를 걸지만 제가 요리에 재능이 있는 것 같지는 않습니다. 언젠가는 어머니의 요리 비법을 배우길 원하는데 제가 결혼하기 전이었으면 좋겠습니다.

opportunity 기회 properly 적당히, 완전하게 talented 재능이 있는, 유능한

Part 2

Topic Card 1

Describe a traditional meal in your country.
당신의 나라에 있는 전통음식에 대해 묘사하세요.

You should say:

what the meal is
그 음식이 무엇인지

how it is prepared
어떻게 준비하는지

when it is usually eaten
언제 먹는 음식인지

what the significance or importance of the meal is, if any
만약 있다면 그 음식의 의미나 중요성은 무엇인지

and whether or not you enjoy the traditional food of your country.
그리고 당신이 그 전통음식을 즐겨 먹는지

▭▭▭ Personal Answer

▭▭● Standard Answer

I would like to tell you about Galbi. It is marinated beef ribs. I don't know how it is made, but I think you marinate it with soy sauce and other seasonings. In the past, Koreans enjoyed Galbi only on special occasions, but nowadays, we enjoy eating it at any occasion. I like traditional Korean food, but I'm not too picky about what I eat, and I enjoy food from different countries as well.

갈비에 대해서 말씀드리고자 합니다. 갈비는 재운 소고기 갈빗살입니다. 어떻게 만드는지는 모르겠지만 간장과 여러 가지 양념으로 재우는 것 같습니다. 과거에 한국인들은 특별한 날에만 갈비를 먹었지만 요즘에는 보통 때에도 갈비를 즐깁니다. 저는 한국 전통음식을 좋아하지만 음식에 대해서는 별로 까다롭지 않기 때문에 다른 나라의 음식들도 즐깁니다.

Advanced Answer

In my country, there is a traditional meal called Meeyeok-gook. It is soup made with seaweed, beef, and some garlic. You first have to soak the dried seaweed which you can purchase from a store. When the dried seaweed opens up, you drain it and start stir frying it with chunks of beef. Then you add water and bring it to a boil. You may add seasonings and garlic if you desire. It is favored by many Koreans because it's really easy to make, and also tastes good. Traditionally, we cook Meeyeok-gook for women after the delivery of her baby because it is very nutritious. We also have seaweed soup on our birthdays. I like the traditional Korean food because they are very healthy and nutritious for me, and they also taste great.

우리나라에는 미역국이라는 전통음식이 있습니다. 미역국은 미역, 쇠고기, 그리고 약간의 마늘로 만든 국입니다. 먼저 마켓에서 구입할 수 있는 건조 미역을 물에 불려야 합니다. 건조 미역이 펼쳐지면 물을 빼고 쇠고기 덩어리와 함께 볶습니다. 그리고 나서는 물을 붓고 끓입니다. 만약 원한다면 조미료나 마늘을 넣을 수도 있습니다. 미역국은 요리하기 쉽고 맛도 좋기 때문에 많은 한국인들에게 사랑을 받습니다. 전통적으로 우리는 산모들에게 출산 후에 미역국을 끓여주는데 그 이유는 미역국이 영양가가 많기 때문입니다. 또한 우리는 생일날 미역국을 먹습니다. 한국음식은 건강에 좋고, 영양가 있고, 또한 맛이 좋기 때문에 저는 한국 전통음식을 좋아합니다.

significance 의미, 중요성 marinate (고기를 양념에) 재우다 rib 갈비 soy sauce 간장 seasoning 양념, 조미료 picky 《미·구어》 성미가 까다로운 seaweed 김, 미역, 해초 garlic 마늘 soak 적시다, 담그다, 젖다, 스며들다, 불리다 drain 배수하다, 물이 빠지다 stir fry (프라이팬 등의 위에서) 볶다 chunk 큰 덩어리 bring to a boil 끓게 하다, 끓기 시작하다 desire 원하다, 희망하다 delivery 배달, 분만, 해산

Practice Test

Topic Card 2

Describe a special occasion when you had a really enjoyable meal.

당신이 아주 즐겁게 식사했던 행사에 대해 묘사하세요.

You should say:

what the occasion was
무슨 행사였는지

who was at the meal
식사에 누가 있었는지

what you ate
무엇을 먹었는지

and why the meal was so enjoyable.
그리고 왜 그 식사가 즐거웠는지

▬ Personal Answer

▬ Standard Answer

Last year, all the family members on my mother's side gathered for my grandmother's birthday. We went to a buffet restaurant and had a family feast. We enjoyed eating Kalbi and Bulgogi, which are two of the most famous Korean dishes. It was very nice to see everyone, and to celebrate my grandmother's birthday together.

작년에 저희 외가 친척들이 외할머니의 생신을 위해서 한곳에 모였습니다. 우리는 뷔페식당에서 연회를 가졌습니다. 우리는 가장 유명한 한국음식인 갈비와 불고기를 즐겨 먹었습니다. 모두의 얼굴을 볼 수 있었고 외할머니의 생신을 함께 축하드릴 수 있어서 매우 좋았습니다.

Advanced Answer

On my thirtieth birthday, my husband prepared a surprise dinner for the two of us. When I walked in to the house, there was a path made by rose petals and candles. I followed the path, and found my husband waiting for me at the dining table, which was decorated very nicely with flowers. I sat down at a table and he started serving me. We had a bowl of soup and salad for an appetizer, which was followed by lobster tail, which is my favorite dish. After the main course, he offered me a dessert which was very delicious. I could not believe that he did everything by himself because he had never cooked before. It was very romantic and thoughtful of him.

제 서른 번째 생일이었을 때, 제 남편은 우리 둘만을 위해서 깜짝 저녁식사를 준비했습니다. 제가 집에 도착했을 때에는 장미꽃잎과 촛불로 만든 길이 있었습니다. 제가 그 길을 따라갔더니 남편이 꽃으로 장식을 한 식탁에서 저를 기다리고 있었습니다. 저는 앉았고 남편은 저의 시중을 들어주었습니다. 우리는 에피타이저로 수프와 샐러드를 먹었고, 그 다음에는 제가 가장 좋아하는 음식인 바닷가재 꼬리 요리를 먹었습니다. 주 요리 후에는 남편이 맛있는 후식을 주었습니다. 남편은 한 번도 요리를 해본 적이 없었기 때문에 남편 혼자서 그 모든 것을 다 했다는 것이 저는 믿기지 않았습니다. 남편은 매우 낭만적이고 사려 깊었습니다.

buffet 뷔페 feast 축하연, 잔치 celebrate 축하하다 petal 꽃잎 serve 섬기다, 시중들다 bowl 사발, 공기 appetizer 식욕을 돋우는 것 main course (식사의) 주 요리 offer 권하다, 제공하다 romantic 낭만적인 thoughtful 생각이 깊은, 사려 깊은, 인정 있는

Practice Test

Part 3

Question 1

How do people in Korea like western-style food?

한국인들은 서양음식을 좋아합니까?

> ● **Brainstorming Note**
>
> 주제: 서양음식에 대한 선호도
> 세부 사항: 1. 외국음식에 관한 선호   2. 새로운 시도에 대한 젊은 세대들의 경향
> 관련 어휘: young generation / open-minded / foreign restaurants /
>   love trying new things

Personal Answer

_____

_____

_____

_____

Model Answer

Koreans, especially the young generation, enjoy food from different parts of the world. We are quite open-minded about foreign food, and there are many different kinds of foreign restaurants that you can find, such as Japanese, Italian, Indian, American, Middle Eastern, and so on. There are many that we can choose from, and we love trying new things every day.

한국인들, 특히 젊은 세대들은 세계 여러 지역에서 온 음식들을 즐깁니다. 우리는 외국음식에 대하여 편견 없이 받아들이고, 시중에는 일본, 이탈리아, 인도, 미국, 중동과 같은 외국 음식점들이 있습니다. 우리가 고를 수 있는 것이 많고 우리는 매일 새로운 것을 시도해보는 것을 좋아합니다.

open-minded 편견이 없는, 포용력이 있는 Middle Eastern 중동의

Question 2

What is your opinion about eating dogs or rare animals?

개고기나 희귀한 동물을 먹는 것에 대한 당신의 의견은 무엇입니까?

● Brainstorming Note

주제: 동물들을 식용으로 쓰는 것에 관한 의견
세부 사항: 1. 개고기를 먹는 것에 대한 외국의 비판   2. 비판에 대한 반대 의견
관련 어휘: eating dog / controversial issue / harsh criticism / our tradition

Personal Answer

Model Answer

I don't know about rare animals, but eating dog is quite common in my country. It has been a controversial issue for us because we have been getting harsh criticism from many foreigners. I am a dog lover myself, so I don't eat dog meat, but I think eating dogs is a part of our tradition, and should not be criticized by foreigners who do not know about our culture.

희귀한 동물에 대해서 저는 잘 모르겠지만 개고기를 먹는 것은 우리나라에서는 매우 평범한 일입니다. 개고기를 먹는 것이 논란거리가 되어왔는데 우리는 많은 외국인들로부터 심한 질타를 받아왔습니다. 저 자신은 개를 매우 좋아하며 개고기를 먹지 않지만 개고기를 먹는 것은 우리나라 전통의 한 부분이기 때문에 우리문화에 대해 잘 모르는 외국인들로부터 질타를 받을 필요가 없다고 생각합니다.

rare 드문, 진귀한, 희한한 controversial 논쟁의 여지가 있는 harsh 가혹한, 심한 criticism 비평

 *Practice Test*

Question 3

Do you think more about nutrition than taste when you buy food?

음식을 구입할 때 맛보다는 영양을 더 고려합니까?

• Brainstorming Note

주제: 영양이 음식 구입 시 미치는 영향
세부 사항: 1. 가족 건강에 대한 고려   2. 건강한 식습관에 대한 계획
관련 어휘: health of family / nutrition / healthy diet / happy life

Personal Answer

Model Answer

I am very concerned about the health of my family, so I always think more about nutrition than taste. I keep myself up-to-date by subscribing to a health and diet magazine every month where I can find useful information. I try to eat healthy so that I don't get sick. My husband and my children don't get sick often because they get all the nutrition that they need. I am planning to keep a healthy diet, so that my family and I can have a happy life.

저는 저희 가족의 건강에 대해 신경을 많이 쓰기 때문에 항상 맛보다는 영양을 더 많이 생각합니다. 매달 제가 유용한 정보를 찾을 수 있는 건강과 식습관에 대한 잡지를 구독함으로써 최신 정보를 얻습니다. 저는 아프지 않도록 건강음식을 먹으려고 노력합니다. 저희 남편과 아이들은 필요한 영양을 충분히 얻기 때문에 병치레를 하지 않습니다. 저희 가족과 제가 행복한 삶을 살 수 있도록 저는 건강한 식습관을 유지할 계획입니다.

up-to-date 최근의, 첨단적인 subscribe to (신문 · 잡지 등을) 예약 구독하다

Do you think traditional foods will retain their popularity?

전통음식이 대중성을 계속 유지할 거라고 생각합니까?

● Brainstorming Note

주제: 전통음식의 대중성에 관한 의견
세부 사항: 1. 젊은 세대들의 새로운 식습관   2. 미래의 전통음식 선호도
관련 어휘: favor foreign food / traditional food / separate food and culture
              / consume traditional food

▬▬◘ Personal Answer

▬▬● Model Answer

Even though many young people in my country favor foreign food, traditional food is still an important part of their lives. You cannot separate food and culture; therefore, young people will continue to consume traditional food in the future.

우리나라의 많은 젊은이들이 외국음식을 선호하지만 전통음식은 여전히 우리의 삶에 중요한 일부입니다. 음식과 문화는 뗄 수 없으므로 젊은이들은 미래에도 전통음식을 먹을 것입니다.

retain 계속 유지하다 favor 편애하다, 아끼다 separate 분리하다, 가르다

Question 5

Are you in favor of animals being cloned for food?

식량을 위해서 동물들이 복제되는 것을 찬성합니까?

● Brainstorming Note

주제: 동물복제에 관한 의견
세부 사항: 1. 식량부족과 동물복제의 연관성
          2. 번식기술 발전에 의한 식량부족 문제의 해결
관련 어휘: animals being cloned for food / not natural / serious shortage /
            develop technology of reproduction

▬▭ Personal Answer

▬▬● Model Answer

I don't have much information on animals being cloned for food, but the idea is quite creepy because it is just not natural. I am sure that there is going to be a serious shortage of food in the near future, but instead of cloning, we should try different methods to solve food shortages. We can focus on developing the technology of reproduction for cows or pigs.

식량을 위한 동물복제에 관해서 제가 별로 아는 것은 없지만 그 개념이 자연적이지 않기 때문에 꽤 소름이 끼칩니다. 가까운 미래에 심각한 식량부족이 있을 거라고 확신은 하지만 복제를 하는 것 대신에 우리는 다른 방법을 사용하여 식량부족을 개선해야 할 것입니다. 우리는 소나 돼지의 번식을 위한 기술을 발전시키는데 초점을 맞출 수 있습니다.

▬●   in favor of ~에 찬성하여 clone 복제하다 creepy 소름끼치는 shortage 부족 reproduction 번식

More Questions

1 What role do fast food and junk food play in your country?

패스트푸드나 정크푸드는 당신의 나라에서 어떤 역할을 하나요?

🔊 Personal Answer

___

2 What is your opinion on genetically modified food?

유전자 조작 식품에 대한 당신의 의견은 무엇입니까?

🔊 Personal Answer

___

3 How have people's eating habits changed over the years?

사람들의 식습관이 지난 수년간 어떻게 바뀌었습니까?

🔊 Personal Answer

___

4 Do you think cooking should be only a woman's job? Why or why not?

요리하는 것이 여자들만의 임무라고 생각합니까? 이유는 무엇입니까?

🔊 Personal Answer

___

5 Does traditional cooking have more benefits than modern cooking?

전통요리가 현대요리보다 더 이롭습니까?

🔊 Personal Answer

___

junk food 정크푸드 《칼로리는 높으나 영양가는 낮은 인스턴트 식품》 genetically modified 유전자 조작의   over the years 수년간

Check Vocabularies & Phrases

- vegetarian 채식주의의, 채식주의자
- iceberg lettuce （잎이 양배추 모양인) 양상추의 일종
- prime rib 갈빗살 《쇠고기의 최상등품》
- horseradish 양고추냉이 《와사비와 같이 톡 쏘는 소스》
- pricy 값비싼
- steakhouse 스테이크 전문점
- lobster 바닷가재
- seafood 해물
- make a pair 짝을 맞추다, 쌍을 이루다
- order 주문하다
- emergency room （병원의) 응급실
- food poisoning 식중독
- greasy 기름진, 기름기 많은
- pork chop 돼지 갈빗살
- warn 경고하다
- cholesterol 콜레스테롤
- diet 식습관, 식이요법
- cut down on 줄이다, 감소하다
- have craving for 열망하다, 갈망하다
- colleague 직장동료
- catch up 따라가다, 뒤지지 않다
- regarding ～에 관해서
- nutritious 영양가 있는
- pickled （소금 등으로) 절인
- ferment 발효하다
- just right 딱 알맞게
- labor 노동

- household 가족, 가구, 세대
- opportunity 기회
- properly 적당히, 완전하게
- talented 재능이있는, 유능한
- significance 의미, 중요성
- marinate （고기를 양념에) 재우다
- rib 갈비
- soy sauce 간장
- seasoning 양념, 조미료
- picky 《미·구어》성미가 까다로운
- seaweed 김, 미역, 해초
- garlic 마늘
- soak 적시다, 담그다, 젖다, 스며들다, 불리다
- drain 배수하다, 물이 빠지다
- stir fry （프라이팬 등의 위에서) 볶다
- chunk 큰 덩어리
- bring to a boil 끓게 하다, 끓기 시작하다
- desire 원하다, 희망하다
- delivery 배달, 분만, 해산
- buffet 뷔페
- feast 축하연, 잔치
- celebrate 축하하다
- petal 꽃잎
- serve 섬기다, 시중들다
- bowl 사발, 공기
- appetizer 식욕을 돋우는 것
- main course （식사의) 주 요리
- offer 권하다, 제공하다

- [ ] **romantic** 낭만적인
- [ ] **thoughtful** 생각이 깊은, 사려깊은, 인정있는
- [ ] **open-minded** 편견이 없는, 포용력이 있는
- [ ] **Middle Eastern** 중동의
- [ ] **rare** 드문, 진귀한, 희한한
- [ ] **controversial** 논쟁의 여지가 있는
- [ ] **harsh** 가혹한, 심한
- [ ] **criticism** 비평
- [ ] **up-to-date** 최근의, 첨단적인
- [ ] **subscribe to** (신문[잡지] 등을) 예약 구독하다
- [ ] **retain** 계속 유지하다
- [ ] **favor** 편애하다, 아끼다
- [ ] **separate** 분리하다, 가르다
- [ ] **in favor of** ～에 찬성하여
- [ ] **clone** 복제하다
- [ ] **creepy** 소름끼치는
- [ ] **shortage** 부족
- [ ] **reproduction** 번식
- [ ] **junk food** 정크푸드《칼로리는 높으나 영양가는 낮은 인스턴트 식품》
- [ ] **genetically modified** 유전자 조작의
- [ ] **over the years** 수년간

Chapter 13

Interest / Hobby / Free Time

Chapter 13에 나오는 Part별 질문 미리보기

•Part 1   Questions

1. What is you hobby?
2. How much time and money do you spend on your hobbies?
3. What are the most popular hobbies among people in your country?
4. What do you do in your spare time?
5. Is there any activity you have always wanted to do but have never had the chance?

•Part 2   Topic Cards

1. Describe a leisure activity that you enjoy.
   You should say:
   what the activity is
   where and when you take part in it
   what it involves
   and why you enjoy it so much.

2. Describe the thing you like to do most when you have some free time.
   You should say:
   what it is
   what you do
   what makes you enjoy the activity
   and why this activity is important to you.

•Part 3   Questions

1. Is watching television a good way of relaxing?
2. Are you an outdoor person?
3. Is it important to have an interest or a hobby? Why?
4. Why is it a good idea for a child to have a hobby?
5. How has the way people spent their free time changed over the years?

Warm-up

01 어렸을 적 이래로 저는 책 읽기를 즐겨왔습니다.

I have _____ reading _____ I was very young.

02 저희 부모님은 항상 제가 많은 책들을 읽을 수 있도록 격려해주었습니다.

My parents always _____ me to ____ many books.

03 당신이 현실 세계에서 경험할 수 없는 세계를 경험할 수 있습니다.

You can _____ a world that you _____ experience in ____ life.

04 수영장 이용료가 회원 가입비에 포함되어 있습니다.

The cost of having access to a _____ pool is _____ in my membership ___.

05 한국 사람들이 여가시간에 친구들이나 가족과 함께 그곳에 가는 것을 즐깁니다.

Korean people _____ going there in their _____ time with their friends or _____.

06 한국 사람들 사이에 가장 인기 있는 취미들 중의 하나는 등산입니다.

One of the most _____ hobbies among Koreans is _____.

07 사람들은 산 정상에 도달할 때 일종의 성취감을 느낄 수 있습니다.

People can enjoy the feeling of _____ when they _____ the peak of the mountain.

08 여가시간에 저는 대개 집에 머무르면서 아무것도 하지 않습니다.

I usually ____ home and do _____ in my _____ time.

09 잠자고 휴식을 취하는 것 이외에 어떤 것도 하고 싶은 생각이 없습니다.

I have no _____ to do anything but to _____ and rest.

10 저는 항상 스카이다이빙 또는 번지 점프와 같은 극한 스포츠를 해보기를 원해왔습니다.

I have always wanted to try _____ sports such as skydiving, or bungee _____.

11 저는 기회가 있을 때마다 근처에 있는 공원에 차를 몰고 가서 롤러 블레이드를 탑니다.

I _____ to a nearby park and ____ on my roller blades _____ I have a chance.

12 저는 인라인 스케이팅이 스트레스를 줄이고 기분전환을 할 수 있는 좋은 방법이기 때문에 그것을 즐깁니다.

I like inline skating _____ it is a good way to _____ stress and feel _____.

13

저는 음악을 전공하기 때문에 여가시간에 악기를 다루는 것을 좋아합니다.

I like playing an _____ in my free time because I am _____ in music.

14

오랫동안 스크린을 바라보는 것이 당신의 눈을 피로하게 만들 수 있습니다.

_____ at the screen for a ____ time can tire your eyes.

15

우리는 지금 스트레스가 많은 세계에서 살고 있기 때문에 특정한 관심이나 취미를 가지는 것이 중요하다고 생각합니다 .

I think having an _____ or a hobby is very _____ because we live in such a _____ world these days.

16

요즘의 많은 부모들은 자녀들에게 다양한 종류의 개인 교습을 시키려고 합니다.

Many parents these days ___ to provide a variety of _____ lessons for their children to receive.

17

사람들은 여가시간을 보내기 위해서 이웃이나 친구들을 방문하곤 했었습니다.

People _____ to visit their neighbors or friends to spend their ____ time.

18

하루가 짧아서 과거에는 개인 취미를 가지는 것이 어려웠습니다.

It was hard to develop one's _____ in the past because a day was _____.

19

한편, 사람들은 개인 기호에 따라 다양한 종류의 많은 활동들을 하면서 여가시간을 보냅니다.

On the _____ hand, people spend their free time by _____ many different activities, _____ on the interest of a person.

20

같은 성향을 가지고 있는 사람들과 함께 당신의 취미를 즐기기 위해 갈 수 있는 많은 장소들이 있습니다.

_____ are many places _____ you can go to enjoy your hobby ____ people who have the same interest.

Answer

01	enjoyed, since	11	drive, put, whenever
02	encouraged, read	12	because, relieve, refreshed
03	experience, cannot, real	13	instrument, majoring
04	swimming, included, fee	14	Staring, long
05	enjoy, spare, family	15	interest, important, stressful
06	popular, climbing	16	try, private
07	achievement, reach	17	used, free
08	stay, nothing, spare	18	hobby, shorter
09	desire, sleep	19	other, doing, depending
10	extreme, jumping	20	There, where, with

Speak up-step1

■ 인칭 변화가 가능한 경우와 인칭 변화가 가능하지 않은 경우의 각각의 연습 순서대로 말해보세요.

1. 인칭 변화가 가능한 경우: 다음의 인칭 변화 순서대로 연습하는 것이 효과적입니다.

● 5단계 인칭 변화 연습 순서

Statement	Question	No Answer	Yes Answer
(1) you	(1) you	(1) I	(1) I
(2) he	(2) he	(2) he	(2) he
(3) we ▶▶	(3) we ▶▶	(3) we ▶▶	(3) we
(4) she	(4) she	(4) she	(4) she
(5) they	(5) they	(5) they	(5) they

▶ 주의 1 지금부터 나오는 문장은 반드시 큰 소리로 읽어주세요.

▶ 주의 2 아래의 문장들은 빈칸 채워 넣기의 연습이 아니고 바로 입으로 말할 수 있게 하는 스피킹 연습이므로 머뭇거림 없이 말할 수 있을 때까지 연습해야 합니다.

• 밑줄친 부분을 5단계 인칭 변화에 따라 바꾸어 주세요.

Ex 1. I have enjoyed reading since I was young.

Statement(평서문)

(1) you   You have enjoyed reading since <u>you</u> were young.

(2) he   He has enjoyed reading since <u>he</u> was young.

(3) we   We _____.

(4) she   She _____.

(5) they   They _____.

Question(의문문)

(1) you   Have <u>you</u> enjoyed reading since <u>you</u> were young?

(2) he   Has <u>he</u> enjoyed reading since <u>he</u> was young?

(3) we   _____?

(4) she   _____?

(5) they   _____?

No Answer (부정문)

(1) I   No, I haven't been reading since I was young.

(2) he   No, _____.

(3) we   No, _____.

(4) she   No, _____.

(5) they   No, _____.

Yes Answer (긍정문)

(1) I   Yes, I have been reading since I was young.

(2) he   Yes, _____.

(3) we   Yes, _____.

(4) she   Yes, _____.

(5) they   Yes, _____.

2. 인칭 변화가 가능하지 않은 경우: 다음의 순서대로 연습해주세요.

Statement ▶▶ Question ▶▶ No Answer ▶▶ Yes Answer

Ex 2. One of the most popular hobbies among Koreans is climbing.

Statement (평서문)

One of the most popular hobbies among Koreans is climbing.

Question (의문문)

Is one of the most popular hobbies among Koreans climbing?

No Answer (부정문)

No, one of the most popular hobbies among Koreans isn't climbing.

Yes Answer (긍정문)

Yes, one of the most popular hobbies among Koreans is climbing.

Speak up-step2

■ 밑줄이 있는 문장들은 아래 인칭 변화가 가능한 경우의 5단계 인칭 변화 연습 순서를 따라 하시고 밑줄이 없는 문장은 인칭 변화가 가능하지 않은 경우의 연습 순서대로 하세요.

1. 인칭 변화가 가능한 경우

● 5단계 인칭 변화 연습 순서

Statement	Question	No Answer	Yes Answer
(1) you	(1) you	(1) I	(1) I
(2) he	(2) he	(2) he	(2) he
(3) we ▶▶	(3) we ▶▶	(3) we ▶▶	(3) we
(4) she	(4) she	(4) she	(4) she
(5) they	(5) they	(5) they	(5) they

2. 인칭 변화가 가능하지 않은 경우

Statement ▶▶ Question ▶▶ No Answer ▶▶ Yes Answer

▶주의 1 큰 소리로 읽어 주세요.
▶주의 2 첫 문장을 먼저 외우고 나서 그 다음부터는 문장을 보지 말아야 합니다.
▶주의 3 외워진 문장을 위의 문장 변화 연습 순서만 보고 말할 수 있어야 합니다.

• 밑줄 친 부분의 단어는 인칭 변화가 가능합니다.

01 I have enjoyed reading since I was young.

02 My parents encourage me to read many books.

03 You can experience a new world in real life.

04 The cost of having access to a swimming pool is included in the fee.

05 I enjoy going there in my spare time with my friends or family.

06 One of the most popular hobbies among Koreans is climbing.

07 I can enjoy the feeling of achievement when I reach the peak of the mountain.

08 I usually stay and do nothing in my spare time.

09 I have no desire to do anything but to sleep and rest.

10 I have always wanted to try extreme sports such as bungee jumping.

11 I put on my roller blades whenever I have a chance.

12 Inline skating is a good way to relieve stress and feel refreshed.

13 I like playing an instrument in my free time because I am majoring in music.

14 Staring at the screen for a long time can tire your eyes.

15 We live in such a stressful world these days.

16 I provide a variety of private lessons for their children to receive.

17 I used to visit my neighbors or friends to spend my free time.

18 It was hard to develop one's hobby in the past.

19 I spend my free time by doing many different activities.

20 I can go to enjoy my hobby with people who have the same interest.

● 정답은 www.nexusbook.com에서 확인하실 수 있습니다.

Practice Test

Question 1

What is your hobby?

당신의 취미는 무엇입니까?

🔊 Personal Answer

_____

_____

_____

🔊 Standard Answer

I like reading. I have enjoyed reading since I was very young. My parents always encouraged me to read many books. I like reading novels, newspaper articles, magazines, you name it, but most of all, I like reading about the history of a country.

저는 독서를 좋아합니다. 아주 어릴 적 부터 좋아했습니다. 저희 부모님께서는 저에게 책을 많이 읽도록 항상 격려해 주셨습니다. 저는 소설, 신문기사, 잡지, 그 밖에도 뭐든지 읽는 것을 좋아하는데 무엇보다도 저는 한 나라의 역사에 관하여 읽는 것을 좋아합니다.

🔊 Advanced Answer

My hobby is watching movies. I have been a movie fanatic ever since I was 15 years old. I like watching action movies or science fiction movies because there is a lot of excitement involved. You can experience a world that you cannot experience in real life, and that's what I like about movies.

제 취미는 영화보기입니다. 저는 15세부터 영화광이었습니다. 저는 액션영화를 보거나 공상 과학영화를 보는 것을 좋아하는데 그 이유는 흥미거리가 매우 많기 때문입니다. 사람들이 현실에서 경험할 수 없는 세계를 경험할 수 있는 것이 제가 영화를 좋아하는 이유입니다.

🔊 **encourage** 격려하다, 장려하다 **novel** 소설 **article** (신문 등의) 기사, 논설 **you name it** 그 밖에 뭐든지 《동류의 것 몇 가지를 열거한 다음에 사용》 **most of all** 무엇보다도 **fanatic** 광신자, 열광자 **science fiction** 공상 과학소설, 공상 과학영화 **excitement** 흥분

Question 2

How much time and money do you spend on your hobbies?

취미에 얼마나 많은 시간을 보냅니까?

🔋 Personal Answer

🔴 Standard Answer

I go swimming everyday at the community center. It is cheaper than going to other pools because I get a discount for being a resident.

저는 시민 문화회관으로 매일 수영하러 갑니다. 저는 그곳에서 거주자 할인을 받을 수 있기 때문에 그곳에 가는 것은 다른 수영장에 가는 것보다 더 저렴합니다.

🔴 Advanced Answer

My hobby is swimming, so I go to the gym every day. It doesn't cost me too much to go swimming there because access to a pool is already included in my membership fee. I go swimming everyday after work unless I have a special appointment.

제 취미는 수영하는 것이며 저는 매일 체육관에 갑니다. 그곳으로 수영을 하러 가는 것은 비용이 얼마 들지 않는데 그 이유는 제 강습비에 수영장 이용이 이미 포함되어 있기 때문입니다. 저는 특별한 약속이 없는 한 매일 수영하러 갑니다.

🔴 community center 《미·캐나다》 시민 문화회관 resident 거주자 membership 회원 자격 appointment 약속

Practice Test

Question 3

What are the most popular hobbies among people in your country?

당신의 나라에서 사람들에게 가장 인기 있는 취미들은 무엇입니까?

■■ Personal Answer

■■ Standard Answer

Koreans like going to Noraebangs. It means Karaoke Room. It is equipped with a Karaoke machine, so people can choose the song they want to sing. Korean people enjoy going there in their spare time with their friends or family.

한국인들은 노래방에 가는 것을 좋아합니다. 그것은 노래를 할 수 있는 방입니다. 노래방에는 노래 기계가 설치되어 있어서 사람들은 자신이 원하는 노래를 선택할 수 있습니다. 한국인들은 여가시간에 친구들이나 가족들과 함께 노래 방에 가는 것을 좋아합니다.

■■ Advanced Answer

One of the most popular hobbies among Koreans is climbing. It has become a very popular hobby because Koreans have become health conscious. Climbing along the trails is hard, but it's good exercise for anyone who has strong legs. In addition, people can enjoy the feeling of achievement when they reach the peak of the mountain and also enjoy the great view.

한국인들 사이에 가장 인기 있는 취미 중 하나는 등산입니다. 한국인들은 건강을 중요시하기 때문에 등산에 대한 인 기가 높아졌습니다. 등산로를 따라서 올라가는 것은 힘든 일이지만 다리가 튼튼한 사람들에게는 매우 좋은 운동이 됩 니다. 게다가 사람들이 정상에 다다랐을 때 성취감을 느낄 수 있으며 좋은 경치도 즐길 수 있습니다.

■■ equipped with ~을 갖추고 있다 health conscious (자신의) 건강을 의식[조심]하는 achievement 달성, 성취, 성공 peak 성공

What do you do in your spare time?

여가시간에 무엇을 합니까?

Personal Answer

Standard Answer

In my spare time, I usually go shopping with my mother. There is a big department store near by my house. We go shopping for clothes, shoes, and groceries. I like shopping with my mother because we can spend time together during shopping.

여가시간에 저는 어머니와 쇼핑을 하러 갑니다. 저희 집 근처에는 큰 백화점이 있습니다. 우리는 옷, 신발, 그리고 식료품을 삽니다. 저는 어머니와 쇼핑하는 것을 좋아하는데 그 이유는 우리가 쇼핑하는 동안 함께 시간을 보낼 수 있기 때문입니다.

Advanced Answer

I am embarrassed to say this, but I usually stay home and do nothing in my spare time. I used to be very active when I had a different job, but I have such a large work load nowadays that I have no desire to do anything but to sleep and rest. In the past, I used to go rock climbing, bike riding, or jogging. I hope to be active again because it is much healthier to be active than to be a couch potato.

좀 창피한 일이지만 저는 보통 여가시간을 집에서 보내며 아무것도 하지 않습니다. 제가 다른 직업에서 종사할 때에는 매우 활동적이었으나 지금은 작업량이 매우 많기 때문에 아무것도 하고 싶은 의욕이 없으며 잠자고 쉬고만 싶습니다. 예전에는 암벽등반이나 자전거 타기, 또는 조깅 등을 즐겼었습니다. 게으르고 비활동적인 것 보다 활동적인 것이 건강에 좋기 때문에 저는 다시 활동적이 되길 원합니다.

grocery 식료잡화점 *pl.* 식료잡화류 embarrassed 창피한 work load 작업부하, 표준 작업량 desire n. 욕구, 갈망 v. 요구하다, 원하다
couch potato 《미 · 구어》 게으르고 비활동적인 사람, 소파에 앉아서 여가를 보내는 사람

Question 5

Is there any activity you have always wanted to do but have never had the chance?

해보고 싶었으나 기회가 닿지 않아 해보지 못했던 것이 있습니까?

▬▫ Personal Answer

_____

_____

_____

_____

_____

▬● Standard Answer

Yes. I would like to try rafting. There are not many places for rafting in my country, so I didn't get to try yet. Besides, it's very expensive. I would like to try it when I go overseas because it is cheaper and there are many wonderful places to try rafting.

네. 저는 래프팅을 시도해보고 싶습니다. 우리나라에는 래프팅을 할 수 있는 장소가 많지 않기 때문에 아직 해보지 못했습니다. 더군다나 래프팅은 매우 비쌉니다. 외국에서는 더 저렴하고 래프팅을 할 수 있는 멋진 곳들이 많기 때문에 저는 외국에 나가면 그것을 도전해보고 싶습니다.

▄▄● Advanced Answer

Yes. I have always wanted to try extreme sports such as skydiving, or bungee jumping, but never had the chance to go because it's so far from my house. My friend in Australia told me that he had tried skydiving recently, so when I go there, I'm going to go skydiving with my friend. I am looking forward to it very much and I am already getting excited!

네. 저는 항상 스카이다이빙이나 번지점프와 같은 극한 스포츠를 시도해보고 싶었지만 제가 사는 곳과는 너무 멀어서 아직 시도해보지 못했습니다. 호주에 있는 제 친구는 최근에 스카이다이빙을 시도해봤다고 말했습니다. 그래서 제가 그곳에 가면 그 친구와 같이 스카이다이빙을 하러 가기로 했습니다. 매우 기대되고 벌써부터 흥분됩니다.

▄▄● rafting (스포츠로서의) 뗏목 타기, 고무 보트로 계류(溪流) 내려가기 extreme sports 극한 스포츠 look forward to ~을 기대하다

 *Practice Test*

Topic Card 1

Describe a leisure activity that you enjoy.
당신이 즐겨 하는 레저 활동을 묘사하세요.

You should say:

what the activity is
그 활동이 무엇인지

where and when you take part in it
어디에서 그리고 언제 참가하는지

what it involves
무엇을 필요로 하는지

and why you enjoy it so much.
그리고 왜 당신이 그 활동을 그렇게 많이 즐기는지

■□ Personal Answer

_____

_____

_____

_____

_____

■● Standard Answer

I enjoy horse riding. I have been riding since I was little because my family owns a ranch. There are 5 horses in our barn, and one of them is mine. Her name is Forest. I named her after my favorite movie character. I ride her everyday to the field nearby our ranch, or to the nearest town to run errands. All you need is a saddle, and a good horse like Forest. I enjoy riding her because she is a very gentle horse, and she understands my commands very well. I also enjoy taking care of her.

저는 승마를 좋아합니다. 저희 가족은 목장을 가지고 있어서 저는 어릴 적부터 말을 탔습니다. 저희 외양간에는 다섯 마리의 말이 있으며 그 중 하나는 저의 말입니다. 제 말의 이름은 포리스트입니다. 제가 가장 좋아하는 영화 속 인물의 이름을 따서 지어주었습니다. 저는 매일 포리스트를 타고 저희 목장 근처에 있는 들판에 가거나 볼일을 보기 위해서 가까운 동네로 갑니다. 필요한 것은 안장과 포리스트와 같은 좋은 말 한 마리입니다. 저는 포리스트에 타는 것을 좋아하는데 그 이유는 포리스트가 매우 온순한 말이고 제 말을 매우 잘 알아듣기 때문입니다. 저는 또한 제 말을 돌보는 것을 좋아합니다.

Advanced Answer

I like going inline skating very much. I drive to a nearby park and put on my rollerblades whenever I have a chance. The park that I often go to has very nice pavement for inline skaters and bicycle riders, so it is really easy to do these kinds of activities, even for the beginners. I usually take my little sister with me so that I can spend some time with her. I like inline skating because it is a good way to relieve stress and feel refreshed.

저는 인라인 스케이트 타는 것을 매우 좋아합니다. 기회가 있을 때마다 저는 근처에 있는 공원으로 차를 몰고 가서 인라인 스케이트를 신습니다. 제가 자주 가는 그 공원에는 인라인 스케이트나 자전거를 타는 사람들을 위한 포장도로가 매우 잘 되어 있어서 심지어 초보자들도 그러한 것들을 즐길 수 있습니다. 저는 보통 제 어린 여동생과 시간을 같이 보내기 위해서 그곳에 동생을 데려갑니다. 인라인 스케이트를 타는 것은 스트레스 해소에 좋고 기분이 상쾌해지기 때문에 저는 그것을 좋아합니다.

---

take part in 한몫 끼다, 참가하다 ranch 대목장 barn 외양간, 헛간 run errands 심부름가다, 볼일을 보다 saddle 안장 rollerblade 인라인 스케이트, 인라인 스케이트를 타다《인라인 스케이트의 상표명, 미국에서 inline skating 대신 rollerblading이라고 사용》 pavement 포장도로 relieve stress 스트레스를 해소하다 feel refreshed 기분이 상쾌하다

Topic Card 2

Describe the thing you like to do most when you have some free time.
여가시간에 보통 당신이 하는 것을 묘사하세요.

You should say:

what it is
무엇인지

what you do
당신이 무엇을 하는지

what makes you enjoy the activity
어떤 것이 당신으로 하여금 이 일을 즐기게 하는지

and why this activity is important to you.
그리고 왜 이것이 당신에게 중요한지

Personal Answer

_____

_____

_____

_____

Standard Answer

I like playing an instrument in my free time because I am majoring in music. I have been playing the oboe and the saxophone since I was 10 years old. Playing music is very relaxing, and that's why it is very important to me.

저는 음악을 전공하고 있기 때문에 여가시간에 악기 연주하는 것을 좋아합니다. 저는 10세 때부터 오보에와 색소폰을 연주해 왔습니다. 음악을 연주하는 것은 마음을 가라앉혀주기 때문에 저에게 매우 중요합니다.

■● Advanced Answer

I don't usually have free time during the week, so I usually go shopping with my friends on weekends. We meet up for brunch at our favorite café, and have a nice meal together and catch up with each other. After the meal, we go shopping at a department store where we look at the newest shoes and clothes. We also shop for jewelry and try on many different things to find what we really want. Shopping with friends is not only fun, but also good exercise.

저는 주중에는 여가시간이 없기 때문에 주말에 친구들과 쇼핑을 하러 갑니다. 저희는 애용하는 카페에서 만나서 아침 겸 점심을 먹으며 서로 어떻게 지냈는지에 대하여 이야기합니다. 식사 후에 저희는 백화점으로 쇼핑을 가서 새로운 신발과 옷을 봅니다. 또한 장신구도 사고 마음에 쏙 드는 것을 찾을 때까지 여러 가지 다른 옷들을 입어봅니다. 친구들과 쇼핑하는 것은 재미있을 뿐만 아니라 좋은 운동입니다.

■● **major in** ~을 전공하다 **brunch** 조반 겸 점심, 늦은 아침식사 **jewelry** 보석류, 장신구 *cf.* accessory 부속물, 부속품 **try on** 입어보다, 시험 삼아 해보다

Part 3

Question 1

Is watching television a good way of relaxing?

텔레비전을 보는 것이 긴장을 푸는 좋은 방법입니까?

• Brainstorming Note

주제: TV 시청이 긴장완화에 미치는 영향
세부 사항: 1. 적당한 TV 시청의 긍정적인 면   2. TV 시청의 부정적인 면
관련 어휘: a good way of relaxing /   excessive TV watching / unhealthy for
body and mind / a waste of time

Personal Answer

Model Answer

I think watching the right amount of television is a good way of relaxing.
However, excessive TV watching can be unhealthy for your body and mind. The
electromagnetic waves produced by TV can harm your brain, and staring at the
screen for a long time can tire your eyes. In addition, I think it is a waste of time.

제 생각에는 적당한 양의 TV 시청은 마음을 가라앉히는데 좋은 것 같습니다. 하지만 지나친 TV 시청은 신체 건강과
정신 건강에 좋지 않을 수도 있습니다. TV가 방출하는 전자파는 두뇌를 손상시킬 수 있으며 장시간 화면을 보는 것
은 눈을 피로하게 만들 수 있습니다. 게다가 제 생각에는 시간낭비인 것 같습니다.

---

excessive 과도의, 지나친 unlhealthty 건강하지 못한, 병든 electromagnetic wave 전자기파, 전자파

Are you an outdoor person?

야외활동을 즐기는 편입니까?

• Brainstorming Note

주제: 야외활동에 관한 흥미도
세부 사항: 1. 즐기는 야외활동의 종류   2. 야외활동 선호에 관한 이유
관련 어휘: outdoor activities / outdoor person / active / camping

Personal Answer

_____

_____

_____

_____

Model Answer

Definitely! I like all kinds of outdoor activities such as mountain climbing, rock climbing, camping, and fishing. I especially like camping and fishing because I can enjoy fishing in the morning with a magnificent view of sunrise. I think the reason that I am an outdoor person is because my father is very active, and he used to take me camping every weekend.

물론이죠! 저는 등산, 암벽등반, 캠핑 그리고 낚시와 같은 모든 종류의 야외활동을 좋아합니다. 특별히 저는 아침에 멋진 일출을 보면서 캠핑과 낚시 하는 것을 즐깁니다. 제가 야외활동을 즐기는 이유는 저희 아버지께서 활동적인 분 이시고 예전에는 매 주말마다 저를 데리고 캠핑을 가셨기 때문입니다.

magnificent 장려한, 훌륭한 sunrise 일출, 해돋이

Practice Test

Question 3

Is it important to have an interest or a hobby? Why?

관심사나 취미를 가지는 것이 중요하다고 생각합니까? 왜 그렇습니까?

• Brainstorming Note

주제: 취미 또는 관심사를 가지는 것이 중요한 이유

세부 사항: 1. 스트레스 해소에 미치는 영향   2. 특별한 기술 습득의 용이

관련 어휘: stressful world / relieve stress / learn special skills

◼◻ Personal Answer

_____

_____

_____

_____

◼◻ Model Answer

I think having an interest or a hobby is very important because we live in such a stressful world these days, and we need a good way to relieve our stress. Having an interest or a hobby is good because doing something you enjoy can relieve most of your stress. In addition, one can learn special skills while enjoying a hobby.

요즘에는 스트레스 거리가 많기 때문에 관심사나 취미를 갖는 것이 중요한 것 같습니다. 좋아하는 것을 하면서 우리가 가지고 있는 대부분의 스트레스를 해소할 수 있기 때문에 흥미나 취미를 가지는 것은 유익합니다. 더구나 사람은 취미를 즐기면서 특별한 기술을 배울 수 있습니다.

◼ stressful 긴장[스트레스]이 많은

Why is it a good idea for a child to have a hobby?

취미가 아이한테 좋은 이유는 무엇입니까?

● **Brainstorming Note**

주제: 취미가 아이에게 미치는 영향
세부 사항: 1. 잠재적인 재능 발달에 도움   2. 개인교습의 기회 제공
관련 어휘: develop hidden talents / potential / private lessons

▬▬ **Personal Answer**

▬▬ **Model Answer**

A hobby can help develop hidden talents a child has. When a person is young, it is hard to notice his potential. That's why so many parents these days try to provide a variety of private lessons for their children.

취미는 한 아이의 숨겨진 재능을 발달시키는데 도움을 줄 수 있습니다. 사람이 어릴 때에는 잠재력을 인지하기 어렵습니다. 이러한 이유 때문에 요즘 많은 부모들은 그들의 자녀들에게 갖가지 개인교습의 기회를 마련해줍니다.

▬▬ hidden 숨겨진 talent 재능 potential 잠재력 variety 갖가지의, 변화, 다양

 *Practice Test*

Question 5

How has the way people spent their free time changed over the years?

사람들이 여가시간을 보내는 방법이 수년간 어떻게 바뀌어 왔습니까?

● Brainstorming Note

주제: 여가시간 이용 방법의 변화
세부 사항: 1. 과거의 여가시간 이용   2. 다양한 활동 또는 오락물의 이용
관련 어휘: entertainment / no electricity or TV / develop one's hobby /
different activities

Personal Answer

Model Answer

In the past, people used to visit their neighbors or friends to spend their free time because there wasn't much entertainment available. My grandmother used to tell me that people used to go to bed after sunset because there was no electricity or TV. It was hard to develop one's hobby in the past because the day was shorter. On the other hand, people spend their free time by doing many different activities now, depending on the interest of the person. There is much entertainment available these days, and many places where you can go enjoy your hobby with people who have the same interest.

과거에는 즐길 수 있는 오락물이 흔하지 않았기 때문에 사람들은 여가시간을 보내기 위해 이웃이나 친구들을 방문했습니다. 저희 할머니께서 말씀하시길 옛날에는 전기나 TV가 없었기 때문에 사람들이 해가 지면 잠자리에 들었다고 합니다. 하루가 짧았기 때문에 취미를 발달시키는 것이 어려웠습니다. 반면에 지금은 사람들이 자신의 흥미에 따라 여러 가지의 다른 활동들을 즐기며 그들의 여가시간을 보냅니다. 요즘에는 많은 오락물들이 있고 사람들이 같은 취미를 가진 다른 사람들과 즐거운 시간을 가질 수 있는 장소도 많이 있습니다.

---

entertainment 오락, 유흥 available 이용 가능한 electricity 전기 on the other hand 반면에

● Model Answers p.436

More Questions

1 What are the benefits and drawbacks of having a hobby?

취미를 가지는 것의 장단점은 무엇입니까?

🔊 Personal Answer

2 What leisure activities do you recommend to combat stress?

스트레스와 싸우기 위한 좋은 레저 활동들을 추천해 주시겠습니까?

🔊 Personal Answer

3 How can people be encouraged to develop their interests?

사람들이 그들의 관심사를 발달시키도록 어떻게 권장할 수 있을까요?

🔊 Personal Answer

4 What kind of outdoor adventures do people your age and gender like?

당신과 같은 나이와 같은 성을 가지고 있는 사람들은 어떤 야외활동을 즐깁니까?

🔊 Personal Answer

5 Do you know about strange or unique hobbies people have?

사람들이 가지고 있는 이상하거나 특이한 취미를 알고 있습니까?

🔊 Personal Answer

---

drawback 결점, 약점 **recommend** 추천하다 **combat** 싸우다, 투쟁하다 **outdoor** 집 밖의, 야외의 **gender** 성(性), 성별

Check Vocabularies & Phrases

- [ ] **encourage** 격려하다, 장려하다

- [ ] **novel** 소설

- [ ] **article** (신문 등의) 기사, 논설

- [ ] **you name it** 그 밖에 뭐든지 《동류의 것 몇 가지를 열거한 다음에 사용》

- [ ] **most of all** 무엇보다도

- [ ] **fanatic** 광신자, 열광자

- [ ] **science fiction** 공상 과학소설, 공상 과학영화

- [ ] **excitement** 흥분

- [ ] **community center** 《미·캐나다》 시민 문화회관

- [ ] **resident** 거주자

- [ ] **membership** 회원 자격

- [ ] **appointment** 약속

- [ ] **equipped with** ~을 갖추고 있다

- [ ] **health conscious** (자신의) 건강을 의식[조심]하는

- [ ] **achievement** 달성, 성취, 성공

- [ ] **peak** 성공

- [ ] **grocery** 식료잡화점 pl. 식료잡화류

- [ ] **embarrassed** 창피한

- [ ] **work load** 작업부하, 표준 작업량

- [ ] **desire** n. 욕구, 갈망 v. 요구하다, 원하다

- [ ] **couch potato** 《미·구어》 게으르고 비활동적인 사람, 소파에 앉아서 여가를 보내는 사람

- [ ] **refting** (스포츠로서의) 뗏목 타기, 고무 보트로 계류(溪流) 내려가기

- [ ] **extreme sports** 극한 스포츠

- [ ] **look forward to** ~을 기대하다

- [ ] **take part in** 한몫 끼다, 참가하다

- [ ] **ranch** 대목장

- [ ] **barn** 외양간, 헛간

- [ ] **run errands** 심부름가다, 볼일을 보다

- [ ] **saddle** 안장

- [ ] **rollerblade** 인라인 스케이트, 인라인 스케이트를 타다 《인라인 스케이트의 상표명, 미국에서 inline skating 대신 rollerblading이라고 사용》

- [ ] **pavement** 포장도로

- [ ] **relieve stress** 스트레스를 해소하다

- [ ] **feel refreshed** 기분이 상쾌하다

- [ ] **major in** ~을 전공하다

- [ ] **brunch** 조반 겸 점심, 늦은 아침식사

- [ ] **jewelry** 보석류, 장신구 cf. accessory 부속물, 부속품

- [ ] **try on** 입어보다, 시험삼아 해보다

- [ ] **excessive** 과도의, 지나친

- [ ] **unhealthy** 건강하지 못한, 병든

- [ ] **electromagnetic wave** 전자기파, 전자파

- [ ] **magnificent** 장려한, 훌륭한

- [ ] **sunrise** 일출, 해돋이

- [ ] **stressful** 긴장[스트레스]이 많은

- [ ] **hidden** 숨겨진

- [ ] **talent** 재능

- [ ] **potential** 잠재력

- [ ] **variety** 갖가지의, 변화, 다양

- [ ] **entertainment** 오락, 유흥

- [ ] **available** 이용 가능한

- [ ] **electricity** 전기

- [ ] **on the other hand** 반면에

- ☐ **drawback** 결점, 약점
- ☐ **recommend** 추천하다
- ☐ **combat** 싸우다, 투쟁하다
- ☐ **outdoor** 집 밖의, 야외의
- ☐ **gender** 성(性), 성별

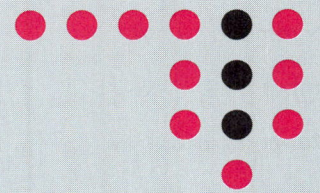

Chapter 14

Sports / Health

Chapter 14에 나오는 Part별 질문 미리보기

•Part 1   **Questions**

1. Are you athletic?
2. Do you enjoy playing or watching sports?
3. How often do you play or watch sports?
4. Are you healthy?
5. Do you exercise regularly?

•Part 2   **Topic Cards**

1. Describe your favorite sport.
   You should say:
   what it is
   when you play or watch this sport
   how long you've been interested in this sport
   and why you enjoy this sport.

2. Describe an activity you have done to keep fit or healthy.
   (*ex.* physical exercise, a diet, stopping smoking, etc.)
   You should say:
   what the activity was
   what you did exactly
   how long you did this activity for
   and whether this activity was successful or not.

•Part 3   **Questions**

1. What sports are most popular in your country? Why?
2. Do you think people in your country exercise enough?
3. What are the best ways to keep healthy?
4. Why do people live longer now?
5. Do you think healthcare facilities in your country, such as hospitals, need to be improved?

Warm-up

01   저는 어렸을 때부터 스포츠에 관심이 있었습니다.

I have been _____ in sports _____ I was very young.

02   수년 동안 저는 학교에서 달리기 선수였습니다.

I _____ a sprinter in my school ___ many years.

03   저는 오랫동안 운동을 하지 않았기 때문에 예전만큼 빠르지 않습니다.

I am not as _____ as I used to be because I haven't _____ for quite a long time.

04   저는 스포츠를 구경할 때 느낄 수 있는 흥미로움 때문에 가끔씩 스포츠를 구경하는 것을 꺼리지 않습니다.

I don't _____ watching sports once in a _____ because there are some that get me _____ when I watch.

05   저는 주중에는 학업에 열중합니다.

I'm _____ with my studies on _____.

06   저는 다음 달부터 운동을 시작할 계획인데 계속할 수 있을지는 의문입니다.

I plan to _____ working out starting from _____ month, but I'm not too _____ if I can keep it up.

07   저는 초등학생 때부터 테니스를 쳐왔습니다.

I have been _____ tennis since I was in _____ school.

08   어머니께서 제가 학교에서 테니스 수업을 받기를 제안하셨습니다.

My mother _____ that I should try taking tennis _____ at the school.

09   제가 30년 동안 운동을 해 와서 지금은 훌륭한 운동선수입니다.

I am a good _____ now because I have _____ playing for 30 years.

10   저는 중학교 때 처음 볼링을 접하게 되었습니다.

I was _____ to _____ when I was in middle school.

11   저는 좋은 친구들을 만나서 어떻게 지내는지 얘기를 나누며 그것을 즐길 수 있습니다.

I can _____ it while _____ up with my good friends.

12   저는 유명한 한국 코미디언 때문에 담배 피우는 것을 끊기로 결정했습니다.

I _____ to quit _____ because of the _____ Korean comedian.

13 그의 사망이 제가 담배를 끊도록 이끌었기 때문에 저는 그에게 고마움을 느낍니다.

I am _____ to him because his _____ taught me to quit smoking.

14 저는 교통사고로 인해 매일같이 심각한 허리 통증을 가지게 되었습니다.

I had a car _____ which caused me to have severe back _____ everyday.

15 한국에서 2002년 월드컵이 열렸을 때 사람들은 그것에 푹 빠져 들기 시작했습니다.

People started getting really _____ in it when the World Cup 2002 was _____ in Korea.

16 국가대표팀을 응원하기 위해 군중들이 빨간 옷을 입고 시청 앞에 모여들었습니다.

Everyone _____ up in front of the City Hall _____ red clothes to root for our national team.

17 건강을 지키는 가장 좋은 방법은 건강음식을 먹고 정기적으로 운동을 하는 것입니다.

The best way to _____ healthy is to have healthy diet and to _____ on a regular basis.

18 과거와 비교하면 우리나라의 건강을 유지하기 위한 시설물들이 매우 향상되었습니다.

Healthcare _____ in my country have improved a lot _____ to the past.

19 침대보와 이불을 제공하는 것과 관련해 비교해 보면 미국의 병원만큼 위생적이진 않습니다.

They are not __ hygienic __ American _____ when it comes to _____ bed sheets and blankets.

20 간호사들이 환자들에게 사용하는 체온계에 한 개의 일회용 커버를 계속 사용하는 것을 보고 충격을 받았습니다.

I was _____ to see that the nurses kept _____ just one disposable plastic cover on the _____ for patients.

Answer

01 interested, since	11 enjoy, catching
02 was, for	12 decided, smoking, famous
03 fast, trained	13 thankful, death
04 mind, while, excited	14 accident, pain
05 occupied, weekdays	15 interested, held
06 start, next, sure	16 gathered, wearing
07 playing, elementary	17 keep, exercise
08 suggested, lessons	18 facilities, compared
09 player, been	19 as, as, hospitals, providing
10 introduced, bowling	20 shocked, using, thermometer

Warm-up

Speak up-step1

■ 인칭 변화가 가능한 경우와 인칭 변화가 가능하지 않은 경우의 각각의 연습 순서대로 말해보세요.

1. 인칭 변화가 가능한 경우: 다음의 인칭 변화 순서대로 연습하는 것이 효과적입니다.

5단계 인칭 변화 연습 순서

Statement	Question	No Answer	Yes Answer
(1) you	(1) you	(1) I	(1) I
(2) he	(2) he	(2) he	(2) he
(3) we	(3) we	(3) we	(3) we
(4) she	(4) she	(4) she	(4) she
(5) they	(5) they	(5) they	(5) they

▶ 주의 1   지금부터 나오는 문장은 반드시 큰 소리로 읽어주세요.

▶ 주의 2   아래의 문장들은 빈칸 채워 넣기의 연습이 아니고 바로 입으로 말할 수 있게 하는 스피킹 연습이므로 머뭇거림 없이 말할 수 있을 때까지 연습해야 합니다.

• 밑줄친 부분을 5단계 인칭 변화에 따라 바꾸어 주세요.

Ex 1. I was a sprinter in my school for many years.

Statement (평서문)

(1) you   You were a sprinter in your school for many years.

(2) he   He was a sprinter in his school for many years.

(3) we   We _____ .

(4) she   She _____ .

(5) they   They _____ .

Question (의문문)

(1) you   Were you a sprinter in your school for many years?

(2) he   Was he a sprinter in his school for many years?

(3) we   _____ ?

(4) she   _____ ?

(5) they   _____ ?

No Answer (부정문)

(1) I   No, I wasn't a sprinter in <u>my</u> school for many years.

(2) he   No, _____ .

(3) we   No, _____ .

(4) she   No, _____ .

(5) they   No, _____ .

Yes Answer (긍정문)

(1) I   Yes, I was a sprinter in <u>my</u> school for many years.

(2) he   Yes, _____ .

(3) we   Yes, _____ .

(4) she   Yes, _____ .

(5) they   Yes, _____ .

2. 인칭 변화가 가능하지 않은 경우: 다음의 순서대로 연습해주세요.

Statement ▶▶ Question ▶▶ No Answer ▶▶ Yes Answer

Ex 2. The best way to keep healthy is to have a healthy diet.

Statement (평서문)

The best way to keep healthy is to have a healthy diet.

Question (의문문)

Is the best way to keep healthy to have a healthy diet?

No Answer (부정문)

No, the best way to keep healthy isn't to have a healthy diet.

Yes Answer (긍정문)

Yes, the best way to keep healthy is to have a healthy diet.

Speak up-step2

■ 밑줄이 있는 문장들은 아래 인칭 변화가 가능한 경우의 5단계 인칭 변화 연습 순서를 따라 하시고 밑줄이 없는 문장은 인칭 변화가 가능하지 않은 경우의 연습 순서대로 하세요.

1. 인칭 변화가 가능한 경우

▬● 5단계 인칭 변화 연습 순서

Statement	Question	No Answer	Yes Answer
(1) you	(1) you	(1) I	(1) I
(2) he	(2) he	(2) he	(2) he
(3) we ▶▶	(3) we ▶▶	(3) we ▶▶	(3) we
(4) she	(4) she	(4) she	(4) she
(5) they	(5) they	(5) they	(5) they

2. 인칭 변화가 가능하지 않은 경우

Statement	▶▶	Question	▶▶	No Answer	▶▶	Yes Answer

▶주의 1 큰 소리로 읽어 주세요.
▶주의 2 첫 문장을 먼저 외우고 나서 그 다음부터는 문장을 보지 말아야 합니다.
▶주의 3 외워진 문장을 위의 문장 변화 연습 순서만 보고 말할 수 있어야 합니다.

• 밑줄 친 부분의 단어는 인칭 변화가 가능합니다.

01 I have been interested in sports since I was very young.

02 I was a sprinter in my school for many years.

03 I am not as fast as I used to be.

04 I don't mind watching sports once in a while.

05 I'm occupied with my studies on weekdays.

06 I plan to start working out starting from next month.

07 I have been playing tennis since I was in elementary school.

08 My mother suggested that I should try taking tennis lessons at the school.

09 I am a good player because I have been playing for 30 years.

10 I was introduced to bowling when I was in middle school.

11 I can catch up with my good friends.

12 I decided to quit smoking because of the famous Korean comedian.

13 I am thankful to him for his kindness.

14 A car accident caused me to have severe back pain everyday.

15 I started getting interested in soccer when the World Cup was held in Korea.

16 People went to the stadium wearing red clothes to root for our national team.

17 The best way to keep healthy is to have a healthy diet.

18 Healthcare facilities in my country have improved a lot compared to the past.

19 Korean hospitals are not as hygienic as American ones.

20 I am shocked to see that the nurses kept using the same thermometer for patients.

● 정답은 www.nexusbook.com 에서 확인하실 수 있습니다.

Practice Test

Part 1

Question 1

Are you athletic?

운동을 잘 합니까?

Personal Answer

Standard Answer

Yes. I like sports. I play a lot of sports such as basketball, baseball, or soccer with my friends after school. I like running around and being active, so I am always in shape.

예. 저는 운동을 좋아합니다. 저는 방과 후에 친구들과 농구, 배구, 또는 축구와 같은 운동을 합니다. 저는 여기저기 돌아다니며 활동하는 것을 좋아하기 때문에 항상 몸매를 유지하고 있습니다.

Advanced Answer

Yes, I am. I have been interested in sports since I was very young. I was a sprinter for my school for many years. I used to be very fast, but I am slower now because I haven't trained for quite a long time. Instead, I enjoy different sport activities, such as yoga, Pilates, or swimming.

예, 어렸을 적 이래로 저는 항상 스포츠에 관심이 있었습니다. 수년 동안 저는 학교에서 달리기 선수였습니다. 예전에는 매우 빨랐지만 오랫동안 훈련을 받지 않아서 지금은 빠르지 않습니다. 대신에 요가, 필라테스, 또는 수영과 같은 다른 스포츠를 좋아합니다.

athletic (운동) 경기의, (체격이) 스포츠맨다운, 강건한 in shape (건강이) 호조로 sprinter (단거리) 달리기 선수 Pilates 필라테스《독일 사람 요제프 필라테스가 고안한 운동방법》

374

Do you enjoy playing or watching sports?

운동을 하는 것이나 경기를 관람하는 것을 좋아합니까?

Personal Answer

Standard Answer

I like both. Watching and playing sports are somewhat different, so I enjoy both of them. I usually play sports with my friends or colleagues on weekends and I watch sports on TV on weekdays.

저는 두 가지를 모두 좋아합니다. 경기를 관람하는 것과 실제로 하는 것은 약간 다르기 때문에 저는 두 가지를 다 즐깁니다. 저는 주말에 대개 친구들이나 동료들과 운동을 하고 주중에는 TV를 시청합니다.

Advanced Answer

I am not into sports, so I don't like playing them, but I don't mind watching sports once in a while because there are some that get me excited when watching. For example, swimming competitions or short track skating competitions are very thrilling, and I like watching the Olympic Games to root for the Korean national team.

저는 스포츠에 문외한이어서 운동하는 것을 좋아하지 않습니다. 그러나 스포츠 중 몇몇의 종목들은 매우 흥미롭기 때문에 가끔씩 운동 경기를 시청하는 것을 꺼리지는 않습니다. 예를 들어, 수영이나 쇼트트랙 경기 등은 재미있으며 국가 대표팀을 응원하기 위해 올림픽 게임을 구경하는 것을 좋아합니다.

somewhat 다소, 약간 colleague 직장동료 once in a while 이따금, 때때로 competition 경기, 시합, 경쟁 thrilling 스릴 만점의, 떨리는 root for (팀 등을) 응원하다, 성원하다

| Question 3 |

How often do you play or watch sports?

얼마나 자주 운동을 하거나 구경을 합니까?

🔘 Personal Answer

🔘 Standard Answer

I am not athletic, but I love watching sports a lot. I watch some games on TV on weekends for many hours, and my mother gets angry at me sometimes. Watching professional players play is very amazing, and I wish that I was athletic like them.

저는 운동은 잘 못하지만 관람하는 것은 매우 좋아합니다. 여러 시간 동안 주말에 TV 게임을 시청하는데 어머니께서 가끔 화를 내십니다. 프로 선수들이 운동하는 것을 보면 놀라움을 금치 못하는데 제가 저들처럼 운동을 잘하면 좋겠다고 생각합니다.

🔘 Advanced Answer

I wish I could play sports as much as I possibly could, but I'm occupied with my studies on weekdays. So, I try to go out and play sports with my buddies on weekends. We usually meet up at a basketball court nearby my house and play basketball for 3 to 4 hours, which is quite tiring, but it feels wonderful after taking a shower.

가능한 한 많이 운동을 할 수 있으면 좋겠지만 주중에는 공부에 얽매여 있습니다. 그래서 주말에는 친구들과 나가서 운동을 하려고 노력합니다. 보통 우리는 집 근처의 농구 코트에서 만나서 3, 4시간 동안 농구를 하는데 그러면 매우 지치지만 샤워를 하고 나면 기분이 아주 좋아집니다.

🔘 **professional player** 프로 선수 **be occupied with** 바쁘다, ~에 얽매이다 **buddy** 동료, 친구 **court** 경기장, 법원, 법정, 안마당

Are you healthy?

당신은 건강합니까?

▬▭ Personal Answer

▬● Standard Answer

Yes, I am. I always eat healthy food, and exercise everyday. All my family members are very health conscious, so it has become a habit to watch out for my health.

예, 저는 항상 건강음식을 먹고 매일 운동을 합니다. 저희 식구들 모두 건강의식이 투철하기 때문에 저는 제 건강을 돌보는 것이 일종의 습관이 되었습니다.

▬● Advanced Answer

To be honest with you, I'm not so healthy because I'm not careful with my diet, and I don't exercise regularly. I used to be a lot healthier when I was younger because I used to have a membership at a fitness center. These days, I tire easily and catch colds easily, so I go to see a doctor often.

솔직이 말하면, 제가 저의 식생활에 대해 조심하지 않기 때문에 그렇게 건강하지는 않고 운동도 자주 하지 않습니다. 저는 젊었을 때 더 건강했었는데 그 이유는 체육관에 회원증을 가지고 있었기 때문입니다. 요즘, 저는 쉽게 피로해지고 감기에 걸려서 병원에 자주 가곤 합니다.

▬● **conscious** 의식 하고 있는, 깨닫고 있는 **watch out** 위험하다, (명령형으로) 조심해! **to be honest with you** 솔직히 말하면 **membership** 회원증 **catch a cold** 감기 들다, 감기 걸리다

Question 5

Do you exercise regularly?

당신은 규칙적으로 운동을 합니까?

▬▬ Personal Answer

_____

_____

_____

_____

_____

▬▬ Standard Answer

Yes, I do. I go swimming every morning with my brother because I have a lot of spare time these days. The gym is very close to where we live, so it's not a hassle at all. I like swimming in the morning because it is a very good exercise and it keeps me fit.

예, 그렇습니다. 요즘에는 여가시간이 많아서 매일 아침 형과 같이 수영을 하러 갑니다. 제가 살고 있는 곳 근처에 체육관이 있어서 그것은 전혀 성가시지 않습니다. 저는 아침에 수영하는 것을 좋아하는데 그것이 좋은 운동이고 저를 튼튼하게 만들어 주기 때문입니다.

Advanced Answer

I know that I should, but I don't at the moment because I can't find time to go to the gym. It sounds like an excuse, but I go to work very early and get off late, so by the time I come home, I feel too fatigued. Since I don't have time to go to the gym, I bought home exercise equipment, but I stopped using it after a few times. I plan to start working out starting from next month, but I'm not too sure if I can keep it up.

저는 운동을 해야 한다는 것은 알지만 체육관에 갈 시간이 없어서 현재 가지는 않습니다. 변명 같지만 아침 일찍 직장에 가고 늦게 마치므로 집에 도착할 무렵에는 매우 피곤해집니다. 저는 체육관에 갈 시간이 없어서 집에 운동기구들을 사다 놓았지만 몇 번 사용하고 나서 그만두었습니다. 다음 달부터 운동을 할 계획인데 계속할 수 있을지는 의문입니다.

gym 체육관 hassle 성가신 일, 혼란 keep fit 건강을 유지하다 at the moment 현재, 바로 지금, 당장에는 excuse 변명, 해명, 용서하다, 면제하다 get off 퇴근하다, 일을 마치다 fatigued 지친 keep up 유지하다, 지속하다

Practice Test

Topic Card 1

Describe your favorite sport.
당신이 좋아하는 운동을 묘사하세요.

You should say:

what it is
그것이 무엇인지

when you play or watch this sport
언제 당신이 운동을 하거나 구경을 하는지

how long you've been interested in this sport
당신이 이 운동에 얼마나 관심을 가져 왔는지

and why you enjoy this sport.
그리고 왜 이 스포츠를 즐기는지

▶ Personal Answer

_____

_____

_____

_____

▶ Standard Answer

I like playing tennis. I have been playing tennis since I was in elementary school. When I was an elementary school student, my mother suggested to me that I should try taking tennis lessons at school. It was very hard at first, but I picked it up very fast. I am a good player now because I have been playing for 30 years. I enjoy playing tennis because it is good exercise and it is exciting.

저는 테니스 하는 것을 좋아합니다. 저는 초등학생 때부터 테니스를 해왔습니다. 어머니께서 제가 초등학생이었을 때 교내에서 테니스 교습을 받으라고 제안하셨습니다. 처음에는 어려웠지만 아주 빨리 배웠습니다. 전 30년 동안 운동을 해왔기 때문에 지금은 테니스를 잘 합니다. 테니스는 좋은 운동이고 재미도있어 저는 테니스 하는 것을 즐깁니다.

Advanced Answer

My favorite sport is bowling. My friends and I have enjoyed having a Bowling Night every Friday evening after we get off of work. I was introduced to bowling when I was in middle school and I have been enjoying bowling ever since. I don't think I am a good bowler, but I enjoy it because it's not an extreme sport that makes me sweat. I can enjoy it while catching up with my good friends.

제가 가장 좋아하는 운동은 볼링입니다. 제 친구와 저는 매주 금요일 저녁 일을 마치고 나서 볼링을 즐겼습니다. 저는 중학생이었을 때 처음으로 볼링을 접했는데 그때 이후로 볼링을 즐겨왔습니다. 제가 좋은 볼링선수라고 생각하지는 않지만 저는 볼링이 땀을 빼는 극한 운동이 아니어서 매우 좋아합니다. 친한 친구들과 함께 회포를 풀면서 볼링을 즐길 수 있습니다.

elementary 기본의, 초보의, 초등 교육[학교]의 pick up 알게 되다, 익히다 sweat n. 땀 v. 땀을 흘리다 catch up with 쫓아가다, 따라잡다

Practice Test

Topic Card 2

Describe an activity you have done to keep fit or healthy.
(*ex. physical exercise, a diet, stopping smoking, etc.*)

당신이 몸매를 관리하거나 건강을 유지하기 위해서 하는 활동을 묘사하세요.

You should say:

what the activity was
그 활동이 무엇인지

what you did exactly
정확히 당신이 무엇을 했는지

how long you did this activity for
얼마나 오랫동안 당신이 그 활동을 했는지

and whether this activity was successful or not.
이 활동이 성공적이었는지 아니었는지

◼◼◻ **Personal Answer**

_____

_____

_____

_____

◼◼◻ **Standard Answer**

I used to be a heavy smoker until 2002. I decided to quit smoking because of the famous Korean comedian, Yi Ju-il. He was my favorite comedian. One day, he announced that he was diagnosed with lung cancer and I was very shocked. He started a No-Smoking campaign in Korea, so that fewer people would suffer from cancer. Unfortunately, he died of lung cancer a few months later. Everyone in Korea grieved for his death. I was very sad that such a talented comedian died, but I am thankful to him because his death helped me quit smoking.

2002년까지 저는 담배를 많이 피워 왔습니다. 한국의 유명한 코미디언 이주일 씨 때문에 담배를 끊기로 결심했습니다. 그는 제가 제일 좋아하는 코미디언이었습니다. 하루는 그가 폐암 판정을 받았다는 것을 공개적으로 알렸는데 저에게 큰 충격을 주었습니다. 한국에서 암으로 고통받는 사람의 숫자를 줄이기 위해 그는 금연 운동을 시작했습니다. 불행히도 몇 달 뒤에 그는 폐암으로 세상을 떠났습니다. 한국에 있는 사람들이 모두 그의 죽음을 애도했습니다. 그렇게 재능있는 코미디언이 세상을 떠난 것이 너무도 슬펐습니다. 그의 죽음이 제가 담배를 끊는 것을 도와주었기 때문에 그에게 고맙습니다.

● Advanced Answer

A few years ago, I had a car accident that caused me to have severe lower back pain everyday. I went to see a physical therapist every other day, which helped me to rehabilitate my strength, but it was only temporary. Then my physical therapist suggested that I should try Pilates. I have tried yoga before, but I found Pilates easier to follow. I noticed that my back pain has disappeared gradually since I started Pilates, and now I'm almost as good as new.

몇 년 전, 제가 차 사고를 당한 이후로 매일 허리 통증이 생겼습니다. 제가 물리치료사를 이틀에 한 번씩 방문을 했는데 힘을 다시 회복하는데 도움이 되었습니다. 하지만 단지 일시적이었을 뿐입니다. 물리치료사는 제가 필라테스를 하기를 제안했습니다. 전에 요가를 한 적이 있는데 필라테스는 따라하기가 쉽다고 느껴졌습니다. 필라테스를 시작한 이래로 점점 통증이 사라지는 것을 발견했는데 지금은 거의 완쾌되었습니다.

quit ~ing 끊다 diagnose 진단하다 lung cancer 폐암 grieve for 몹시 슬퍼하다, 마음 아파하다 accident 사고 severe 심한 lower back pain 허리 통증 physical therapist 물리치료사 rehabilitate 회복하다 strength 힘, 체력 temporary 일시적인, 임시의 gradually 차차, 점점 as good as new 새것 같은, 새것처럼

Part 3

What sports are most popular in your country? Why?

당신 나라에서 어떤 스포츠가 가장 인기가 있습니까? 이유는 무엇입니까?

● Brainstorming Note

주제: 인기 스포츠와 그 원인
세부 사항: 1. 축구가 인기를 얻기 시작한 배경   2. 현재 축구의 대중적인 인기
관련 어휘: most popular sport / national team / World Cup

Personal Answer

_____

_____

_____

_____

Model Answer

The most popular sport in my country is soccer. Actually, soccer wasn't popular among Koreans in the past, but people started getting really interested in it when the World Cup 2002 was held in Korea. We started calling our national team the "Red Devils" and everyone gathered up in front of City Hall wearing red clothes to root for our national team. Our national team didn't do so well in the World Cup 2006, but soccer is still the most popular sport in my country.

우리나라에서 가장 인기 있는 스포츠는 축구입니다. 과거에 축구는 한국인 사이에서 그렇게 인기가 있지는 않았습니다. 그러나 사람들이 2002 월드컵이 열렸을 때 많은 관심을 가지기 시작했습니다. 우리는 국가 대표팀을 '붉은 악마'라고 부르기 시작했고 모든 사람들이 국가 대표팀을 응원하기 위해서 붉은 옷을 입고 시청 앞에 모이기 시작했습니다. 국가 대표팀은 2006 월드컵에서 좋은 성적을 거두지는 못했지만 축구는 여전히 인기 있는 운동입니다.

gather up 한데 모으다

Do you think people in your country exercise enough?

당신 나라의 사람들이 운동을 충분히 하고 있다고 생각합니까?

● Brainstorming Note

주제: 사람들의 운동량
세부 사항: 1. 대중 교통 이용 시 도보   2. 운동 시간의 부족
관련 어휘: exercise more than western people / walk a lot / use public
transportation / the amount of exercise

Personal Answer

Model Answer

I definitely think that Koreans exercise more than western people because they have to walk a lot when they use public transportation instead of driving. However, the amount of exercise that they do is still not enough because most Koreans don't have time to exercise. Many people go to work early in the morning and they often work until late at night.

한국인들은 운전하는 대신 대중 교통을 이용할 때 많이 걸어야 하므로 한국인들이 서양인보다 더 많이 운동을 한다고 생각합니다. 하지만 운동할 시간이 부족해서 운동의 양은 충분치 않다고 생각합니다. 많은 사람들이 아침 일찍 직장에 가고 종종 밤늦게까지 일합니다.

:::: *Practice Test*

Question 3

What are the best ways to keep healthy?

건강을 유지하는 가장 좋은 방법들은 무엇입니까?

● Brainstorming Note

주제: 건강 유지 방법
세부 사항: 1. 건강한 식생활 유지의 중요성   2. 적당한 양의 규칙적인 운동의 필요성
관련 어휘: keep healthy / regular basis / nutrients / stronger muscles

---

◼▬ Personal Answer

◼▬● Model Answer

The best ways to keep healthy are to have a healthy diet and to exercise on a regular basis. It is very important to consume the right amount of nutrients and to build stronger muscles. When these two methods are combined together, one's health will improve dramatically after a few months.

건강을 유지하는 가장 좋은 방법은 건강한 식생활과 규칙적으로 운동을 하는 것입니다. 적당한 양의 영양분을 소비하고 튼튼한 근육을 가지는 것은 매우 중요합니다. 이 두 가지 방법들이 병행되면 개인의 건강은 몇 달 뒤에 매우 좋아질 것입니다.

◼▬● on a regular basis 정기적으로 nutrient 영양이 되는 *pl.* 영양분

Why do people live longer now?

요즘에 사람들이 더 오래 사는 이유는 무엇입니까?

- ● Brainstorming Note

  주제: 수명 연장의 원인
  세부 사항: I. 약품과 의료기술의 발달   2. 의료기술로 인한 수명 연장의 예
  관련 어휘: development of medicine / medical technology / breast cancer /
  healthier and longer lives

Personal Answer

Model Answer

People live longer now because of the development of medicines and medical technology. In the past, there used to be many diseases that were incurable, but over many decades, scientists and doctors have developed new knowledge to treat them. For example, about a decade ago, a person with breast cancer was most likely to die of it because the medical technology wasn't developed enough to cure it. However, nowadays, most cases of breast cancer can be cured if it is detected early. That's why people live healthier and longer lives these days.

사람들은 약품과 의료기술의 발달로 이제 더 오래 삽니다. 과거에는 치료될 수 없는 많은 질병들이 있었습니다. 그러나 수십 년간 과학자들과 의사들은 그들을 치료하기 위해 새로운 지식을 개발했습니다. 예를 들어, 약 10년 전에는 유방암에 걸린 사람들이 의료기술이 충분히 발달되지 않았기 때문에 죽을 가능성이 높았습니다. 그러나 요즘은 유방암이 초기에 발견되면 대부분 치료될 수 있습니다. 그것이 이제 사람들이 더 건강하고 긴 삶을 사는 이유입니다.

incurable 치료될 수 없는 decade 10년 treat 치료하다 breast cancer 유방암 cure 치료하다 detect 발견하다

Practice Test

Question 5

Do you think healthcare facilities in your country, such as hospitals, need to be improved?

당신의 나라에서 병원과 같은 의료 시설들이 향상될 필요가 있습니까?

● Brainstorming Note

주제: 의료 시설 향상의 필요성
세부 사항: 1. 의료 시설 개선의 대상   2. 서구 의료 시설과의 차이
관련 어휘: healthcare facilities / hygienic / disposable plastic cover /
thermometer

Personal Answer

Model Answer

Well, I think that the healthcare facilities in my country are now much better than in the past, but I have noticed that they still have a long way to go. One reason is that they are not as hygienic as American hospitals when it comes to providing bed sheets and blankets. In addition, I was shocked to see that nurses kept using just one disposable plastic cover on thermometers when measuring patients' temperature. I think that Korean healthcare facilities should be aware that hygiene is the most important thing for people, especially for sick ones.

우리나라에서 병원과 같은 의료 시설물들이 과거보다 더 나아졌습니다. 하지만 여전히 개선되어야 할 것들이 많이 남아 있습니다. 그 이유는 침대보와 이불을 제공하는 것과 관련해서 미국 병원만큼 위생적이지 않습니다. 게다가 간호사들이 환자의 체온을 잴 때 온도계의 일회용 플라스틱 커버 한 개를 계속 사용하는 것을 보고 충격을 받았습니다. 한국의 의료계에서 위생이 환자들에게 가장 중요한 것이라는 것을 깨달아야 한다고 생각합니다.

healthcare 의료, 건강관리, 건강관리의 **hygienic** 위생적인 **disposable** 사용 후 버릴 수 있는, 일회용의 **thermometer** 온도계

More Questions

1 What are some differences between watching sports on TV and attending a sporting event?

스포츠를 TV로 시청하는 것과 직접 경기를 관람하는 것의 차이는 무엇입니까?

🔊 **Personal Answer**

2 Is it always important to win at sport? Why, or why not?

스포츠에서 항상 이기는 것이 중요합니까? 왜 그렇습니까? 아니면 왜 그렇지 않습니까?

🔊 **Personal Answer**

3 What is a common disease in your part of the country?

당신이 살고 있는 지역에서 흔한 질병은 무엇입니까?

🔊 **Personal Answer**

4 What is your opinion on euthanasia?

안락사에 대한 당신의 의견은 무엇입니까?

🔊 **Personal Answer**

5 Is being physically fit the same as being healthy?

육체적으로 튼튼한 것이 건강한 것과 같습니까?

🔊 **Personal Answer**

🔊 **attend** 출석하다 **euthanasia** 안락사

Check Vocabularies & Phrases

- athletic (운동) 경기의, (체격이) 스포츠맨다운, 강건한
- in shape (건강이) 호조로
- sprinter (단거리) 달리기 선수
- Pilates 필라테스《독일 사람 요제프 필라테스가 고안한 운동방법》
- somewhat 다소, 약간
- colleague 직장동료
- once in a while 이따금, 때때로
- competition 경기, 시합, 경쟁
- thrilling 스릴 만점의, 떨리는
- root for (팀 등을) 응원하다, 성원하다
- professional player 프로 선수
- be occupied with 바쁘다, ~에 얽매이다
- buddy 동료, 친구
- court 경기장, 법원, 법정, 안마당
- conscious 의식하고 있는, 깨닫고 있는
- watch out 위험하다, (명령형으로) 조심해!
- to be honest with you 솔직히 말하면
- membership 회원증
- catch a cold 감기 들다, 감기 걸리다
- gym 체육관
- hassle 성가신 일, 혼란
- keep fit 건강을 유지하다
- at the moment 현재, 바로 지금, 당장에는
- excuse 변명, 해명, 용서하다, 면제하다
- get off 퇴근하다, 일을 마치다
- fatigued 지친
- keep up 유지하다, 지속하다

- elementary 기본의, 초등 교육[학교]의
- pick up 알게 되다, 익히다
- sweat n. 땀 v. 땀을 흘리다
- catch up with 쫓아가다, 따라잡다
- quit ~ing 끊다
- diagnose 진단하다
- lung cancer 폐암
- grieve for 몹시 슬퍼하다, 마음 아파하다
- accident 사고
- severe 심한
- lower back pain 허리 통증
- physical therapist 물리치료사
- rehabilitate 회복하다
- strength 힘, 체력
- temporary 일시적인, 임시의
- gradually 차차, 점점
- as good as new 새것 같은, 새것처럼
- gather up 한데 모으다
- on a regular basis 정기적으로
- nutrient 영양이 되는 pl. 영양분
- incurable 치료될 수 없는
- decade 10년
- treat 치료하다
- breast cancer 유방암
- cure 치료하다
- detect 발견하다
- healthcare 의료, 건강관리, 건강관리의
- hygienic 위생적인

- [ ] **disposable** 사용 후 버릴 수 있는, 일회용의
- [ ] **thermometer** 온도계
- [ ] **attend** 출석하다
- [ ] **euthanasia** 안락사

Chapter 15

TV / Movies

Chapter 15에 나오는 Part별 질문 미리보기

•Part 1   Questions

1. Do you like watching TV or movies?
2. What kind of films do you enjoy?
3. Which one do you prefer, cinema or theater?
4. Are western movies popular in your country?
5. What is the most popular form of public entertainment in your country?

•Part 2   Topic Cards

1. Describe a TV program you like watching.
   You should say:
   who produced it
   how often you watch it
   what you can get from it
   and why you like this program.

2. Describe an actor or actress in a film who has impressed you.
   You should say:
   when you watched the film
   what role this person plays in the film
   what the film is about
   And why you find this person impressive.

•Part 3   Questions

1. Do you think there is too much violence in films? Do you think such portrayals are harmful to anyone?
2. Do you think there should be a limit on the time that children spend watching television? Why, or why not?
3. What is your opinion on unauthorized sales of CD's or DVD's?
4. How has television in your country changed in recent years?
5. Why has television become one of the most powerful media today?

Say it in English

01 저는 재미있는 프로그램들이 많이 있어 때문에 집에서 많은 시간을 TV를 시청하면서 보냅니다.

I _____ many hours watching TV at _____ because there are many ___ programs.

02 저는 실컷 울고 나면 기분이 좋아지기 때문에 슬픈 사랑에 관한 이야기들을 시청하는 것을 꺼리지 않습니다.

I don't _____ watching sad love stories sometimes because it ____ really good after _____.

03 영화를 더 재미있게 만들기 위해서 많은 다른 효과 장치들이 사용됩니다.

A lot of different _____ are used in movies to make them more _____.

04 연극이나 뮤지컬을 보는 것보다 영화를 시청하는 것이 돈이 덜 듭니다.

It is _____ to watch a movie ____ to watch a play or a musical.

05 우리나라에서 연극공연의 비용이 영화보다 거의 10배나 비싸게 듭니다.

The ____ of theater art is nearly 10 _____ more than the cinema in my country.

06 그들은 우리문화가 최고라고 언급하고 또한 사람들은 그것들을 시청하면서 공감할 수도 있습니다.

They _____ our culture the best and people can feel _____ while watching them.

07 우리나라의 사람들이 점점 서양문화를 더 많이 접하고 있습니다.

People in my country are _____ more and more open to Western _____.

08 우리나라에서 가장 흔한 형태의 대중 공연은 영화입니다.

The most popular ____ of public _____ in my country is movies.

09 우리가 빠르게 발전하고 있는 사회에 살고 있기 때문에 최신의 소식들을 아는 것이 중요합니다.

It is important to know the _____ issues because we live in a ___ developing society.

10 이 프로그램이 다른 것처럼 폭력성을 띠고 있지 않기 때문에 저는 이 프로그램을 좋아합니다.

I like this program _____ it is not as _____ as other programs these days.

11 그녀가 이 영화에서 주연입니다.

She is the ____ character in this _____.

12 저는 그렇게 훌륭한 솜씨를 보여준 톰이 매우 인상적이었습니다.

I find Tom very _____ for giving such a wonderful _____.

13 저는 정신 박약아로 행동하는 것이 얼마나 어려운지 상상할 수 없습니다.

I cannot _____ how hard it is to act as a mentally _____ person.

14 폭력영화들이 성인들뿐만 아니라 젊은이들에게도 해로울 수 있습니다.

Violent movies are not only _____ to adults, ____ also extremely harmful to youngsters.

15 아이들은 <u>스스로</u> 옳은 결정을 내릴 수 없습니다.

Children cannot _____ right _____ for themselves.

16 TV를 너무 많이 시청하는 것은 그들의 학교 수업에 대한 집중을 방해할 수 있습니다.

Watching too much TV will _____ them lose focus on their _____.

17 아이들은 짧은 기간의 일정한 시간 동안에만 TV를 시청하도록 허락되어야 합니다.

Children should only be _____ to watch TV at a certain time for a _____ period.

18 우리나라에서 TV가 여러 가지로 많은 규제를 받아 왔습니다.

_____ in my country used to be very _____ in many ways.

19 TV가 오늘날 가장 영향력 있는 미디어 중의 하나가 되었습니다. 왜냐하면 모든 사람들이 TV에 다가가기 쉽기 때문입니다.

The television has _____ one of the most powerful _____ today because it is easy for everyone to have _____ to a TV.

20 그것이 그들로 하여금 정보를 빨리 그리고 정확하게 받을 수 있게 해줍니다.

It _____ them to receive information quickly and _____.

Answer

01	spend, home, fun	11	main, movie
02	mind, feels, crying	12	impressive, performance
03	effects, exciting	13	imagine, handicapped
04	cheaper, than	14	harmful, but
05	cost, times	15	make, decisions
06	describe, sympathetic	16	make, schoolwork
07	becoming, culture	17	allowed, short
08	form, entertainment	18	Television, restricted
09	current, fast	19	become, media, access
10	because, violent	20	enables, accurately

Speak up-step1

■ 인칭 변화가 가능한 경우와 인칭 변화가 가능하지 않은 경우의 각각의 연습 순서대로 말해보세요.

1. 인칭 변화가 가능한 경우: 다음의 인칭 변화 순서대로 연습하는 것이 효과적입니다.

━● 5단계 인칭 변화 연습 순서

Statement	Question	No Answer	Yes Answer
(1) you	(1) you	(1) I	(1) I
(2) he	(2) he	(2) he	(2) he
(3) we ▶▶	(3) we ▶▶	(3) we ▶▶	(3) we
(4) she	(4) she	(4) she	(4) she
(5) they	(5) they	(5) they	(5) they

▶ 주의 1 지금부터 나오는 문장은 반드시 큰 소리로 읽어주세요.

▶ 주의 2 아래의 문장들은 빈칸 채워 넣기의 연습이 아니고 바로 입으로 말할 수 있게 하는 스피킹 연습이므로 머뭇거림 없이 말할 수 있을 때까지 연습해야 합니다.

• 밑줄친 부분을 5단계 인칭 변화에 따라 바꾸어 주세요.

Ex 1. I don't mind watching sad love stories.

Statement(평서문)

(1) you   You don't mind watching sad love stories.

(2) he   He doesn't mind watching sad love stories.

(3) we   We _____ .

(4) she   She _____ .

(5) they   They _____ .

Question(의문문)

(1) you   Do you mind watching sad love stories?

(2) he   Does he mind watching sad love stories?

(3) we   _____ ?

(4) she   _____ ?

(5) they   _____ ?

No Answer (부정문)

(1) I No, I don't mind watching sad love stories.

(2) he No, _____ .

(3) we No, _____ .

(4) she No, _____ .

(5) they No, _____ .

Yes Answer (긍정문)

(1) I Yes, I mind watching sad love stories.

(2) he Yes, _____ .

(3) we Yes, _____ .

(4) she Yes, _____ .

(5) they Yes, _____ .

2. 인칭 변화가 가능하지 않은 경우: 다음의 순서대로 연습해주세요.

Statement ▶▶ Question ▶▶ No Answer ▶▶ Yes Answer

Ex 2. It is cheaper to watch a movie than to watch a play.

Statement (평서문)

It is cheaper to watch a movie than to watch a play.

Question (의문문)

Is it cheaper to watch a movie than to watch a play?

No Answer (부정문)

No, it isn't cheaper to watch a movie than to watch a play.

Yes Answer (긍정문)

Yes, it is cheaper to watch a movie than to watch a play.

Warm-up

■ 밑줄이 있는 문장들은 아래 인칭 변화가 가능한 경우의 5단계 인칭 변화 연습 순서를 따라 하시고 밑줄이 없는 문장은 인칭 변화가 가능하지 않은 경우의 연습 순서대로 하세요.

1. 인칭 변화가 가능한 경우

● 5단계 인칭 변화 연습 순서

Statement	Question	No Answer	Yes Answer
(1) you	(1) you	(1) I	(1) I
(2) he	(2) he	(2) he	(2) he
(3) we ▶▶	(3) we ▶▶	(3) we ▶▶	(3) we
(4) she	(4) she	(4) she	(4) she
(5) they	(5) they	(5) they	(5) they

2. 인칭 변화가 가능하지 않은 경우

Statement ▶▶	Question ▶▶	No Answer ▶▶	Yes Answer

▶주의 1 큰 소리로 읽어 주세요.
▶주의 2 첫 문장을 먼저 외우고 나서 그 다음부터는 문장을 보지 말아야 합니다.
▶주의 3 외워진 문장을 위의 문장 변화 연습 순서만 보고 말할 수 있어야 합니다.

• 밑줄 친 부분의 단어는 인칭 변화가 가능합니다.

01 I spend many hours watching TV at home because there are many fun programs.

02 I don't mind watching sad love stories.

03 A lot of different effects are used in movies to make them more exciting.

04 It is cheaper to watch a movie than to watch a play.

05 The cost of theater art is 10 times more than the cinema in my country.

06 I can feel sympathetic with the movie.

07 I am becoming more and more open to Western culture.

08 The most popular form of public entertainment in my country is movies.

09 It is important to know the current issues because we live in a fast developing society.

10 This program is not as violent as other programs these days.

11 She is the main character in this movie.

12 I find him very impressive for giving such a wonderful performance.

13 I cannot imagine how hard it is to act as a mentally handicapped person.

14 Violent movies are harmful to youngsters.

15 I cannot make right decisions for myself.

16 Watching too much TV will make them lose focus on their schoolwork.

17 Children should be allowed to watch TV at a certain time.

18 Television in my country used to be very restricted in many ways.

19 It is easy for everyone to have access to a TV.

20 It enables them to receive information quickly and accurately.

● 정답은 www.nexusbook.com에서 확인하실 수 있습니다.

 *Practice Test*

Part 1

Question 1

Do you like watching TV or movies?

TV나 영화 보는 것을 좋아합니까?

▬▬ Personal Answer

▬▬ Standard Answer

Yes, I like watching TV or movies. I spend many hours watching TV at home because there are many fun programs. I like watching about 3 serial dramas and the news everyday, and it is a long time to be spending in front of TV.

예, 저는 TV나 영화 보는 것을 좋아합니다. 재미있는 프로그램들이 많이 있기 때문에 저는 집에서 TV를 보면서 많은 시간을 보냅니다. 하루에 거의 세 개의 드라마와 뉴스를 보는데 TV 앞에서 보내기에는 많은 시간입니다.

▬▬ Advanced Answer

Yes, I do. I especially like going to the movie theater to enjoy science fiction movies or actions movies because the sound system is much better there, which makes the movies more alive and exciting. I usually go to see a movie on weekends, but when there is an interesting new release, I go after work.

네, 좋아합니다. 특별히 저는 공상 과학영화나 액션영화를 즐기기 위하여 영화관에 가는 것을 좋아하는데 그 이유는 그런 곳의 음향시설이 훨씬 더 좋아서 영화가 생생하고 흥미롭기 때문입니다. 저는 보통 주말에 영화를 보러 가지만 흥미로운 최신영화가 나오면 일을 마친 후에도 보러 갑니다.

▬▬ serial drama 연속 드라마 new release 최신영화

Question 2

What kind of films do you enjoy?

어떤 종류의 영화를 좋아합니까?

▬▭ Personal Answer

▬▶ Standard Answer

I only like mystery movies because they have unexpected events or endings. I like it when a movie has a twisted ending. Mystery movies make me excited throughout the entire movie.

저는 미스터리영화를 좋아하는데 그 이유는 미스터리영화들은 예기치 않은 사건들이나 결말이 있기 때문입니다. 미스터리영화는 보는 내내 저를 흥분하게 만듭니다.

▬▶ Advanced Answer

I enjoy romantic movies, just like other women do. My boyfriend says that romantic movies are cheesy, but I don't care. I think it helps me to relieve stress by making me feel more emotional. I like watching romantic comedies, but I don't mind watching sad love stories sometimes because it feels really good after crying.

다른 여성들처럼 저도 낭만적인 영화를 좋아합니다. 제 남자친구는 로맨스영화는 유치하다고 하지만 저는 상관없습니다. 로맨스영화는 저를 더 감정적이게 하기 때문에 제가 긴장을 푸는데 도움이 되는 것 같습니다. 저는 로맨틱 코미디를 보는 것을 좋아하지만 가끔은 슬픈 러브 스토리를 보는 것도 나쁘지 않은데 그 이유는 실컷 울고 난 후에는 기분이 좋아지기 때문입니다.

▬● unexpected 예상하지 않은 twisted 구부러진, 비뚤어진, 왜곡된 cheesy 치즈와 같은, 저질의, 유치한 emotional 감정적인

Question 3

Which one do you prefer, cinema or theater?

영화와 연극 중 어떤 것을 선호합니까?

🔊 **Personal Answer**

🔊 **Standard Answer**

I prefer theatre better because it is a live performance. Movies are great, but a lot of different effects are used in movies to make them more exciting. On the other hand, plays or musicals focus on the good performance of actors and actresses, as well as the art work of the stage. I see theater as a true form of art, and that's why I prefer theater.

저는 연극을 선호하는데 그 이유는 연극이 실제 공연이기 때문입니다. 영화는 매우 흥미롭습니다. 하지만 영화를 흥미롭게 하기 위해서 많은 효과들이 사용됩니다. 반면에 연극이나 뮤지컬은 배우들의 명연기와 무대예술에 초점을 맞춥니다. 저는 연극이 진정한 예술이라고 생각하기 때문에 그것을 선호합니다.

🔊 **Advanced Answer**

I prefer cinema because it is cheaper to watch a movie than to watch a play or a musical. The cost of theater art is nearly 10 times more than cinema in my country, so many people cannot enjoy it often. I have only been to a musical once, and I admit that it was amazing, but it's a luxury that I can not dream of having at this time of my life.

저는 영화를 더 좋아하는데 그 이유는 영화를 보는 것이 연극이나 뮤지컬을 보는 것보다 더 저렴하기 때문입니다. 우리나라에서 연극예술의 가격은 영화보다 거의 10배에 가깝기 때문에 많은 사람들이 자주 즐길 수는 없습니다. 저는 딱 한번 뮤지컬을 봤는데 정말 대단했다는 것을 인정하지만 뮤지컬은 현재의 제 삶에서는 꿈도 꿀 수 없는 사치입니다.

🔊 performance 연기, 상연, 성과 effect 효과 stage 무대 admit 인정하다 luxury 사치

Are western movies popular in your country?

당신의 나라에서는 서양영화의 인기가 높습니까?

Personal Answer

Standard Answer

Well, they are popular, but Koreans still prefer Korean movies. They describe our culture the best and people can feel sympathetic while watching them.

음, 서양영화는 인기가 높지만 한국인들은 여전히 한국영화를 선호합니다. 한국영화는 우리의 문화를 가장 잘 표현하기 때문에 사람들이 영화를 보는 동안 공감할 수 있습니다.

Advanced Answer

Yes. The most popular western movies are Hollywood movies, which are probably the most favored movies among people from all over the world. People in my country are becoming more and more open to western culture, and they are adapting imported things very fast. Many movies directors in my country get ideas from famous western movies, and nowadays, there are many local movies with better stories and scenes.

네. 가장 인기가 많은 서양영화는 전 세계의 사람들에게 사랑을 받고 있는 할리우드영화입니다. 우리나라 사람들은 점점 더 서양문화를 쉽게 받아들이고 빠른 속도로 수입품들에 적응하고 있습니다. 우리나라의 많은 영화감독들은 유명한 서양영화들에서 아이디어를 얻으며, 요즘은 더 나은 구상과 장면으로 구성된 한국영화들이 많이 있습니다.

sympathetic 공감을 나타내는, 마음에 드는 favored 호의를 사고 있는 adapt 적응시키다 imported 수입된 scene 장면

Practice Test

Question 5

What is the most popular form of public entertainment in your country?

당신의 나라에서 가장 인기 있는 대중 오락의 종류는 무엇입니까?

Personal Answer

Standard Answer

The most popular public entertainment is concerts. Many young and old people like going to a concert of their favorite singer. They like it because they can listen to their favorite music, see their favorite singer, and also sing along with the singer and relieve stress.

가장 인기 있는 대중 오락은 콘서트입니다. 많은 젊은이들과 연세 드신 분들은 그들이 좋아하는 가수의 콘서트에 가는 것을 좋아합니다. 콘서트를 좋아하는 이유는 그들이 가장 좋아하는 음악을 들을 수 있고, 좋아하는 가수를 볼 수 있으며, 또한 가수와 함께 노래를 부르면서 스트레스를 해소할 수 있기 때문입니다.

━● Advanced Answer

The most popular form of public entertainment in my country is movies. It is especially popular among young people because it is a good form of entertainment that they can enjoy with their boyfriend or girlfriend. Older couples like going to movies as well because they can enjoy the movie with their children.

우리나라에서 가장 인기 있는 대중 오락은 영화입니다. 영화는 특별히 젊은이들 사이에서 인기가 높은데 왜냐하면 영화는 그들이 남자친구나 여자친구와 함께 즐길 수 있는 오락의 형태이기 때문입니다. 조금 더 나이가 있는 커플들도 그들의 자녀들과 함께 영화를 볼 수 있기 때문에 영화 보는 것을 좋아합니다.

━● relieve 경감하다, 덜다 public entertainment 대중 오락

::: *Practice Test*

Part 2

Topic Card 1

Describe a TV program you like watching.

당신이 시청하기 좋아하는 TV 프로그램을 묘사하세요.

You should say:

who produced it
누가 그것을 만들었는지

how often you watch it
얼마나 자주 그것을 시청하는지

what you can get from it
그것으로부터 무엇을 배우는지

and why you like this program.
왜 이 프로그램을 좋아하는지

━━◑ Personal Answer

_____

_____

_____

_____

━━● Standard Answer

I like watching news on the TV because I can learn what is happening in the world. It is important to know about current issues because we live in a fast developing society. I watch the news everyday to obtain information on traffic, weather, economy, or social issues. I like watching the news because it makes me knowledgeable.

저는 TV에서 뉴스를 시청하는 것을 좋아하는데 세상에서 어떤 일이 일어나는지를 알 수 있기 때문입니다. 빠르게 변화하는 사회에 살고 있기 때문에 최신의 이슈들을 알고 있는 것이 중요합니다. 저는 교통, 날씨, 경제, 또는 사회적인 이슈들에 관한 정보들을 얻기 위해 매일 뉴스를 시청합니다. 뉴스가 저를 지식인으로 만들어 주기 때문에 저는 뉴스를 시청하는 것을 좋아합니다.

I like watching a program called Sponge produced by KBS. It is shown every Saturday at 6:45. I don't get to watch it when it's on the air because I have quite a busy schedule, but I always make sure that I watch the reruns on weekdays. I can get a lot of information from this program because the presenters experiment on things I am curious about or on unknown phenomena. I like this program because it is not as violent as other programs these days and it is quite educational.

저는 KBS에서 제작하는 스폰지라고 불리는 프로그램을 시청하는 것을 좋아합니다. 그것은 매주 토요일 6시 45분에 방영됩니다. 제가 아주 바쁜 스케줄을 가지고 있어서 그것이 방영될 때 시청할 수는 없지만, 주중에 재방송을 꼭 봅니다. 이 프로그램으로부터 많은 정보를 얻을 수 있는데 왜냐하면 이 프로그램에 나오는 사람들이 제가 궁금해 하는 것들 또는 잘 알려져 있지 않는 현상들에 대해 실험을 하기 때문입니다. 저는 이 프로그램이 다른 프로그램들처럼 폭력적이지 않고 매우 교육적이기 때문에 좋아합니다.

current 현재의 **knowledgable** 지식 있는, 총명한 **rerun** 재상영하다, 재방송하다, 재방송 **presenter** 앵커, 뉴스캐스터, 제출자 **phenomena** 현상, 사건(=phenomenon의 복수)

Practice Test

Topic Card 2

Describe an actor or actress in a film who has impressed you.

당신을 감동시킨 영화배우를 묘사하세요.

You should say:

when you watched the film
언제 그 영화를 보았는지

what role this person plays in the film
영화에서 그 사람이 어떤 역할을 하는지

what the film is about
그 영화가 무엇에 관한 것인지

and why you find this person impressive.
왜 당신은 이 사람이 감동적이라고 생각하는지

▬ Personal Answer

_____

_____

_____

_____

_____

▬ Standard Answer

I liked watching Julia Roberts in "My Best Friend's Wedding." I watched it when I was in college. It is a movie about a woman and her best male friend. This woman gets a call one day from this friend saying that he is getting married. She feels jealous, and tries to ruin his wedding. In the end, she realizes that her behavior was stupid, and she wishes her best friend and his bride the very best. Julia Roberts is the main character in this movie and I like her because her acting was very good as usual and there were many lines that were very funny.

저는 '내 친구의 결혼식'이라는 영화에서 줄리아 로버츠의 연기를 보는 것이 좋았습니다. 제가 대학생이었을 때 그것을 보았는데 한 여자와 가장 친한 남자 친구에 관한 영화였습니다. 이 여자가 하루는 친구로부터 그가 결혼한다는 전화를 받습니다. 이 여자는 질투를 하게 되고 친구의 결혼식을 망치려고 합니다. 결국 여자는 그녀의 행동이 바보 같았다는 것을 깨닫고 두 사람이 잘 되기를 바라게 됩니다. 줄리아 로버츠가 이 영화에서 주연이었습니다. 그녀의 연기는 여느 때와 같이 훌륭해서 좋았고 재미있는 대사들이 많이 있었습니다.

Advanced Answer

I watched a movie called "Forrest Gump" when I was in high school because my friend recommended it to me. The movie is about a man named Forrest whose IQ is 75. Tom Hanks plays this mentally handicapped person who receives endless love from his mother, and he, in turn, shows endless love toward another woman. Throughout the movie, I felt sympathetic toward this diligent and innocent character. Hanks was impressive because he gave such a wonderful performance. I can not imagine how hard it was to act as a mentally handicapped person.

저는 제 친구가 추천해준 '포리스트 검프'라는 영화를 고등학교 때 보게 되었습니다. 이 영화는 IQ가 75였던 포리스트라고 불리는 한 정신지체 장애우에 관한 영화였습니다. 톰 행크스가 이 장애우 역할을 맡았는데 그의 어머니로부터 무한한 사랑을 받는 그가 또 다른 여성에게 무한한 사랑을 보여주게 됩니다. 영화에서 저는 이 부지런하고 순수한 캐릭터에 연민을 느끼게 되었습니다. 행크스는 좋은 연기로 감명을 주었습니다. 정신지체 장애우를 연기하는 것이 얼마나 어려운지 상상조차 되지 않습니다.

jealous 질투가 많은, 시샘하는 ruin 못쓰게 만들다, 망치다 wish someone the best ~에게 행운을 빌다 as usual 여느 때와 같이 lines 대사 mentally handicapped 정신장애의 endless 끝없는, 무한한 in turn 이번에는, 이번에는 자기가 innocent 순진한, 천진난만한 impressive 감명을 주는, 감동적인

 Part 3

Question 1

Do you think there is too much violence in films? Do you think such portrayals are harmful to anyone?

영화에 너무 많은 폭력이 있다고 생각합니까? 그런 폭력 장면이 사람들에게 해를 끼친다고 생각합니까?

● Brainstorming Note

주제: 영화에 있는 폭력적인 요소에 대한 견해
세부 사항: 1. 폭력물 증가의 이유   2. 폭력물이 미성년자에게 끼치는 영향
관련 어휘: violent movies / addictive / immune to the violence / harmful to
youngsters

▬◘ Personal Answer

▬◘ Model Answer

Yes. Moviemakers these days focus on making box office hits, and they include many scenes that are too violent for viewers. I think that violent movies are addictive just like spicy food, so the more the viewers are exposed to the violent movies, the more they become immune to the violence. This makes them want to see even more violent movies that can stimulate their brains. Violent movies are not only harmful to adults, but also extremely harmful to youngsters because such movies brainwash them.

예. 요즘에는 영화 제작자들이 큰 흥행물을 만드는데 전념하여 시청자들이 보기에 너무 폭력적인 장면들을 많이 포함시킵니다. 폭력물은 매운 음식처럼 중독성이 있어서 폭력물에 더 많이 노출되면 될수록 폭력에 대해 무감각해지게 됩니다. 이것은 시청자들로 하여금 뇌를 자극하는 더 심한 폭력 영화들을 보고 싶게 만듭니다. 폭력물은 성인들뿐만 아니라 아이들에게도 매우 해로운데 그런 영화들이 아이들을 세뇌시키기 때문입니다.

---

violence 폭력 portrayal 연기, 초상, 묘사 box office hit 흥행 addictive 중독성의 be exposed to 노출되다 immune to 면역성 있는 stimulate 자극하다 youngster 젊은이, 어린이, 소년 brainwash n. 세뇌 v. 세뇌하다

Question 2

Do you think there should be a limit on the time that children spend watching television? Why, or why not?

아이들이 TV를 시청하는 시간을 제한해야 한다고 생각합니까? 왜 그렇게 혹은 그렇지 않게 생각합니까?

● **Brainstorming Note**

주제: 청소년들의 TV 시청 시간 제한에 관한 의견
세부 사항: 1. 부적합한 TV 프로그램에 관한 현실   2. 학업에 미치는 영향과 대안
관련 어휘: right decision / not suitable / distract from schoolwork /
            educational programs

▬▭ **Personal Answer**

▬● **Model Answer**

Definitely, because children cannot make the right decision for themselves. There are many TV programs that are not suitable for children such as adult programs, violent movies, or crime documentaries with vivid detail. In addition, watching too much TV will distract them from schoolwork. Therefore, children should only be allowed to watch TV at a certain time for a short period when there are educational programs available for them.

예, 아이들은 스스로 옳은 결정을 내릴 수 없기 때문에 아이들의 TV 시청 시간을 제한해야 합니다. 성인물, 폭력 영화, 또는 생생한 내용을 담고 있는 범죄물 등 아이들에게 적합하지 않은 TV 프로그램들이 많이 있습니다. 게다가 TV로 인해 아이들이 학교 공부를 게을리할 수 있습니다. 아이들은 교육 프로그램이 있는 일정한 시간에만 짧게 TV를 시청하도록 허락되어야 합니다.

▬▬ suitable 적당한, 어울리는 vivid 생생한, 선명한 distract 흐트러뜨리다, 혼란시키다

Practice Test

Question 3

What is your opinion on unauthorized sales of CD's or DVD's?

불법적인 CD 또는 DVD의 판매에 관한 당신의 의견은 무엇입니까?

● **Brainstorming Note**

주제: 불법 저작물 복제에 관한 당신의 의견
세부 사항: 1. 저작권 침해에 관한 내용   2. 저작권 관련 규제 강화의 이유
관련 어휘: unauthorized sales / restricted / pirating / better movies

---

◼◻ **Personal Answer**

◼◻ **Model Answer**

I strongly think that the unauthorized sales of CD's or DVD's should be restricted because such acts are called pirating. I am a DVD collector, and I have to admit that it costs a lot of money to buy DVD's, but the money I spend on buying DVDs allows moviemakers to make even better movies.

불법적인 CD 또는 DVD의 판매가 규제되어야 하는데 왜냐하면 그런 행위가 저작권 침해이기 때문입니다. 저는 DVD 수집가이고, DVD를 사는데 많은 돈이 드는 것이 사실이지만 DVD를 사는데 들어가는 돈은 영화 제작자들이 더 좋은 영화를 만들게 해줍니다.

◼◻ **unauthorized** 권한이 없는 **restrict** 제한하다 **pirate** 표절하다, 저작권을 침해하다

How has television in your country changed in recent years?

당신의 나라에서 TV가 최근에 어떻게 변해 왔습니까?

● Brainstorming Note

주제: 최근 TV 프로그램의 변화
세부 사항: 1. 과거 TV 프로그램의 제약   2. 다양한 TV 프로그램의 출현
관련 어휘: restricted / censored / wide variety of programs / influence of
western culture

▬▭ Personal Answer

▬● Model Answer

In the past, television in my country used to be very restricted in many ways. There were only a few programs available to viewers. Programs, songs, and even the news were all highly censored. However, nowadays, there are now a wide variety of programs viewers can choose from, and they are very open due to the influence of western culture.

과거에 TV는 여러 면에서 많은 제한을 받아 왔습니다. 시청자들이 볼 수 있는 프로그램이 한정적이었습니다. 프로그램, 노래들, 심지어 뉴스조차 모두 엄격한 검열을 받아 왔습니다. 그러나 요즘에는 시청자들이 고를 수 있는 다양한 프로그램들이 있고, 그것들은 서양문화의 영향으로 매우 열려 있는 편입니다.

▬● censor 검열하다, 검열하여 삭제하다 due to ~ 때문에, ~로 인해 influence 영향

Practice Test

Question 5

Why has television become one of the most powerful media today?

TV가 요즘 왜 가장 영향력있는 미디어가 되었습니까?

• **Brainstorming Note**

주제: TV가 영향력 있는 이유
세부 사항: 1. TV의 대중성으로 인한 결과   2. TV 선호의 시각적인 요소
관련 어휘: most powerful media / visual / acoustic / prefer the TV

Personal Answer

_____

_____

_____

Model Answer

In my opinion, television has become one of the most powerful media sources today because everyone has access to a TV. Each household has at least one TV now, and that enables them to receive information quickly. In addition, television is visual, as well as acoustic, so people prefer the TV to radio or newspapers.

TV가 요즘 가장 강력한 미디어가 된 이유는 모든 사람들이 TV를 쉽게 접할 수 있기 때문이라고 생각합니다. 모든 가정에서 적어도 한 대의 TV를 가지고 있는데 그것이 정보를 빨리 얻을 수 있게 해 줍니다. 게다가 TV가 음향뿐만 아니라 시각적인 요소를 담고 있어서 사람들이 라디오나 신문보다 TV를 선호합니다.

household 가족, 세대 **enable** ~할 수 있게 하다, 가능하게 하다 **visual** 시각적인 **acoustic** 청각의

More Questions

1 Is film a useful medium for education? What sort of things can be usefully taught by film?

영화가 교육에 유용한 도구입니까? 영화로 어떤 것들이 유용하게 가르쳐질 수 있을까요?

━● Personal Answer

2 Evaluate the influence of violent films on young people.

폭력영화가 젊은이들에게 미치는 영향을 평가하세요.

━● Personal Answer

3 What is the reasoning behind censorship?

검열의 이유는 무엇입니까?

━● Personal Answer

4 What are the advantages and disadvantages of making films of real-life events?

실화를 바탕으로 만들어진 영화의 장단점은 무엇입니까?

━● Personal Answer

5 What do you think makes a good film?

좋은 영화를 만들어 주는 요소는 무엇입니까?

━● Personal Answer

━● **medium** 매체 **evaluate** 평가하다 **reasoning** 추리, 논거, 증명, 이론 **censorship** 검열, 검열제도

Check Vocabularies & Phrases

- serial drama 연속 드라마
- new release 최신영화
- unexpected 예상하지 않은
- twisted 구부러진, 비뚤어진, 왜곡된
- cheesy 치즈와 같은, 저질의, 유치한
- emotional 감정적인
- performance 연기, 상연, 성과
- effect 효과
- stage 무대
- admit 인정하다
- luxury 사치
- sympathetic 공감을 나타내는, 마음에 드는
- favored 호의를 사고 있는
- adapt 적응시키다
- imported 수입된
- scene 장면
- relieve 경감하다, 덜다
- public entertainment 대중 오락
- current 현재의
- knowledgable 지식 있는, 총명한
- rerun 재상영하다, 재방송하다, 재방송
- presenter 앵커, 뉴스캐스터, 제출자
- phenomena 현상, 사건(=phenomenon의 복수)
- jealous 질투가 많은, 시샘하는
- ruin 못쓰게 만들다, 망치다
- wish someone the best ~에게 행운을 빌다
- as usual 여느 때와 같이
- lines 대사

- mentally handicapped 정신장애의
- endless 끝없는, 무한한
- in turn 이번에는, 이번에는 자기가
- innocent 순진한, 천진 난만한
- impressive 감명을 주는, 감동적인
- violence 폭력
- portrayal 연기, 초상, 묘사
- box office hit 흥행
- addictive 중독성의
- be exposed to 노출되다
- immune to 면역성 있는
- stimulate 자극하다
- youngster 젊은이, 어린이, 소년
- brainwash n. 세뇌 v. 세뇌하다
- suitable 적당한, 어울리는
- vivid 생생한, 선명한
- distract 흐트러뜨리다, 혼란시키다
- unauthorized 권한이 없는
- restrict 제한하다
- pirate 표절하다, 저작권을 침해하다
- censor 검열하다, 검열하여 삭제하다
- due to ~ 때문에, ~로 인해
- influence 영향
- household 가족, 세대
- enable ~할 수 있게 하다, 가능하게 하다
- visual 시각적인
- acoustic 청각의
- medium 매체

□ **evaluate** 평가하다

□ **reasoning** 추리, 논거, 증명, 이론

□ **censorship** 검열, 검열제도

Answers

Speak up-step1 Model Answers
Part 3 More Questions Model Answers

Chapter 1 Personal Information

Warm-up

Speak up- step1 ▶ Model Answers   p.32

Statement

(1) you It is easy for you to remember him by this name.
(2) he   It is easy for him to remember him by this name.
(3) we   It is easy for us to remember him by this name.
(4) she It is easy for her to remember him by this name.
(5) they It is easy for them to remember him by this name.

Question

(1) you Is it easy for you to remember him by this name?
(2) he   Is it easy for him to remember him by this name?
(3) we   Is it easy for us to remember him by this name?
(4) she Is it easy for her to remember him by this name?
(5) they Is it easy for them to remember him by this name?

No Answer

(1) I   No, it isn't easy for me to remember him by this name.
(2) he   No, it isn't easy for him to remember him by this name.
(3) we   No, it isn't easy for us to remember him by this name.
(4) she No, it isn't easy for her to remember him by this name.
(5) they No, it isn't easy for them to remember him by this name.

Yes Answer

(1) I   Yes, it is easy for me to remember him by this name.
(2) he   Yes, it is easy for him to remember him by this name.
(3) we   Yes, it is easy for us to remember him by this name.
(4) she Yes, it is easy for her to remember him by this name.
(5) they Yes, it is easy for them to remember him by this name.

Practice Test-Part 3

More Questions ▶ Model Answers   p.51

Q1 What do you think you are talented in?
당신은 어떤 분야에 재능이 있다고 생각합니까?

A I am talented in only a few things. I took music lessons when I was young, so I can play the piano and the flute well. Also, I majored in design in my university, so I can draw. I have learned what kind of design is good and attractive to people. I think it is better for people to be talented in one or two things, rather than many things. Then they can focus their energies on improving just one skill.

저는 몇 가지에만 재능이 있습니다. 제가 어렸을 때 음악교습을 받았기 때문에 피아노와 플루트를 연주할 줄 압니다. 또한 대학에서 디자인을 전공했기 때문에 그림을 그릴 수 있습니다. 저는 어떤 디자인이 사람들에게 좋고 또한 관심을 끄는지 배웠습니다. 제 생각으로는 사람들이 여러 방면에 소질이 있는 것 보다는 한두 방면에 소질이 있는 것이 더 좋은 것 같습니다. 그러면 그들이 한 가지를 향상시키는 데에 자신들의 힘을 쏟을 수 있습니다.

Q2 How much are you influenced by your friends in terms of personality?
당신은 성격 면에서 친구들의 영향을 얼마나 받고 있습니까?

A My friends influence my personality a lot. I have known my friends since I was an elementary school student. Not only did we hang out in school, but we also went out on the weekends. We copy each other's habits and preferences for food and clothing. My friends also give me advice about my personality.

제 친구들은 제 성격에 큰 영향을 미칩니다. 저는 제 친구들을 초등학교 시절부터 알고 지냈습니다. 우리는 학교에서 함께 놀았을 뿐만 아니라 주말에도 같이 어울렸습니다. 우리는 서로의 습관들이나 음식과 옷에 대한 견해들을 따라 합니다. 또한 제 친구들은 저에게 제 성격에 대하여 조언을 해줍니다.

Q3 Should you change your personality if many people find some aspects of it to be disagreeable?
만약 많은 사람들이 당신 성격의 어떤 면들이 까다롭다고 생각한다면 당신은 기꺼이 당신의 성격을 바꾸겠습니까?

A If someone finds an aspect of my personality to be disagreeable, I have to find out why. Sometimes I make a mistake and may be unaware of I how treat people. In that case, I can try and think more before I speak or do something. It may also be the case that the other person is being unreasonable, so in that case, I would not change my personality.

만약 어떤 사람이 제 성격의 한 면이 마음에 들지 않는다고 느낀다면 저는 왜 그런지를 찾아내야 합니다. 가끔 저는 실수를 하고 제가 사람들에게 어떻게 대하는지 모를 수도 있습니다. 그럴 경우에는 제가 말을 하거나 행동을 하기 전에 좀 더 생각해 볼 수 있습니다. 어쩌다 다른 사람들이 부당할 때도 있는데, 그럴 때는 제 성격을 바꾸지 않을 것입니다.

Q4 Do you believe that people considered eccentric are talented in certain fields?

당신은 기인이라고 생각되는 사람들이 일정한 분야에서 재능이 있다고 생각합니까?

A I think eccentric people can be talented in certain fields. Many great historical figures also had very strange personalities. Isaac Newton, for example, was a brilliant scientist and physicist, but he was also an extremely antisocial person with a very short temper. If someone's eccentricity doesn't overshadow his or her talents, then they can succeed in any field.

제 생각에는 기인들은 특정한 분야에 재능이 있는 것 같습니다. 여러 위대한 역사적 인물들 역시 이상한 성격의 소유자들이었습니다. 예를 들어 아이작 뉴튼은 훌륭한 과학자겸 물리학자였으나 성질이 급한 극심하게 비사교적인 사람이었습니다. 한 사람의 유별남이 자신의 소질을 무색하게 만들지만 않는다면 그는 자신의 분야에서 성공할 수 있습니다.

Q5 Do you plan to have a different family life from that of your parents? What are some changes you would like to make?

당신은 당신의 부모님과 다른 종류의 가족생활을 할 계획입니까? 어떤 변화를 원하고 있습니까?

A In general I think I want to have the same life as my parents. I was raised in a comfortable home and was given the opportunity to have a good education. I want to give my children those same opportunities. There will be some differences in the way I raise them, of course, since my family is of a different generation, but in general it will be similar.

저는 일반적으로 저희 부모님과 같은 삶을 살고 싶습니다. 저는 편안한 가정에서 자랐고 저에게는 좋은 교육을 받을 수 있는 기회가 주어졌습니다. 저는 저의 자녀들에게 그러한 기회를 주고 싶습니다. 물론 우리 가족 모두가 다른 세대의 사람들이기 때문에 제 자녀교육 방식에 다소 다른 점이 있겠지만 일반적으로는 비슷할 것입니다.

●●● **disagreeable** 불쾌한, 마음에 안 드는, 까다로운   **eccentric** 괴벽스러운 사람, 별난 사람

Chapter 2 Family   ●●●

Warm-up

| Speak up- step1 | Model Answers | p.58 |

Statement

(1) you — You live with your family near your brother's house.

(2) he — He lives with his family near his brother's house.

(3) we — We live with our family near our brother's house.

(4) she — She lives with her family near her brother's house.

(5) they — They live with their family near their brother's house.

Question

(1) you — Do you live with your family near your brother's house?

(2) he — Does he live with his family near his brother's house?

(3) we — Do we live with our family near our brother's house?

(4) she — Does she live with her family near her brother's house?

(5) they — Do they live with their family near their brother's house?

No Answer

(1) I — No, I don't live with my family near my brother's house.

(2) he — No, he doesn't live with his family near his brother's house.

(3) we — No, we don't live with our family near our brother's house.

(4) she — No, she doesn't live with her family near her brother's house.

(5) they — No, they don't live with their family near their brother's house.

Yes Answer

(1) I — Yes, I live with my family near my brother's house.

(2) he — Yes, he lives with his family near his brother's house.

(3) we — Yes, we live with our family near our brother's house.

(4) she — Yes, she lives with her family near her brother's house.

(5) they — Yes, they live with their family near their brother's house.

Practice Test-Part 3

| More Questions | Model Answers | p.77 |

Q1 In a family, do you feel that sons are closer to their fathers and daughters to their mothers in general?

보통 가족 중 아들은 아버지와 가깝고 딸은 어머니와 가깝다고 생각합니까?

A I think in the past, it was more common for sons

to feel closer to their fathers and daughters to feel closer to their mothers. Families usually wanted sons to pass on the family line in my country. These days, however, this is not always the case. A son or daughter can be close to both parents.

예전에는 아들은 아버지와 더 가깝다고 느끼고 딸은 어머니와 더 가깝다고 느끼는 것이 더 일반적이었던 것 같습니다. 우리나라에서는 한 가정이 혈통을 이어가기 위해서 아들을 원했습니다. 하지만 요즘에는 항상 그런 것은 아닙니다. 아들이나 딸은 아버지나 어머니 두 분 모두와 가까워질 수 있습니다.

Q2 In your opinion, is it important for a married couple to have children?
결혼한 사람들이 자녀를 갖는 것이 중요하다고 생각합니까?

A For most people who marry it is important to have children. Some couples choose not to have children, though, for a number of reasons. They may be unable to have children, or they don't find it necessary to have them. Couples can also adopt children if they cannot have them on their own.

대부분의 결혼한 사람들이 자녀를 갖는 것은 중요합니다. 하지만 어떤 부부들은 여러 가지 이유로 자녀 갖기를 원하지 않기도 합니다. 그들은 아이를 낳지 못할 수도 있고, 아니면 아이들을 가질 필요가 없다고 느낍니다. 만약 아이를 낳을 수 없다면 입양할 수도 있습니다.

Q3 Is it acceptable for couples to live together before they get married?
커플들이 결혼하기 전에 동거하는 것이 괜찮다고 생각합니까?

A In Korea, it is traditional for young people to live with their parents until they marry. More and more people these days, though, live together before they get married. It is cheaper to live with one's parents, but living with your future spouse can also have advantages. Some people like to try out living together before making a commitment.

한국에서는 젊은이들이 결혼하기 전까지 부모와 사는 것이 전통입니다. 그러나 요즘은 많은 사람들이 결혼하기 전에 동거를 합니다. 부모와 사는 것은 경제적으로 저렴하지만 미래의 배우자와 사는 것도 장점이 있습니다. 어떤 이들은 헌신하기 전에 먼저 같이 살아보는 것을 선호합니다.

Q4 Do you think families with a single parent pose a threat to society?
편부모 가정이 사회에 위협을 준다고 생각합니까?

A I don't think single parent families are a threat to society. They usually form through unfortunate circumstances, which are not their fault. Sometimes a spouse dies of disease or in an accident or they abandon the family. It is best for a child to have two parents, but I don't think single parent families threaten other families.

저는 편부모 가정이 사회에 위협을 준다고 생각하지 않습니다. 편부모 가정은 대부분 자신의 잘못이 아닌 불행한 상황에 의해 발생합니다. 어

떨 때는 배우자 중 한 명이 병이나 사고로 죽거나 아니면 가족을 버립니다. 부모 두 명 다 있는 것이 아이에게 가장 바람직하지만 편부모 가정이 다른 가정에게 위협을 준다고 생각하지는 않습니다.

Q5 How will tomorrow's family be different from the one today?
미래의 가정은 현재의 가정과 어떻게 다를까요?

A The family of the future will largely be the same as the one today. It doesn't matter where they come from or where they live. It will be about love and relationships and trying to do one's best for the children. One change might be that family members move around a lot more than even now. People will move far away from their home to go to school or take the job of their dreams.

미래의 가정은 대부분 현재의 가정과 같을 것입니다. 사람들이 어디에서 오고 어디에 사는지는 중요하지 않습니다. 중요한 것은 사랑과 인간관계이며 자녀들을 위하여 최선을 다하는 것입니다. 한 가지 다른 점이 있다면 가족들이 지금보다 더 많이 이사를 다닐 것입니다. 사람들은 자신들이 꿈꾸어 온 학교나 직장을 다니기 위해 고향에서 먼 곳으로 이사를 할 것입니다.

●●● **acceptable** 받아들일 [수락할 수 있는, 만족스러운, 용인할 수 있는, 무난한, 참을 수 있는   **single parent** 홀어버이, 편친

Chapter 3 Hometown / Neighborhood / Accommodation ●●●

⋮⋮ *Warm-up*

| Speak up- step1 | Model Answers | p.84 |

Statement

(1) you	You grew up seeing the same faces everyday.
(2) he	He grew up seeing the same faces everyday.
(3) we	We grew up seeing the same faces everyday.
(4) she	She grew up seeing the same faces everyday.
(5) they	They grew up seeing the same faces everyday.

Question

(1) you	Did you grow up seeing the same faces everyday?
(2) he	Did he grow up seeing the same faces everyday?
(3) we	Did we grow up seeing the same faces everyday?
(4) she	Did she grow up seeing the same faces everyday?
(5) they	Did they grow up seeing the same faces everyday?

No Answer

(1) I   No, I didn't grow up seeing the same faces everyday.
(2) he   No, he doesn't grow up seeing the same faces everyday.
(3) we   No, we didn't grow up seeing the same faces everyday.
(4) she   No, she doesn't grow up seeing the same faces everyday.
(5) they   No, they didn't grow up seeing the same faces everyday.

Yes Answer

(1) I   Yes, I grew up seeing the same faces everyday.
(2) he   Yes, he grew up seeing the same faces everyday.
(3) we   Yes, we grew up seeing the same faces everyday.
(4) she   Yes, she grew up seeing the same faces everyday.
(5) they   Yes, they grew up seeing the same faces everyday.

⠿ *Practice Test-Part 3*

More Questions ▶ **Model Answers** p.103

Q1 Are you satisfied with your current accommodation?
당신은 지금 살고 있는 주거공간에 대해 만족합니까?

A Yes, I am satisfied with my current accommodation. My apartment building is very clean and in a central location. It has good facilities and services. The management is also very helpful. One bad thing about my accommodation though is the price. The monthly rent is quite expensive and the utility bills are also very high.

네, 저는 지금 제가 살고 있는 주거공간에 대해 만족합니다. 제가 사는 아파트 건물은 매우 깨끗하고 중심부에 자리 잡고 있습니다. 좋은 시설과 서비스도 제공합니다. 경영진들도 매우 친절합니다. 다만 한 가지 나쁜 점이 있다면 집세입니다. 월세가 매우 비싸고 공과금 역시 매우 비쌉니다.

Q2 What do you think of shared accommodation such as having roommates or living in a dormitory?
룸메이트와 같이 사는 것이나 기숙사에서 사는 것 같은 공동 숙박시설에 대해 당신은 어떻게 생각합니까?

A I think shared accommodation can be great if one lives with the right kind of people. Sharing an apartment or dormitory can be a great experience. Living with good friends can be a joyful experience. Sometimes, it can also be very stressful. A person may see qualities in their friend they didn't see before. Also, living with other people who aren't relatives requires special manners, so if one doesn't have those manners, it might cause conflict.

만약 한 사람이 자신과 뜻이 맞는 사람들과 같이 산다면 공동 숙박시설이 아주 훌륭하다고 생각합니다. 친한 친구들과 같이 사는 것은 즐거운 경험이 될 수 있습니다. 하지만 가끔은 스트레스가 될 수도 있습니다. 예전에 보지 못했던 친구들의 성격을 볼 수 있습니다. 또한 친척이 아닌 다른 사람과 산다는 것은 특별한 예의범절이 필요하기 때문에 한 사람이 그러한 예의범절을 모른다면 충돌을 일으킬 수 있습니다.

Q3 How have relationships between neighbors changed in the past decade?
지난 10년간 이웃 간의 관계가 어떻게 변해왔습니까?

A Over time, relationships between neighbors have grown more distant. Neighbors in the past were generally friendlier with each other. These days, if I see my neighbor, I don't bother to say "hello." I think that is more the case in the city, where people live very close together. In the countryside, neighbors probably interact with each other more.

시간이 흐르면서 이웃들 간의 관계는 멀어졌습니다. 과거에 이웃들은 서로에게 더 친절했습니다. 요즘에는 제가 이웃을 만나면 인사조차 하지 않습니다. 사람들이 서로 밀착되어 사는 도시에서 더욱 그런 것 같습니다. 시골에서 이웃들이 서로 더 많이 교류하는 것 같습니다.

Q4 What do you think a community should do in order to improve relationships between neighbors?
이웃 간의 관계를 개선하기 위해서 한 지역사회가 해야 할 일은 무엇이라고 생각합니까?

A Communities should try to improve the relationships between neighbors. Occasionally, there will be situations or problems that require neighbors to think and work together. Communities like apartment buildings or housing block associations, can organize parties or other get-togethers. This allows people to meet and get to know one another. It is then easier to ask a neighbor for help in the future, if it is necessary.

지역사회는 이웃 간의 관계를 개선하도록 노력해야 합니다. 때때로 어떤 상황에서는 이웃들이 함께 생각하고 일해야 합니다. 아파트 단지나 단독주택조합과 같은 지역사회에서는 파티나 친목회를 주최할 수 있습니다. 이것은 사람들이 서로를 만나고 알아가는 데 도움을 줄 것입니다. 그러면 미래에 만약 필요하다면 이웃에게 도움을 요청하기 더 쉬울 것입니다.

●●● **shared accommodation** 공동 숙박시설   **conflict** n. 투쟁 v. 충돌하다
interact 상호 작용하다, 서로 영향을 끼치다

Chapter 4   Travel / Vacation / Tourism

Warm-up

| Speak up- step1 | Model Answers | p.110 |

Statement

(1) you Your company allows you to take four days off.
(2) he   His company allows him to take four days off.
(3) we   Our company allows us to take four days off.
(4) she Her company allows her to take four days off.
(5) they Their company allows them to take four days off.

Question

(1) you Does your company allow you to take four days off?
(2) he   Does his company allow him to take four days off?
(3) we   Does our company allow us to take four days off?
(4) she Does her company allow her to take four days off?
(5) they Does their company allow them to take four days off?

No Answer

(1) I   No, my company doesn't allow me to take four days off.
(2) he   No, his company doesn't allow him to take four days off.
(3) we   No, our company doesn't allow us to take four days off.
(4) she No, her company doesn't allow her to take four days off.
(5) they No, their company doesn't allow them to take four days off.

Yes Answer

(1) I   Yes, my company allows me to take four days off.
(2) he   Yes, his company allows him to take four days off.
(3) we   Yes, our company allows us to take four days off.
(4) she Yes, her company allows her to take four days off.
(5) they Yes, their company allows them to take four days off.

Practice Test-Part 3

| More Questions | Model Answers | p.129 |

Q1 How do you think holidays will change in the next 10 years?
다음 10년 동안 휴가가 어떻게 변화할 거라고 생각합니까?

A Plane travel is becoming cheaper and cheaper. In Europe and North America, there are already several low cost airline companies that fly to many places. If similar companies are started in Asia and the rest of the world, then that will greatly increase opportunities for travel. Tourists want more exciting experiences these days, so they want to travel to more exotic places.

비행기로 여행하는 것이 점점 저렴해지고 있습니다. 유럽과 북미에는 벌써 저렴한 가격에 여러 곳으로 비행하는 항공사가 있습니다. 만약에 그러한 회사들이 아시아나 그 밖에 세계 여러 곳에 생긴다면 여행을 할 수 있는 기회를 증가시킬 것입니다. 요즘에는 여행자들이 좀 더 신나는 여행을 원하기 때문에 좀 더 이국적인 곳으로 여행하길 원합니다.

Q2 Why do people need to have vacations?
사람들은 왜 휴가가 필요합니까?

A People need to have vacations to relieve stress. Modern working life provides many opportunities for advancement and high salaries. However, people who want that have to work very hard. Vacations allow working people to take a break and recharge. They can go back to work energized, refreshed, and more ready to accomplish their goals.

사람들은 스트레스를 풀기 위해 휴가를 필요로 합니다. 근대의 사회생활은 승진과 높은 보수의 기회를 제공합니다. 그러나 그런 것을 원하는 사람들은 매우 열심히 일해야 합니다. 휴가는 직장인들에게 휴식을 하고 재충전을 하게 해줍니다. 그들은 좀 더 활기차고, 원기가 회복되고, 목표를 달성하기 위해 준비된 상태로 직장에 돌아갈 수 있습니다.

Q3 What can limit the growth of tourism in the future?
어떤 것들이 미래에 관광의 성장을 제한할 수 있습니까?

A There are a number of factors that can limit the growth of tourism in the future. People in developing nations are becoming wealthier, so they can afford to take vacations abroad. Tourist infrastructure needs to improve and expand to handle the greater number of travelers. If it does not, that will limit both people's enjoyment and the growth of tourist industries.

미래에 관광의 성장을 제한할 수 있는 여러 가지 요인들이 있습니다. 개발도상국에 사는 사람들은 점점 더 부유해지고 있고, 외국으로 휴가갈 여유가 있습니다. 더 많은 관광객들을 대하기 위해서는 관광을 위한 기본시설이 향상되고 확장되어야 할 필요가 있습니다. 그렇지 않는다면 관광의 성장과 사람들의 향락을 제한할 것입니다.

Q4 How have people's expectations about holidays changed over the last 20 years?

지난 20년 동안 휴가에 대한 사람들의 기대는 어떻게 변했습니까?

A People have read about and seen on TV or the Internet many of the most popular tourist sites. Places like the Statue of Liberty in New York or the Eiffel Tower in Paris already seem familiar to people. Over the past twenty years, people's expectations about holidays have changed. They want to see unfamiliar and exciting places. They also want to do more than just ride around in a tour bus with other people. Activities like paragliding and safaris are much more popular now.

사람들은 TV나 인터넷을 통해 굉장히 유명한 관광명소들을 봐왔습니다. 뉴욕에 있는 자유의 여신상이나 파리에 있는 에펠탑은 이미 사람들에게 익숙합니다. 지난 20년 동안 휴가에 대한 사람들의 기대치는 달라졌습니다. 그들은 생소하고 흥미로운 곳을 보기를 원합니다. 또한 그저 다른 사람들과 관광버스를 타고 돌아다니는 것보다 더 많은 것을 하길 원합니다. 지금은 패러글라이딩이나 사파리 같은 활동이 인기가 있습니다.

Q5 How is tourism industry in your country today different from 50 years ago?

당신의 나라의 관광 산업은 50년 전과 어떻게 다릅니까?

A Tourism in Korea was non-existent 50 years ago. The only foreign people here were American soldiers and UN personnel working after the Korean War. It was an absolutely devastating conflict and there was no infrastructure to support any kind of tourist industry. Now, transportation and tourist accommodations are world class, so millions of tourists each year visit Korea.

한국에서는 50년 전까지만 해도 관광 산업이 존재하지 않았습니다. 여기에 있는 외국인들은 한국전쟁 이후 남아서 일하는 미군이나 UN 직원들이었습니다. 한국전쟁은 매우 파괴적인 전쟁이었으며 한국에는 관광 산업을 받쳐줄 수 있는 기본 시설이 갖추어져 있지 않았습니다. 지금은 대중 교통시설과 숙박시설이 세계적 수준이며 수백 명의 관광객들이 매년 한국을 방문합니다.

●●● **recharge** 다시 충전하다 **infrastructure** (단체 등의) 하부 조직

Chapter 5 Places ●●●

⠿ *Warm-up*

Speak up- step1 ▸ **Model Answers** p.136

Statement

(1) you   You like visiting cities with a long history.

(2) he   He likes visiting cities with a long history.

(3) we   We like visiting cities with a long history.

(4) she   She likes visiting cities with a long history.

(5) they   They like visiting cities with a long history.

Question

(1) you   Do you like visiting cities with a long history?

(2) he   Does he like visiting cities with a long history?

(3) we   Do we like visiting cities with a long history?

(4) she   Does she like visiting cities with a long history?

(5) they   Do they like visiting cities with a long history?

No Answer

(1) I   No, I don't like visiting cities with a long history.

(2) he   No, he doesn't like visiting cities with a long history.

(3) we   No, we don't like visiting cities with a long history.

(4) she   No, she doesn't like visiting cities with a long history.

(5) they   No, they don't like visiting cities with a long history.

Yes Answer

(1) I   Yes, I like visiting cities with a long history.

(2) he   Yes, he likes visiting cities with a long history.

(3) we   Yes, we like visiting cities with a long history.

(4) she   Yes, she likes visiting cities with a long history.

(5) they   Yes, they like visiting cities with a long history.

⠿ *Practice Test-Part 3*

More Questions ▸ **Model Answers** p.155

Q1 What kinds of places in the world are threatened by construction or other types of progress and development?

세계의 어떤 곳이 건축이나 진보와 발전의 형태로 인하여 위협을 받고 있습니까?

A Many places are threatened by development. The world's population is becoming more and more urban, and this puts more of a demand on natural resources. Valuable habitats, like rainforests, are being destroyed. The bad effects are not noticeable at first, but they will add up until something devastating happens which affects human life.

발전으로 인하여 많은 곳이 위협을 받고 있습니다. 세계 인구는 점점 도시화되어가고 그에 따라 더 많은 양의 천연자원이 요구됩니다. 다우림 지역과 같은 소중한 서식지들이 파괴되고 있습니다. 나쁜 영향은 처음에는 드러나지 않지만 나중에는 점점 쌓여져서 사람들의 생명에 영향을 주는 파괴적인 일이 일어나게 될 것입니다.

Q2 What is your opinion on museum art, as opposed to pop culture?

대중문화와 대조해서 박물관 예술에 대한 의견은 무엇입니까?

A Museum art is more traditional. They create an important image of our past history. Pop culture, on the other hand, is about the present. New songs and trends appear and then disappear just as fast. People like pop culture because it is dynamic and fun. Others prefer the more stable images of a constructed past.

박물관 예술은 좀 더 전통적입니다. 우리의 과거 역사의 중요한 형상을 창조합니다. 반면에 대중문화는 현재에 관한 것 입니다. 새로운 노래와 유행이 빠르게 생겨나고 사라집니다. 사람들은 대중문화가 활동적이고 흥미롭기 때문에 좋아합니다. 다른 사람들은 좀 더 안정된 구성적 과거 형상을 선호합니다.

Q3 What is the role of public art, for example statues and buildings?

조각이나 건물들과 같은 대중 예술품들의 역할은 무엇입니까?

A In the city, public art plays a very important role. Public works can create and encourage a national identity. Statues of famous heroes from a country's history make people feel patriotic. Other kinds of art make public spaces more beautiful and enjoyable. The daily experience of people is affected by their surroundings, which public art can improve.

도시에서는 대중 예술이 큰 역할을 합니다. 대중 예술품들은 자국의 주권을 창조하고 장려합니다. 한 나라의 역사 중 유명한 영웅의 조각상은 사람들의 애국심을 북돋울 수 있습니다. 다른 종류의 예술품들은 대중 장소를 좀 더 아름답고 재미있게 만듭니다. 사람들의 일상생활은 그들의 주변 환경에 의해 영향을 받는데 이것을 대중 예술품들이 개선할 수 있습니다.

Q4 Do you think it is important to preserve historical areas in countries? Why?

당신은 국가에서 역사적인 장소들을 보존하는 것이 중요하다고 생각합니까? 그 이유는 무엇인가요?

A Yes, it is very important to preserve historical areas. We construct an image of our country and ourselves based on history. In order to better understand it, we have to preserve historical areas. They help us to know where we have come from. We can then pass on this knowledge to our children.

네, 역사적인 장소를 보존하는 것은 매우 중요합니다. 우리는 역사를 근거로 우리나라와 우리 자신의 형상을 만듭니다. 역사를 더욱 더 이해하기 위해서 우리는 역사적인 장소들을 보존해야 합니다. 그러한 곳들은 우리가 어디로부터 왔는지를 알도록 도와줍니다. 우리는 이러한 지식을 우리의 자녀들에게 물려줄 수 있습니다.

Q5 Do you think your country needs museums and art galleries?

당신의 나라에 박물관과 화랑이 필요하다고 생각합니까?

A My country has many museums and art galleries. They are well developed and receive adequate funding. It would be good if there were some more, though. I think they would benefit the cultural life of the city and help it become more famous in the world. New museums and galleries would also help educate more children.

우리나라에는 많은 박물관과 화랑이 있습니다. 이러한 곳들은 잘 발달하였고 충분한 자금을 받고 있습니다. 하지만 그러한 곳들이 더 많이 있다면 좋을 것입니다. 박물관과 화랑은 도시의 문화적인 생활에 이익을 주며 문화적인 생활이 세계적으로 더 유명해지도록 만들어 줄 거라고 생각합니다. 또한 새로운 박물관과 화랑은 더 많은 아이들을 교육시키는데 도움을 줄 것입니다.

●●● threaten 위협하다, 협박하다, ~할 우려가 있다   progress 전진, 진행, 과정   as opposed to ~와 대조적으로   pop culture 대중 문화   preserve 보호하다, 보존하다   of interest 흥미 있는, 중요한
cf. places of interest 이름난 곳

Chapter 6 Transport

⋮⋮ Warm-up

Speak up- step1   **Model Answers**   p.162

Statement

(1) you   You are lucky to get here on time.
(2) he   He is lucky to get here on time.
(3) we   We are lucky to get here on time.
(4) she   She is lucky to get here on time.
(5) they   They are lucky to get here on time.

Question

(1) you   Are you lucky to get here on time?
(2) he   Is he lucky to get here on time?
(3) we   Are we lucky to get here on time?
(4) she   Is she lucky to get here on time?
(5) they   Are they lucky to get here on time?

No Answer

(1) I   No, I am not lucky to get here on time.
(2) he   No, he's not lucky to get here on time.
(3) we   No, we are not lucky to get here on time.
(4) she   No, she's not lucky to get here on time.
(5) they   No, they are not lucky to get here on time.

Yes Answer

(1) I   Yes, I am lucky to get here on time.
(2) he   Yes, he is lucky to get here on time.
(3) we   Yes, we are lucky to get here on time.
(4) she   Yes, she is lucky to get here on time.

(5) **they**   Yes, they are lucky to get here on time.

Practice Test-Part 3

More Questions ▶ Model Answers   p.181

Q1 What are some advantages and disadvantages of having a private car?
자가용을 소유하는 것의 장단점은 무엇입니까?

A Private cars are very convenient. If I have a car I can travel anywhere I want to at any time. I don't have to wait for a bus or a train, nor do I have to ask my friend for a ride. The downside of having a car is the cost. They are expensive to buy and extra money is needed for maintenance, insurance, and gasoline. They also cause lots of air pollution.

자가용은 매우 편리합니다. 만약 제가 차를 소유하고 있다면 아무 때나 제가 원하는 곳에 갈 수 있습니다. 버스나 기차를 기다리지 않아도 되고 친구에게 태워 달라고 부탁할 필요도 없습니다. 차를 소유하는 것의 부정적인 면이라면 비용입니다. 자동차는 구입할 때 비싸고 유지비나 보험료, 또는 휘발유 때문에 별도의 비용이 필요합니다. 또한 자동차는 많은 양의 오염을 초래합니다.

Q2 Can you compare public and private transportation?
대중 교통수단과 개인 교통수단을 비교해주시겠습니까?

A Public and private transportation have very different purposes. The government funds public transportation for specific purposes. Subways and buses provide an efficient way to transport people to work and so are essential for the national economy. Private transportation is bought and paid for by individuals who use it for their own desires. This includes commuting to work, but also includes other activities like shopping and going on trips.

대중 교통수단과 개인 교통수단은 각각의 다른 용도가 있습니다. 정부는 뚜렷한 이유 때문에 대중교통을 위한 자금을 제공합니다. 지하철과 버스는 사람들을 직장으로 이동시키는데 효과적인 방법을 제공하고 그러므로 국가의 경제에 있어서 필수적입니다. 자가용은 자기의 희망에 따라서 사용하기 위하여 개인이 스스로 돈을 주고 구입합니다. 그것은 직장으로 출근할 때도 포함하지만 또한 쇼핑이나 여행을 가는 것 등의 다른 활동들도 포함합니다.

Q3 How have methods of transportation in your country been improved?
교통수단의 방법들이 당신의 나라에서 어떻게 향상되어 왔습니까?

A Transportation in my country has improved tremendously over the past couple of decades. There are efficient highways that allow the transportation of goods to all parts of Korea. A high-speed train system efficiently carries people from city to city. There are also good transportation links to major airports and seaports.

지난 수십 년 동안 우리나라의 교통수단은 대단히 발전했습니다. 한국의 구석구석에 물품들을 수송할 수 있는 유용한 고속도로들이 있습니다. 고속열차 시스템은 도시에서 도시로 사람들을 유용하게 운반합니다. 또한 주요 공항들과 항구들로 이어지는 좋은 접속로들도 있습니다.

Q4 What kinds of public transportation are available in your country?
당신의 나라에서 이용할 수 있는 대중교통은 어떤 것들이 있습니까?

A There are many types of public transportation available in Korea. In Seoul, people can use the very clean and timely subway system. There is also an extensive bus system that reaches all parts of the city and the suburbs. Public transportation in Korea also includes trains to other major cities and ferries to many islands.

한국에는 여러 유형의 대중교통이 있습니다. 서울에서는 사람들이 매우 깨끗하고 때에 알맞은 지하철 시스템을 이용합니다. 또한 도시와 근교로 뻗는 광범한 버스 시스템이 있습니다. 또한 한국의 대중교통은 다른 주요 도시로 연결되는 기차와 여러 섬들로 가는 배들도 포함합니다.

Q5 What kind of transportation will there be in the future?
미래에는 어떤 종류의 교통수단이 있을까요?

A Transportation will be very different in the future. Environmental pollution will require society to find new ways of moving people. Gasoline powered cars will not be an option. High-speed magnetic levitating trains might replace shorter airplane trips, reducing the majority pollution that comes from airplanes.

미래에는 교통수단이 매우 달라질 것입니다. 환경오염으로 인해 사회는 사람들을 운송하기 위한 새로운 방법을 필요로 할 것입니다. 휘발유동력의 차들은 선택 범위가 아닐 것입니다. 공중에 떠다니는 고속 자석열차가 단거리 비행여행을 대신함으로써 비행기로부터 발생하는 주된 공해를 줄일지도 모릅니다.

● ● ● **seaport** 항구, 항구도시   **magnetic** 자석의, 자기의   **levitate** 공중에 떠돌다[떠돌게 하다]

Chapter 7   Your Country and Culture

Warm-up

Speak up- step1 ▶ Model Answers   p.188

Statement

(1) **you**   The famous site for this festival is in your town.

(2) he   The famous site for this festival is in his town.

(3) we   The famous site for this festival is in our town.

(4) she   The famous site for this festival is in her town.

(5) they The famous site for this festival is in their town.

Question

(1) you   Is the famous site for this festival in your town?

(2) he   Is the famous site for this festival is in his town?

(3) we   Is the famous site for this festival is in our town?

(4) she   Is the famous site for this festival is in her town?

(5) they Is the famous site for this festival is in their town?

No Answer

(1) I   No, the famous site for this festival isn't in my town.

(2) he   No, the famous site for this festival isn't in his town.

(3) we   No, the famous site for this festival isn't in our town.

(4) she   No, the famous site for this festival isn't in her town.

(5) they No, the famous site for this festival isn't in their town.

Yes Answer

(1) I   Yes, the famous site for this festival is in my town.

(2) he   Yes, the famous site for this festival is in his town.

(3) we   Yes, the famous site for this festival is in our town.

(4) she   Yes, the famous site for this festival is in her town.

(5) they Yes, the famous site for this festival is in their town.

Practice Test-Part 3

More Questions   Model Answers   p.207

Q1 How do you feel about patriotism?
애국심에 대해서 어떻게 생각합니까?

A   I think patriotism can be useful. The workers of a nation are more productive if they feel like they are contributing to a greater goal. Too much patriotism can be blinding, though, and prevent calm and reasoned debate about important issues. It is good to take pride in the accomplishments of one's country, but not at other people's loss.

저는 애국심이 유용하다고 생각합니다. 만약 한 나라의 노동자들이 자신들이 더 큰 목표에 기여한다고 생각하면 더 생산적이 됩니다. 그러나 너무 심한 애국심은 사람의 판단을 흐리게 하며 어떤 문제에 대해 차분하고 이성에 의거한 토론을 방해합니다. 자신의 나라의 업적에 대해 자

랑스러워하는 것은 좋은 것이지만 다른 사람들에게 손해를 끼치면서 하는 것은 좋지 않습니다.

Q2 Do you think that it is useful to maintain your culture's traditional stories such as myths and folk tales?
신화나 민화와 같은 전통적인 이야기를 유지하는 것이 유용하다고 생각합니까?

A   It is not only useful, but also very important for Koreans to maintain traditional stories and folk tales. The modern world is very connected, so it is important to preserve those things that make Korean culture unique. If the younger generation is exposed only to pop culture from other countries, cultural insights and lessons from the past will be lost.

한국인들에게 있어서 전통적인 이야기와 민화를 유지하는 것은 유용할 뿐만 아니라 매우 중요합니다. 현대 사회는 매우 연결되어 있어서 한국 문화를 독특하게 만드는 그러한 것들을 보존하는 것은 중요합니다. 만약 어린 세대들이 오로지 외국의 대중문화만 접한다면 예로부터 전해오는 문화적인 식견과 가르침은 잊혀질 것입니다.

Q3 What big changes will happen in your country over the next ten years?
다가오는 10년 동안 당신의 나라에서 어떤 큰 변화가 있을까요?

A   There might be some big changes in Korea over the next ten years. Korea is continuing to grow economically having almost fully recovered from the Asian financial crisis of 1997. Korea will find its place in the international system as one of the most powerful medium-sized countries. In order to achieve that, there will have to be more economic, educational, and social reform from within.

다가오는 10년 동안에는 한국에 큰 변화들이 있을 듯합니다. 한국은 1997년 동양에서 일어났던 경제 위기로부터 거의 완전히 회복하면서 경제적으로 계속 성장하고 있습니다. 한국은 국제 사회에서 강한 중형 국가로 자리를 잡을 것입니다. 이것을 이루기 위해서는 국내적으로 경제적, 교육적, 그리고 사회적 개선이 있어야 할 것입니다.

Q4 What are some problems your country faces currently?
현재 당신의 국가가 직면하고 있는 문제들은 무엇입니까?

A   Korea has come a long way. Few other countries have experienced as much devastation as Korea did during the 1950-1953 war. Korea is a mostly developed country now, but faces problems from such enormous economic growth. Environmental problems continue to make people sick and to make life less enjoyable. The current education system, though adequate for the needs of the past, must be reformed or else Korea will fall behind in the world.

한국은 그동안 많은 발전을 해왔습니다. 1950년부터 1953년까지 있었던 전쟁 동안 한국이 겪은 많은 참화를 경험한 나라는 몇 되지 않습니다.

이제 한국은 일반적으로 선진국이지만 막대한 경제 성장으로 인한 문제를 직면하고 있습니다. 환경문제가 사람들을 병들게 하고 삶의 흥미를 앗아갑니다. 현재의 교육체계는 예전의 필요에 대해서는 알맞지만 개혁되어야만 합니다. 그렇지 않으면 한국은 후진국이 될 것입니다.

Q5 Why do people in your country emigrate?

당신의 나라에서 사람들이 왜 이민을 가나요?

A Koreans have immigrated to other countries for many decades now. The first Koreans who left fled the Japanese occupation and emigrated to Hawaii or China. In the years after the Korean War, many Koreans moved away to escape political persecution and find more economic opportunities. Many went to the United States of America where more than one million ethnic Koreans live in just the Los Angeles area alone.

한국인들은 수십 년간 다른 나라들로 이민을 가고 있습니다. 처음 고국을 떠난 한국인들은 일본의 점령에서 벗어나 하와이나 중국으로 이민했습니다. 한국전쟁 후로는 많은 한국인들이 정치적 박해를 벗어나고 좀 더 경제적인 기회를 얻고자 고향을 떠났습니다. 많은 사람들이 미국으로 이주를 해서 지금은 미국의 로스엔젤레스 지역에서만 백만 명이 넘는 한국계 소수민족이 살고 있습니다.

●●● **reform** 개혁하다 **persecution** 박해, 괴롭힘 **ethnic** 인종의, 민족의

Chapter 8 Communication

Warm-up

Speak up- step1 ▶ **Model Answers** p.214

Statement

(1) you You keep in touch with your family by calling them.

(2) he He keeps in touch with his family by calling them.

(3) we We keeps in touch with our family by calling them.

(4) she She keeps in touch with her family by calling them.

(5) they They keeps in touch with their family by calling them.

Question

(1) you Do you keep in touch with your family by calling them?

(2) he Does he keep in touch with his family by calling them?

(3) we Do we keep in touch with our family by calling them?

(4) she Does she keep in touch with her family by calling them?

(5) they Do they keep in touch with their family by calling them?

No Answer

(1) I No, I don't keep in touch with my family by calling them.

(2) he No, he doesn't keep in touch with his family by calling them.

(3) we No, we don't keep in touch with our family by calling them.

(4) she No, she doesn't keep in touch with her family by calling them.

(5) they No, they don't keep in touch with their family by calling them.

Yes Answer

(1) I Yes, I keep in touch with my family by calling them.

(2) he Yes, he keep in touch with his family by calling them.

(3) we Yes, we keep in touch with our family by calling them.

(4) she Yes, she keep in touch with her family by calling them.

(5) they Yes, they keep in touch with their family by calling them.

Practice Test-Part 3

More Questions ▶ **Model Answers** p.233

Q1 Do you think telecommunications companies in your country or in your host country are charging unreasonable fees for the mobile phone service they provide?

당신의 국가나 지금 살고 있는 나라의 통신회사들이 이동통신 서비스에 대하여 부당한 요금을 부과한다고 생각합니까?

A I think the telecommunications fees in Korea are quite reasonable. Korea has the most advanced cell phone and Internet networks in the world. No other country in the world matches the broadband connection rate here. Cell phone service is also very quick and efficient. Customers who buy a new phone can immediately start using them instead of having to wait a day or two.

한국의 통신비용은 꽤 저렴하다고 생각합니다. 한국은 세계에서 가장 발달된 휴대폰과 인터넷 네트워크를 가지고 있습니다. 세계 어느 나라도 여기 한국의 브로드밴드 접속속도와 경쟁하지 못합니다. 휴대폰 서비스 역시 매우 빠르고 효과적입니다. 새 휴대폰을 사는 고객은 하루나 이틀을 기다리지 않고 바로 사용할 수 있습니다.

Q2 How do people in your country communicate with authorities in emergency situations?

당신의 국가에서는 사람들이 긴급 상황에서 어떻게 공공기관에 연락을 합니까?

A In general, Korea is a safe country. In emergency situations, though, people can communicate with authorities very easily here. Almost everyone has a mobile phone that can be used anywhere, even underground. If there is a fire or a robbery, people can easily communicate with the fire department or the police.

일반적으로 한국은 안전한 나라입니다. 하지만 긴급 상황의 경우에는 사람들이 관헌과 쉽게 연락할 수 있습니다. 거의 모든 사람들이 어디에서든지 사용 가능할 뿐만 아니라 심지어 지하에서도 사용할 수 있는 휴대폰을 소유하고 있습니다. 만약 불이 났거나 강도 사건이 있을 경우에는 사람들이 소방서나 경찰서에 쉽게 연락 할 수 있습니다.

Q3 When should children be allowed to own a cellular phone?

아이들이 언제 휴대폰을 소유하도록 허락되어야 할까요?

A I think children should own a cellular phone as soon as they understand how to use one. Parents feel safer knowing they can communicate with their sons or daughters anytime. It is also good to teach children how to use important technology at an early age. This might help them to be more creative in the future.

저는 아이들이 휴대폰을 사용하는 방법을 알게 되자마자 소유해야 한다고 생각합니다. 부모들은 그들의 아들이나 딸과 연락할 수 있을 때 안전하다고 느낍니다. 또한 아이들이 어릴 때 중요한 과학기술의 사용법을 가르치는 것이 좋습니다. 이것은 아이들이 미래에 더 창의적으로 되도록 도와줄 것입니다.

Q4 What is your opinion on Internet chat rooms?

인터넷 채팅룸에 대해서 어떻게 생각하세요?

A I think Internet chat rooms are very important. They allow people to meet online and discuss important issues of the day. Sometimes, though, people are not polite online. They say really terrible things they would never say in real life to other people. Those people make it hard to have a meaningful debate. Other than that, I think Internet chat rooms, as well as discussion boards, are important outlets for expressing one's opinion.

인터넷 채팅룸은 매우 중요합니다. 채팅룸은 사람들로 하여금 온라인에서 만나서 하루의 중요한 문제점을 논하게 해줍니다. 하지만 때때로 사람들은 온라인상에서 예의 바르지 않습니다. 그들은 실생활에서는 사용하지 않을 심한 말들을 온라인상에서 합니다. 그런 사람들이 의미 있는 토론을 하는 것을 어렵게 만듭니다. 그것 외에는 인터넷 채팅룸이나 게시판들은 한 사람이 자신의 의견을 표현하기에 좋은 방출구인 것 같습니다.

Q5 In what ways will technology affect how people

communicate in the future?

기술은 사람들이 미래에 의사소통하는 방법에 어떤 영향을 미칠까요?

A Technology has already completely transformed how people communicate. Mobile phones and the Internet have made communicating with any person anywhere on the planet with access to that technology very easy. In the future, such communication will not only become cheaper, but more advanced. There might be "smart agents" that will help us to communicate with others and manage our work and social lives.

기술은 이미 사람들이 의사소통하는 방법을 완전히 바꾸어 놓았습니다. 휴대폰과 인터넷은 이용할 수만 있다면 세계 어느 곳에서든지 누구에게나 쉽게 소통을 할 수 있게 해줍니다. 미래에는 이러한 통신이 저렴해질 뿐만 아니라 진보할 것입니다. 우리가 다른 사람들과 소통을 하거나 일과 사회생활을 관리할 수 있도록 돕는 '스마트 관리자'가 생길지도 모릅니다.

●●● chat 잡담하다, 이야기하다   outlet 배출구, 출구

Chapter 9 People •••

Warm-up

| Speak up- step1 | Model Answers | p.240 |

Statement

(1) you	You dread meeting these kinds of people.
(2) he	He dreads meeting these kinds of people.
(3) we	We dread meeting these kinds of people.
(4) she	She dreads meeting these kinds of people.
(5) they	They dread meeting these kinds of people.

Question

(1) you	Do you dread meeting these kinds of people?
(2) he	Does he dread meeting these kinds of people?
(3) we	Do we dread meeting these kinds of people?
(4) she	Does she dread meeting these kinds of people?
(5) they	Do they dread meeting these kinds of people?

No Answer

(1) I	No, I don't dread meeting these kinds of people.
(2) he	No, he doesn't dread meeting these kinds of people.
(3) we	No, we don't dread meeting these kinds of people.
(4) she	No, she doesn't dread meeting these kinds of people.
(5) they	No, they don't dread meeting these kinds of people.

Yes Answer

(1) I	Yes, I dread meeting these kinds of people.
(2) he	Yes, he dreads meeting these kinds of people.
(3) we	Yes, we dread meeting these kinds of people.
(4) she	Yes, she dreads meeting these kinds of people.
(5) they	Yes, they dread meeting these kinds of people.

Practice Test-Part 3

More Questions ▶ **Model Answers** p.259

Q1 How do you deal with a difficult classmate / colleague / boss?

당신은 어려운 급우, 동료, 또는 상사들을 어떻게 대합니까?

A We meet many people in our lives. Sometimes, there are people who are difficult to deal with. Each person has a different approach to difficult people depending on their personality and on the situation. Usually, though, it is best to approach others in a calm and rational manner. Then one can talk to the difficult person and try to solve the problem.

우리는 살아가면서 많은 사람들을 만납니다. 가끔은 상대하기 어려운 사람들이 있습니다. 각각의 사람은 각자의 성격과 상황에 따라 어려운 사람들을 대하는 방법이 다릅니다. 하지만 보통 다른 사람들을 차분하고 합리적으로 대하는 것이 최선의 방법입니다. 그런다면 상대하기 어려운 사람에게 이야기로 문제를 풀어나갈 수 있습니다.

Q2 Do you think colleagues should be friends?

당신은 직장 동료들이 친구가 되어야 한다고 생각합니까?

A I think it depends on the company and the personality of the colleagues. In some companies, it would be unproductive for colleagues to go beyond just a professional relationship. In other places, being friends would help make the workplace become more comfortable and inviting. There are also cultural differences among workplaces in different countries. American colleagues, for example, do not usually drink together whereas in Korea that is very common.

제 생각에는 그 회사와 직장 동료들의 성격에 달려있는 것 같습니다. 몇몇의 회사에서는 동료들이 전문적인 관계 이상을 넘어서는 것은 비생산적입니다. 다른 회사에서는 친구가 되는 것이 직장을 더 편안하고 마음을 끄는 곳으로 만들어 줍니다. 또한 각 나라의 직장에는 문화적인 차이가 있습니다. 예를 들어 미국 회사에서는 동료들이 같이 술자리를 하지 않는 것에 비해 한국에서는 매우 보편적입니다.

Q3 What do you think is the most important quality in a person?

사람에게 가장 중요한 자질이 무엇이라고 생각합니까?

A I think the most important quality in a person depends on the situation. In a friend, the most important quality is loyalty. A loyal friend is trustworthy and also helpful in times of need. For a boss or a manager, being responsible is the most important quality. The leader of any company is responsible for the livelihoods of all his or her employees and so needs to be committed and hard working.

사람에게 가장 중요한 자질은 그 상황에 따라 다르다고 생각합니다. 친구에게 있어서 가장 중요한 자질은 충성이라고 생각합니다. 충성스러운 친구는 신뢰할 수 있으며 도움이 필요할 때 유익합니다. 직장 상사나 경영자의 경우에는 책임감이 있는 것이 가장 중요한 자질입니다. 어떤 회사의 지도자는 슬하에서 일하는 모든 종업원들의 생계를 책임져야 하기 때문에 헌신적이어야 하고 근면해야 합니다.

Q4 What quality is necessary in a person to do well in a group?

한 집단에서 사람이 성공하기 위해 필요한 자질은 무엇입니까?

A Working with others is a special kind of skill. People need to understand the feelings and intentions of others in order to work in a group, otherwise there is miscommunication. People, in their minds, tend to emphasize their own contributions to a project while not acknowledging the full contribution of others in a team. Understanding that people sometimes mistakenly think this way can reduce conflict in a group.

다른 사람들과 함께 일을 하는 것은 특별한 기술입니다. 사람들이 한 집단에서 일할 때 다른 사람들의 감정과 의도를 이해할 필요가 있습니다. 그렇지 않으면 오해할 수 있습니다. 사람들은 공동으로 일을 할 때 마음 속으로 자신들의 공헌을 강조하는 반면 같은 팀 내에 있는 다른 사람들의 공헌에 대해서는 인정하지 않는 경향이 있습니다. 이렇게 생각하는 것이 잘못된 것이라는 것을 이해한다면 집단에서 발생할 수 있는 마찰을 감소할 수 있습니다.

Q5 What quality do you dislike in a person?

당신이 싫어하는 인간의 기질은 무엇입니까?

A I dislike people who are too picky. Everyone has his or her own preferences of course. Especially with food, people tend to like certain things more than others. Being too picky is different, however. It is more a mental attitude against anything that is unfamiliar or different. This attitude may or may not be based on a fear of the unknown, like a new kind of cuisine one has never tried before. People should not base their decision on fear, though.

저는 성미가 까다로운 사람들을 싫어합니다. 물론 사람들은 자신들만의 선호도가 있습니다. 특히 음식에 대해서 사람들은 어떤 특정한 것을 다른 것보다 더 좋아하는 경향이 있습니다. 하지만 까다롭다는 것은 좀 다릅니다. 그것보다는 생소한 것이나 다른 것에 대하여 가지는 태도입니다. 이러한 태도는 예를 들어 한 번도 먹어보지 못한 음식에 대한 두려움처럼 미지의 것에 대한 두려움에서 나올 수도 있습니다. 하지만 사람들은 두려움을 근거로 결정해서는 안 될 것입니다.

Chapter 10　Environment

:::: *Warm-up*

Speak up- step1　　Model Answers　p.266

Statement

(1) you　You enjoy taking a bath three times a week.

(2) he　He enjoys taking a bath three times a week.

(3) we　We enjoy taking a bath three times a week.

(4) she　She enjoys taking a bath three times a week.

(5) they　They enjoy taking a bath three times a week.

Question

(1) you　Do you enjoy taking a bath three times a week?

(2) he　Does he enjoy taking a bath three times a week?

(3) we　Do we enjoy taking a bath three times a week?

(4) she　Does she enjoy taking a bath three times a week?

(5) they　Do they enjoy taking a bath three times a week?

No Answer

(1) I　No, I don't enjoy taking a bath three times a week.

(2) he　No, he doesn't enjoy taking a bath three times a week.

(3) we　No, we don't enjoy taking a bath three times a week.

(4) she　No, she doesn't enjoy taking a bath three times a week.

(5) they　No, they don't enjoy taking a bath three times a week.

Yes Answer

(1) I　Yes, I enjoy taking a bath three times a week.

(2) he　Yes, he enjoys taking a bath three times a week.

(3) we　Yes, we enjoy taking a bath three times a week.

(4) she　Yes, she enjoys taking a bath three times a week.

(5) they　Yes, they enjoy taking a bath three times a week.

:::: *Practice Test-Part 3*

More Questions　　Model Answers　p.285

Q1 Do you think that environmental pollution will still exist in the future?

미래에도 환경오염이 여전히 존재할 거라고 생각합니까?

A Humans can greatly reduce the amount of environmental pollution in the future, but I don't think it can ever be completely eliminated. We need to reduce the amount of harm done to our environment, or else life will be much harder for our children and grandchildren. They will have a harder time staying healthy and enjoying nature if there is too much pollution.

인류는 미래에 환경오염을 많이 줄일 수 있겠지만 완전히 없어지지는 않을 거라고 생각합니다. 우리는 우리의 환경에 미치는 해(害)의 양을 줄여야 할 필요가 있으며 그렇지 않으면 우리의 아이들이나 손자들이 사는데 어려움을 겪을 것입니다. 만약 공해가 심각하다면 그들은 건강을 유지하거나 자연을 만끽하는데 어려움을 겪을 것입니다.

Q2 How can pollution be reduced?

오염을 어떻게 줄일 수 있을까요?

A Pollution can be reduced in many ways. It takes both a change in government policy and in individuals' actions. Governments need to give money for the research and development of green technology. Individuals need to understand how their actions affect the greater world. Doing this can improve living standards and economic prosperity for everyone.

여러 가지 방법으로 오염을 줄일 수 있습니다. 그렇게 하기 위해서는 정부 정책과 개인적인 행동의 변화가 요구됩니다. 정부는 녹색기술의 연구와 발전을 위해 돈을 지불해야 합니다. 개인들은 그들의 행동이 어떻게 더 큰 세계에 영향을 미치는지 이해해야 합니다. 이렇게 함으로써 모두의 생활 수준과 경제적 번영을 개선할 수 있습니다.

Q3 Do you think that stopping global warming is solely up to the government?

지구 온난화를 막는 것이 순전히 정부에게만 달렸다고 생각합니까?

A Stopping global warming is not solely up to the government. They do play a very important role by educating people and giving money for research. They also can make laws and regulate polluters. However, individual citizens also play an important part. People need to educate themselves and others on the best ways to reduce the amount of carbon dioxide they produce.

지구 온난화를 막는 것은 순전히 정부에게만 달려있지 않습니다. 정부는 사람들을 교육시키고 연구를 위한 돈을 지급하는데 큰 역할을 합니다. 또한 정부는 오염자들을 규제하기 위한 법을 만들 수 있습니다. 하지만 각각의 시민들 역시 중요한 역할을 합니다. 사람들은 자신들이 생산하는 이산화탄소를 줄일 수 있는 최선의 방법을 위해 자신들과 다른 사람들을 교육시켜야 합니다.

Q4 How will global warming affect your country in the future?
지구 온난화가 미래에 당신의 나라에 어떻게 영향을 미칠까요?

A Global warming will have devastating effects on Korea. Korea, though very developed, is not as rich as other countries, like in Europe. It would be very hard for the Korean government to provide for people displaced by rising sea levels and climate change. Korea is also a small country, unlike America or Canada, so it would not be possible to relocate people to safer or more productive land.

지구 온난화는 한국에 파괴적인 영향을 줄 것입니다. 한국은 많이 발전한 나라이지만 유럽과 같은 다른 국가들처럼 발달하지는 않았습니다. 상승하는 수면과 기후의 변화로 인하여 삶의 터를 잃어버리는 사람들에게 필요한 것을 공급하는 것은 한국 정부에게 매우 힘든 일일 것입니다. 또한 한국은 미국이나 캐나다와는 다르게 작은 나라이므로 사람들을 더 안전하거나 더 비옥한 땅으로 이동시키는 것은 불가능할 것입니다.

Q5 What are the advantages and disadvantages of using plastic goods?
플라스틱 제품을 사용하는 것의 장단점은 무엇입니까?

A Plastic goods have many advantages, which is why they are used so much in modern life. They are relatively cheap to produce, durable, and can be made into many different products. Daily life would be very different without plastic goods. Unfortunately, they are made from oil, which is a scarce resource. Plastics also last a very long time, so they end up as lots of trash in landfills.

플라스틱 제품을 사용하는 것은 여러 가지의 장점이 있기 때문에 현대 생활에서 많이 사용됩니다. 플라스틱 제품은 생산하는데 비교적 저렴하고 튼튼하며 여러 가지 다른 제품으로 생산될 수 있습니다. 플라스틱 제품이 없다면 일상생활은 매우 달라질 것입니다. 공교롭게도 플라스틱 제품은 부족한 자원인 기름으로 만들어집니다. 또한 플라스틱 제품들은 오랫동안 존속되므로 매립지에 많은 양의 쓰레기로 남겨집니다.

●●● prosperity 번영   landfill 매립식 쓰레기 처리, (쓰레기로 메운) 매립지

Chapter 11 Animals / Pets

Warm-up

Speak up- step1	Model Answers	p.292

Statement

(1) you   You have been a big fan of animals.

(2) he   He has been a big fan of animals.
(3) we   We have been a big fan of animals.
(4) she   She has been a big fan of animals.
(5) they   They have been a big fan of animals.

Question

(1) you   Have you been a big fan of animals?
(2) he   Has he been a big fan of animals?
(3) we   Have we been a big fan of animals?
(4) she   Has she been a big fan of animals?
(5) they   Have they been a big fan of animals?

No Answer

(1) I   No, I haven't been a big fan of animals.
(2) he   No, he hasn't been a big fan of animals.
(3) we   No, we haven't been a big fan of animals.
(4) she   No, she hasn't been a big fan of animals.
(5) they   No, they haven't been a big fan of animals.

Yes Answer

(1) I   Yes, I have been a big fan of animals.
(2) he   Yes, he has been a big fan of animals.
(3) we   Yes, we have been a big fan of animals.
(4) she   Yes, she has been a big fan of animals.
(5) they   Yes, they have been a big fan of animals.

Practice Test-Part 3

More Questions	Model Answers	p.311

Q1 Tell me some of the problems that endangered animals are facing.
멸종위기에 처한 동물들이 직면하고 있는 문제들에 대해서 이야기해주세요.

A Endangered animals around the world face a number of problems. Habitat loss is a major one. With growing populations and expanding cities, people need more resources and land. This destroys or changes habitats, making it very difficult for animals to survive. Air and water pollution and trash also affect endangered animals' health.

세계의 멸종위기에 처한 동물들은 여러 가지 문제에 직면하고 있습니다. 서식지를 잃는 것이 주된 문제입니다. 인구가 증가하고 도시들이 확대되면서 사람들은 더 많은 자원과 땅을 필요로 합니다. 이것은 서식지를 파괴하거나 바꾸어 놓고 동물들이 생존하는데 어려움을 줍니다. 또한 공기오염과 수질오염, 그리고 쓰레기 등도 멸종위기에 처한 동물들의 건강 상태에 영향을 줍니다.

Q2 Are animals respected more now than in the past?
요즘에는 동물들이 더 존중을 받습니까?

A I think people are more aware about animals than in the past. I don't think they are more respected, however. People like to take care of their pets, of course, but they are usually unaware of how their everyday actions harm animals in the wild. If they understood what effect pollution had on the environment, most people would be more respectful.

사람들이 과거보다는 동물들에 대한 인식이 좀 더 있는 것 같습니다. 하지만 동물들이 더 존중을 받는다고는 생각하지 않습니다. 물론 사람들은 자신의 애완동물을 돌보는 것을 좋아하지만 사람들의 일상생활의 일과가 얼마나 야생동물들을 해치고 있는지는 알지 못합니다. 만약 사람들이 공해가 환경에 어떤 영향을 미치는지 이해한다면 대부분의 사람들은 좀 더 신중할 것입니다.

Q3 What kind of animal cruelty is there in the world?
세계에는 어떤 종류의 동물학대가 있습니까?

A Unfortunately, there are many examples of animal cruelty in the world. Raising and slaughtering livestock for food requires lots of work. There are times when animals suffer because of poor living conditions or inhumane slaughter. Another example of animal cruelty is when people use animals to fight each other. Dog and rooster fights are banned in most countries because of its cruelty.

공교롭게도 세계에는 동물학대의 여러 예가 있습니다. 가축을 기르고 음식을 위해 도살하는 것은 매우 많은 양의 노동이 필요합니다. 어떤 때는 동물들이 보잘 것 없는 생활환경이나 잔인한 도살로 인해 고통을 받습니다. 동물학대의 다른 예를 들면 사람들이 동물들끼리 싸우도록 사용하는 것입니다. 개싸움이나 닭싸움은 잔인하기 때문에 대부분의 나라에서 금지되고 있습니다.

Q4 How can we reduce animal cruelty?
우리는 어떻게 동물학대를 감소시킬 수 있을까요?

A There are several ways we can reduce animal cruelty. The government can pass laws restricting dangerous activities, like raising dogs and roosters for fighting. People can also buy meat that is raised in a humane way; these animals have enough living space to move around and are slaughtered humanely.

우리가 동물학대를 감소시킬 수 있는 여러 가지 방법이 있습니다. 정부는 사람들이 싸움을 붙이기 위해 개나 수탉을 키우는 것과 같은 위험한 행동을 금지하는 법안을 통과시킬 수 있습니다. 또한 사람들은 인도적인 방법으로 사육된 고기, 즉 움직일 수 있는 넓은 공간에서 자랐고 인도적으로 도살된 고기를 구입하는 것입니다.

Q5 Do you think it is better for animals to live in the wild than in zoos?
동물들이 야생에서 사는 것이 동물원에서 사는 것보다 더 낫다고 생각합니까?

A I think zoos serve a special purpose. They allow people to see animals they would never get to see in real life. If the zoos have facilities where the animals are comfortable, then that is mostly good. However, zoos cannot substitute for animal habitats. Endangered and rare species thrive best in a clean environment in the wild.

동물원은 특별한 목적을 가지고 있습니다. 사람들이 실제로는 볼 수 없는 동물들을 볼 수 있게 해줍니다. 만약에 동물원이 동물들에게 편안한 시설을 제공한다면 일반적으로 좋은 곳이 될 수 있습니다. 하지만 동물원은 동물서식지를 대신할 수는 없습니다. 멸종위기동물이나 희귀동물들은 깨끗한 자연환경에서 가장 잘 번영합니다.

●●● cruelty 잔인한 행위, 학대, 잔혹 slaughter n. (가축의) 도살 v. 도살하다

Chapter 12 Food

Warm-up

Statement

(1) you	You are very concerned about your health.
(2) he	He is very concerned about his health.
(3) we	We are very concerned about our health.
(4) she	She is very concerned about her health.
(5) they	They are very concerned about their health.

Question

(1) you	Are you concerned about your health?
(2) he	Is he concerned about his health?
(3) we	Are we concerned about our health?
(4) she	Is she concerned about her health?
(5) they	Are they concerned about their health?

No Answer

(1) I	No, I am not concerned about my health.
(2) he	No, he is not concerned about his health.
(3) we	No, we are not concerned about our health.
(4) she	No, she is not concerned about her health.
(5) they	No, they are not concerned about their health.

Yes Answer

(1) I	Yes, I am concerned about my health.
(2) he	Yes, he is concerned about her health.
(3) we	Yes, we are concerned about our health.
(4) she	Yes, she is concerned about her health.
(5) they	Yes, they are concerned about their health.

Practice Test-Part 3

More Questions   Model Answers   p.337

Q1 What role do fast food and junk food play in your

country?

패스트푸드나 정크푸드는 당신의 나라에서 어떤 역할을 하나요?

A In recent years, western food has become very popular in Korea. There are many western fast food outlets in Seoul and many people also enjoy eating junk food. This can be seen as a sign of progress; the presence of multinational companies in Korea means the economy is developed and open. Unfortunately, increasing rates of obesity can also be blamed on that unhealthy food.

최근 몇 년 사이에 한국에서는 서양음식이 매우 대중화되었습니다. 서울에는 많은 서양 레스토랑 체인점들이 있으며 또한 많은 사람들은 정크푸드를 먹습니다. 이러한 현상은 좋은 현상으로 간주될 수 있는데 그 이유는 한국에 다국적의 회사들이 존재한다는 것은 경제가 발전했고 열려있다는 것입니다. 공교롭게도 치솟고 있는 비만률에 대해 이러한 건강에 해로운 음식들이 지탄받습니다.

Q2 What is your opinion on genetically modified food?

유전자 조작 식품에 대한 당신의 의견은 무엇입니까?

A I think people have to be very careful about genetically modified(GM) food. Even though GM food can bring short-term benefits to farmers and customers, their long-term effects are unknown. I think, at the very least, companies need to be required by law to label any food that contains GM products. That way, consumers can decide for themselves what to buy.

저는 사람들이 유전자 조작 식품에 대해서 조심해야 한다고 생각합니다. 유전자 조작 식품은 농부들이나 소비자들에게 단기적으로 이익을 줄 수는 있지만 장기적인 영향은 알려지지 않았습니다. 저는 최소한 회사들이 자신들이 음식에 사용한 유전자 조작 식품을 표시해야 하는 법이 요구되어야 한다고 생각합니다. 그렇게 함으로써 소비자들은 <u>스스로</u> 무엇을 살지 결정할 수 있습니다.

Q3 How have people's eating habits changed over the years?

사람들의 식습관이 지난 수년간 어떻게 바뀌었습니까?

A People's eating habits have changed quite a bit over the years. The main reason is because people's lives are busier. Healthy and delicious food requires lots of preparation and cooking time. Unfortunately, few people have the time to spend several hours making a meal. Many instant foods or convenient products at the store are processed to help people save time. People also eat more often at fast food places or restaurants.

사람들의 식습관은 지난 수십 년간 꽤 많이 바뀌었습니다. 주된 원인은 사람들의 생활이 더 바빠졌기 때문입니다. 건강에 좋고 맛있는 음식은 많은 양의 준비와 요리 시간을 필요로 합니다. 공교롭게도 소수의 사람들만이 음식을 만드는데 많은 시간을 소비할 수 있습니다. 상점에서 구입할 수 있는 여러 인스턴트 음식이나 편리한 제품들은 사람들이 시간을 절약할 수 있도록 가공되어 있습니다. 또한 사람들은 패스트푸드점이나 음식점에서 더욱 자주 음식을 먹습니다.

Q4 Do you think cooking should be only a woman's job? Why or why not?

요리하는 것이 여자들만의 임무라고 생각합니까? 그 이유는 무엇입니까?

A No, cooking should not only be a woman's job. A long time ago, it was tradition for men in Korea to never enter the kitchen of a house. In modern times, both men and women have jobs, so household duties should be shared equally among them. This does not only include cooking, but also cleaning the house and raising the children. This creates a happier family household.

아니요, 요리를 하는 것이 오직 여자들만의 임무가 되어서는 안 됩니다. 전통적으로 과거에는 한국의 남자들이 주방에 들어가는 것이 허락되지 않았습니다. 현대에는 남자와 여자 모두 직장을 다니기 때문에 가사가 동등하게 나뉘어야 합니다. 이것은 요리뿐만 아니라 청소와 자녀양육도 포함합니다. 이렇게 함으로써 좀 더 행복한 가정을 이룰 수 있습니다.

Q5 Does traditional cooking have more benefits than modern cooking?

전통요리가 현대요리보다 더 이롭습니까?

A Traditional cooking has more health benefits than modern cooking. It also tastes much better. This is because that kind of cooking uses fresh ingredients. For example, the more a vegetable or piece of fruit is processed, the less healthy and tasty it gets. One benefit of modern cooking is its speed. People have very busy lives these days, so it is sometimes impossible to cook a traditional meal.

전통요리는 현대요리에 비해 건강에 더 이롭습니다. 또한 맛도 더 좋습니다. 그 이유는 전통요리에 더 신선한 재료를 사용하기 때문입니다. 예를 들면 야채나 과일이 가공되면 될 수록 건강에 덜 이롭고 맛도 떨어집니다. 현대음식의 장점이라면 신속성입니다. 요즘에는 사람들이 매우 바쁜 생활을 하기 때문에 가끔은 전통음식을 요리하는 것이 불가능합니다.

●●● junk food 정크푸드 ≪칼로리는 높으나 영양가는 낮은 인스턴트 식품≫
genetically modified 유전자 조작의   over the years 수년간

Chapter 13   Interest / Hobby / Free Time ●●●

⋮⋮⋮ *Warm-up*

Speak up- step1   **Model Answers**   p.344

Statement

(1) you   You have enjoyed reading since you were young.

(2) he   He has enjoyed reading since he was young.

(3) we   We have enjoyed reading since we were young.

(4) she   She has enjoyed reading since she was young.

(5) they   They have enjoyed reading since they were young.

Question

(1) you   Have you enjoyed reading since you were young?

(2) he   Has he enjoyed reading since he was young?

(3) we   Have we enjoyed reading since we were young?

(4) she   Has she enjoyed reading since she was young?

(5) they   Have they enjoyed reading since they were young?

No Answer

(1) I   No, I haven't been reading since I was young.

(2) he   No, he hasn't been reading since he was young.

(3) we   No, we haven't been reading since we were young.

(4) she   No, she hasn't been reading since she was young.

(5) they   No, they haven't been reading since they were young.

Yes Answer

(1) I   Yes, I have been reading since I was young.

(2) he   Yes, he has been reading since he was young.

(3) we   Yes, we have been reading since we were young.

(4) she   Yes, she has been reading since she was young.

(5) they   Yes, they have been reading since they were young.

::: Practice Test-Part 3

More Questions   **Model Answers**   p.363

Q1 What are the benefits and drawbacks of having a hobby?

취미를 갖는 것의 장단점은 무엇입니까?

A Having a hobby is usually beneficial. People need to relax on the weekends or after work and relieve stress. Hobbies like painting, making mosaics, or playing instrument can be very soothing. The only drawback might be if some people are too enthusiastic about their hobby. This means they spend too much money or too much time on their hobby, crowding out their friends and family.

취미를 갖는 것은 보통 이익을 줍니다. 사람들은 주말이나 퇴근 후 쉬어야 하고 스트레스를 해소해야 합니다. 그림 그리기나 모자이크 만들기, 또는 악기를 연주하는 것은 진정시키는 작용을 합니다. 단 한 가지 단점이라면 사람들이 자신의 취미에 너무 열중할 수도 있다는 것입니다. 그렇게 되면 그들은 취미를 위해 너무 많은 돈이나 시간을 들이게 되면서 친구들이나 가족을 외면하게 됩니다.

Q2 What leisure activities do you recommend to combat stress?

스트레스와 싸우기 위한 좋은 레저활동들을 추천해주시겠습니까?

A Many leisure activities combat stress. Physical exercise, like weight training or sports, gives us more energy and makes us feel emotionally better. Other activities are more mental. Writing, singing, or doing art helps us organize our thoughts. We can feel better as we practice a hobby like that, knowing that we are improving ourselves.

많은 레저활동들이 스트레스와 싸우는데 좋습니다. 웨이트 트레이닝이나 스포츠와 같은 운동은 우리에게 더 많은 에너지를 주고 우리의 기분을 더 좋게 해줍니다. 다른 활동들은 좀 더 정신적입니다. 글짓기나 노래 부르기, 아니면 미술은 우리의 생각을 정리하는데 도움을 줍니다. 이러한 취미 활동을 할 때 우리는 진보한다는 것을 느끼게 되기 때문에 기분이 더 좋아지게 됩니다.

Q3 How can people be encouraged to develop their interests?

사람들이 관심사를 발달시키도록 어떻게 권장할 수 있을까요?

A People need to be encouraged to develop their interests. In school, the right kind of education can help students find what they do best. Basic skills need to be taught and perfected, of course, but students also need to be given creative freedom to develop their interests. This can help them excel later on in their life.

사람들이 그들의 관심사를 발달시키도록 권장해주어야 합니다. 학교에서 바른 교육은 학생들로 하여금 자신들이 가장 잘 할 수 있는 것을 찾게 도와줍니다. 물론 기본적인 기술들이 가르쳐지고 완성되어야 하겠지만 학생들이 그들의 관심사를 발달시키기 위해서는 창조적인 자유가 주어져야 합니다. 이것은 그들이 미래에 성공할 수 있도록 도와줍니다.

Q4 What kind of outdoor adventures do people your age and gender like?

당신과 같은 나이와 같은 성(性)을 가지고 있는 사람들은 어떤 야외활동을 즐깁니까?

A Young men like many different kinds of outdoor adventures. In the winter, they can go skiing and snowboarding in the mountains. During other seasons, they can go white water rafting or hiking. Those who can afford it can also travel to different countries and have outdoor adventures like safaris, snorkeling, and fishing trips.

젊은 남성들은 여러 종류의 야외활동을 즐깁니다. 겨울에는 산으로 스키나 스노우보드를 타러 갈 수 있습니다. 다른 계절에는 래프팅이나 등산을 갈 수 있습니다. 또한 여유가 있는 사람들은 다른 나라로 여행을 가서 사파리나 스노클링, 그리고 낚시여행과 같은 야외활동을 즐길 수 있습니다.

Q5 Do you know about strange or unique hobbies people have?

사람들이 갖고 있는 이상하거나 특이한 취미를 알고 있습니까?

A Yes, there are many strange people in the world. These people sometimes have equally strange hobbies. Some of them are funny, like people who go around the world photographing different rest rooms. Others are just very weird. Those kind of hobbies usually involve collecting objects that no one else would ever want to have or even touch.

네, 세상에는 이상한 사람들이 참 많습니다. 때때로 그런 사람들은 그들의 성격만큼이나 이상한 취미를 가지고 있습니다. 그 중 어떤 것들은 재미있는데 예를 들면 세계를 돌아다니면서 여러 화장실의 사진을 찍는 사람입니다. 다른 것들은 매우 이상합니다. 다른 사람들이 소유하거나 만지기조차 싫어하는 물건들을 수집하는 것과 같은 것이 이러한 취미들에 포함됩니다.

●●● **drawback** 결점, 약점 **combat** 싸우다, 투쟁하다

Chapter 14 Sports / Health

⠿ *Warm-up*

Speak up- step1　　Model Answers　　p.370

Statement

(1) you　You were a sprinter in your school for many years.

(2) he　He was a sprinter in his school for many years.

(3) we　We were a sprinter in our school for many years.

(4) she　She was a sprinter in her school for many years.

(5) they　They were a sprinter in their school for many years.

Question

(1) you　Were you a sprinter in your school for many years?

(2) he　Was he a sprinter in his school for many years?

(3) we　Were we a sprinter in our school for many years?

(4) she　Was she a sprinter in her school for many years?

(5) they　Were they a sprinter in their school for many years?

No Answer

(1) I　No, I wasn't a sprinter in my school for many years.

(2) he　No, he wasn't a sprinter in his school for many years.

(3) we　No we weren't a sprinter in our school for many years.

(4) she　No she wasn't a sprinter in her school for many years.

(5) they　No, they weren't a sprinter in their school for many years.

Yes Answer

(1) I　Yes, I was a sprinter in my school for many years.

(2) he　Yes, he was a sprinter in his school for many years.

(3) we　Yes, we were a sprinter in our school for many years.

(4) she　Yes, she was a sprinter in her school for many years.

(5) they　Yes, they were a sprinter in their school for many years.

⠿ *Practice Test-Part 3*

More Questions　　Model Answers　　p.389

Q1 What are some differences between watching sports on TV and attending a sporting event?

TV에서 스포츠를 시청하는 것과 직접 경기를 관람하는 것의 차이는 무엇입니까?

A Watching sports on TV and attending a sporting event are very different. People do them both for different reasons. When watching sports on TV at home or in a bar, people can relax with friends. They don't have to worry about paying for tickets or traveling to the stadium. However, attending a sporting event in real life can be exhilarating. Watching the game with a cheering crowd is very exciting.

TV에서 스포츠를 시청하는 것과 스포츠 경기를 관람하는 것은 매우 다릅니다. 사람들은 그것에 대해 각각 다른 이유로 그렇게 합니다. 사람들이 집에서 TV 또는 술집에서 스포츠를 시청할 때 친구들과 편안한 시간을 가질 수 있습니다. 그들은 티켓에 돈을 지불하거나 스태디움까지 가야하는 걱정을 덜 수 있습니다. 그러나 실제 경기를 관람하는 것은 아주 재미있는 일입니다. 환호하는 관중 속에서 경기를 관람하는 것은 매우 흥미롭습니다.

Q2 Is it always important to win at sport? Why, or why not?

스포츠에서 항상 이기는 것이 중요합니까? 왜 그럴까요? 혹은 왜 그렇지 않을까요?

A In professional sports, there can be only one team who gets first place. Playing sports is not always about winning, however. Sports are all about teamwork and working with others. They're about pushing oneself as far as possible and achieving goals. It is important to have competition, of course, but that's only because competition encourages people to make themselves better.

프로 스포츠계에서 1등은 항상 한 사람에게만 돌아갑니다. 하지만 스포

츠를 하는 것이 항상 이기는 것을 의미하지는 않습니다. 스포츠는 팀워크와 다른 사람과 일하는 것을 의미합니다. 그것은 자기 자신을 가능한 한 끌어올려서 목표를 달성하는 것을 의미합니다. 경쟁을 하는 것이 중요한데 그것은 경쟁이 사람들을 더 나은 사람으로 이끌어 주기 때문입니다.

Q3 What is a common disease in your part of the country?

당신이 살고 있는 지역에서 흔한 질병은 무엇입니까?

A There are not too many dangerous diseases in Korea, fortunately. For some reason, though, people in Korea do have a higher rate of stomach cancer. There are also the usual ailments that appear in industrialized countries, like high blood pressure, heart disease, and diabetes. Avian influenza is still a threat and the government is taking measures to prevent it.

다행스럽게도 한국에 그렇게 많은 위험한 질병들이 있지는 않습니다. 하지만 어떤 이유로 인해서 한국 사람들은 높은 위장암의 비율을 가지고 있습니다. 또한 산업화된 나라에서 일어나는 일반적인 고혈압, 심장병, 당뇨와 같은 병들이 있습니다. 조류독감이 여전히 위험을 하고 있고 정부는 그것을 막기 위한 조치들을 취하고 있습니다.

Q4 What is your opinion on euthanasia?

안락사에 대한 당신의 의견은 무엇입니까?

A Euthanasia is a very controversial subject. Some argue that it is cruel to unnecessarily prolong the lives of those who are terminally ill and are suffering great pain. Others say that doctors are trained to heal people, not to help them die. There are many religious, social, and medical arguments that argue one way or the other about euthanasia.

안락사가 매우 논란거리입니다. 어떤 사람들은 중환자들의 삶을 불필요하게 늘리는 것은 잔인하다고 주장합니다. 또 어떤 사람들은 의사들은 사람들이 죽는 것을 도와주기 위해서라기보다는 사람들을 치료하기 위해 존재한다고 말합니다. 많은 종교적인, 사회적인, 그리고 의학적인 안락사의 찬반에 관한 논쟁들이 있습니다.

Q5 Is being physically fit the same as being healthy?

육체적으로 튼튼한 것이 건강한 것과 같습니까?

A Being physically fit is not always the same as being healthy. Someone who looks like they are healthy may in fact have high blood pressure or some other sort of chronic condition. Even someone without a disease may have a severe mental condition that others cannot see. Major depression is a serious illness that affects a person's whole life.

육체적으로 튼튼한 것이 건강한 것과 항상 같지는 않습니다. 건강하게 보이는 사람이 사실상 고혈압을 가지고 있거나 다른 종류의 만성 질환을 가지고 있을지도 모릅니다. 심지어 질병이 없는 사람조차 다른 사람들이 알아차릴 수 없는 심각한 정신 질환을 가지고 있을 수 있습니다. 심한 우울증은 한 사람의 삶을 빼앗아 갈 수 있는 심각한 병입니다.

●●● ailment 우환, 병   euthanasia 안락사

Chapter 15 TV / Movies

●●●

:::: Warm-up

Speak up- step1   **Model Answers**   p.396

Statement

(1) you   You don't mind watching sad love stories.
(2) he   He doesn't mind watching sad love stories.
(3) we   We don't mind watching sad love stories.
(4) she   She doesn't mind watching sad love stories.
(5) they They don't mind watching sad love stories.

Question

(1) you   Do you mind watching sad love stories?
(2) he   Does he mind watching sad love stories?
(3) we   Do we mind watching sad love stories?
(4) she   Does she mind watching sad love stories?
(5) they Do they mind watching sad love stories?

No Answer

(1) I   No, I don't mind watching sad love stories.
(2) he   No, he doesn't mind watching sad love stories.
(3) we   No, we don't mind watching sad love stories.
(4) she   No, she doesn't mind watching sad love stories.
(5) they No, they don't mind watching sad love stories.

Yes Answer

(1) I   Yes, I mind watching sad love stories.
(2) he   Yes, he mind watching sad love stories.
(3) we   Yes, we mind watching sad love stories.
(4) she   Yes, she mind watching sad love stories.
(5) they Yes, they mind watching sad love stories.

:::: Practice Test-Part 3

More Questions   **Model Answers**   p.415

Q1 Is film a useful medium for education? What sort of things can be usefully taught by film?

영화가 교육에 유용한 도구입니까? 영화로 어떤 것들이 유용하게 가르쳐질 수 있을까요?

A Film is a useful medium to help educate people. A teacher can explain concepts well, but sometimes it is also good to show people those concepts in a film. In classes for art or design, for example, students can understand the subject better if they see moving images of paintings, sculptures, buildings, or other objects. Film cannot replace teachers, but they are very useful.

영화는 사람들을 교육시키기 위한 유용한 도구입니다. 선생님은 개념을 잘 설명할 수 있지만 때때로 영화에서의 그런 개념을 사람들에게 보여주는 것이 좋습니다. 예술 또는 디자인과 같은 수업에서 학생들이 그림, 조각, 빌딩, 또는 다른 물체들의 움직이는 이미지를 본다면 그 주제를 더 잘 이해할 수 있습니다. 영화는 선생님들을 대체할 수 없지만 그것들은 매우 유용합니다.

Q2 Evaluate the influence of violent films on young people.
폭력영화가 젊은이들에게 미치는 영향을 평가하세요.

A Extremely violent films should not be shown to very young children. There is no reason for them to watch such extreme and graphic violence. For teenagers and young adults, however, violent movies probably don't affect their behavior. Rather, more people who are already inclined to be violent seek to watch those kinds of movies and to play violent video games.

지극히 폭력적인 영화들이 어린 아이들에게 보여져서는 안 됩니다. 그들이 그런 과격하고 생생한 폭력물을 보아야 할 이유가 없습니다. 하지만 십대와 젊은이들에게 폭력적인 영화들은 그들의 행동에 영향을 미치지 않습니다. 오히려 폭력에 물들어 있는 사람들이 그런 종류의 영화에 더 탐닉하고 폭력적인 비디오 게임을 합니다.

Q3 What is the reasoning behind censorship?
검열의 이유는 무엇입니까?

A There are many reasons why governments and the media censor information. Sometimes, the government needs to protect their citizens, so they censor important national security information. At other times though, they want to keep secret some embarrassing failure. The media sometimes censors news reports because they don't want government officials, often a source of stories, to get angry.

정부와 미디어가 정보를 검열하는 이유는 많이 있습니다. 때때로 정부는 그들의 시민을 보호할 필요가 있어서 그들의 중요한 국가 안전에 관한 정보를 검열합니다. 가끔은 부끄러운 실수들을 비밀에 부치기 원하기도 합니다. 때때로 미디어가 뉴스를 검열하기도 하는데 그들은 정부 관리자들 또는 정보 제공자들이 기분 나빠하기를 원치 않기 때문입니다.

Q4 What are the advantages and disadvantages of making films of real-life events?
실화를 바탕으로 만들어진 영화의 장단점은 무엇입니까?

A Films of real-life events, called documentaries, can be very useful. They can talk about issues in life that people don't know about. This is good for education. Documentaries don't always tell the whole truth, though. If someone wants to learn about an issue in life, they need to understand it from different perspectives.

다큐멘터리라고 불리는 실화를 바탕으로 만들어진 영화들은 유용할 수 있습니다. 그것들은 사람들이 모르는 삶에 관한 이슈들을 이야기할 수 있습니다. 이것은 교육에 좋습니다. 하지만 다큐멘터리들이 항상 사실 전체를 말하지는 않습니다. 만약 누군가가 삶의 이슈에 관해 알기를 원한다면 다른 관점에서 그것을 이해할 필요가 있습니다.

Q5 What do you think makes a good film?
좋은 영화를 만들어주는 요소는 무엇입니까?

A It is very hard to make a good film. There are many different aspects of filmmaking one has to think about. The story is very important. No matter how good the special effects are or how beautiful the actors and actresses are, there still has to be a good plot and good character development. The director can then use good cinematography to build on an interesting story and make a movie audiences will remember.

좋은 영화를 만드는 것은 힘듭니다. 사람들이 생각해 봐야 하는 많은 다른 종류의 영화제작이 있습니다. 줄거리가 매우 중요합니다. 특별효과가 얼마나 좋든지 또는 주연, 조연이 얼마나 아름답든지 간에 좋은 줄거리가 있어야 하고 좋은 배역 설정이 뒤따라야 합니다. 그때에 감독자는 좋은 영화 촬영법을 이용해서 재미있는 이야기를 만들고 관객들이 기억할 수 있는 영화를 만들 수 있습니다.